U0511267

教育部人文社会科学研究规划项目“河南汴洛地区方言语音的演变研究（13YJA740012）”最终成果

河南省哲学社会科学规划项目（2015BYY029）研究成果

河南大学文学院学术著作出版基金资助出版

汴洛方言音系十三种

段亚广◎著

中国社会科学出版社

汴洛方言

图书在版编目(CIP)数据

汴洛方言音系十三种 / 段亚广著 . —北京：中国社会科学出版社，2018. 8
ISBN 978-7-5203-2710-7

Ⅰ. ①汴… Ⅱ. ①段… Ⅲ. ①北方方言-方言研究-河南 Ⅳ. ①H172. 1

中国版本图书馆 CIP 数据核字(2018)第 140682 号

出 版 人 赵剑英
责任编辑 任 明
责任校对 韩天炜
责任印制 李寡寡

出 版 中国社会科学出版社
社 址 北京鼓楼西大街甲 158 号
邮 编 100720
网 址 http：//www. csspw. cn
发 行 部 010-84083685
门 市 部 010-84029450
经 销 新华书店及其他书店

印刷装订 北京君升印刷有限公司
版 次 2018 年 8 月第 1 版
印 次 2018 年 8 月第 1 次印刷

开 本 710×1000 1/16
印 张 19
插 页 2
字 数 298 千字
定 价 88. 00 元

凡购买中国社会科学出版社图书，如有质量问题请与本社营销中心联系调换
电话：010-84083683

目　　录

灵宝方言音系

灵宝市地处河南西部，位于河南、山西、陕西三省交界处，是河南省三门峡市下辖的一个县级市。东接三门峡市陕县，西邻陕西省潼关县，南连三门峡市卢氏县、陕西省洛南县，北与山西省芮城县、平陆县隔黄河相望。灵宝市辖 10 镇 5 乡，人口约 74 万，境内有函谷关，是连接中原地区和关中、西北地区的重要关隘，历来为兵家必争之地。

今灵宝市由閿乡县和灵宝县于 1954 年合并而成，当时县城在今大王镇老城，1959 年移治虢略镇（今城关镇）。灵宝方言今属中原官话关中片（熊正辉、张振兴 2008），方言内部略有差别，大致可分为东部、西部和中部三种口音。西部包括豫灵镇、故县镇、程村乡，普通话中声母ʂ拼合口呼的音节都变读为唇齿音f，如书fu、水fei；普通话 ən、in、uən、yn 一套韵母鼻音丢失，变读成元音尾，如根kei、春 tʂ^{h} uei。东部包括大王镇、函谷关镇、阳店镇，语音特点主要是两套前鼻音韵尾保存得相对较完整。余为中部地区，本书记录的就是以城关镇、焦村镇、尹庄镇为代表的中部语音。主要发音人有：①赵长贵，男，汉族，1951 年 10 月生。灵宝市城关镇人，高中毕业，小学教师。②杨怀生，男，汉族，1963 年 9 月生，灵宝市尹庄镇岳渡村人，高中毕业，农民。③李健康，男，1959 年 12 月生，灵宝市尹庄镇尹庄村人，高中毕业，农民。④梁飞鸿，男，汉族，1977 年 3 月生，灵宝市焦村镇焦村人，本科毕业，中学教师。

一　声韵调系统

1.1　声母25个，包括零声母。

p	班补比八	p^h	瓢爬辫步	m	门米幕忙	f	飞法房饭	v	蛙望伟晚
t	店大到答	t^h	太同读地$_{老}$	n	难农拿挪			l	兰连辣良
ʦ	早嘴竹争	$ʦ^h$	粗坐迟茶			s	三酸山师		
tʂ	知周桌猪	$tʂ^h$	侄车丈赵			ʂ	书赊胜上	ʐ	惹入让柔
ʨ	精捐姜军	$ʨ^h$	清嚼贱地$_{新}$	ȵ	女银鸭捏	ɕ	许戏孝休		
k	贵格谷刚	k^h	课看柜哭	ŋ	我爱恩藕	x	话寒孩坏		
Ø	言盐院友月叶引样英永韵								

说明：

（1）灵宝方言的v实际音值是通音 ʋ，上齿与下唇有轻微接触，摩擦减弱。有部分人可以v、Ø 自由变读。

（2）t^h的发音气流较强，特别是在拼齐齿呼时，如：地t^hi^{243}、笛t^hi^{212}、铁$t^hiᴇ^{53}$、田$t^hiɛn^{212}$，送气音带有显著的摩擦。

（3）舌根音声母ŋ发音时有前化现象，特别是在拼前元音时发音接近舌面鼻音 ɲ，如：山崖 $san^{53}ɲɛ^{212}$。

1.2　灵宝方言韵母38个，不包括儿化韵。

ɿ	枝资师思	i	地雷北毕	u	胡古五木	y	雨徐居累$_{积\sim}$
ʅ	知尺治失					ʮ	猪出书如
ər	二而耳日$_{白}$						
a	爸大下挖	ia	家亚恰爷$_{白}$	ua	抓挂画花		
ɛ	买开外街	iɛ	介谐疥解$_{明白}$	uɛ	槐快怪帅		
		iᴇ	爹接百$_{白}$麦				
ɔ	刀包高早	iɔ	标孝刁笑				
ɤ	得车各热			uɤ	多婆歌郭	yɤ	雪脚学略
ei	陪飞伟水			uei	对岁嘴锤		
ou	豆努粗竹	iou	丢刘秋又				

an 办完蓝暖$_{白}$ iɛn 编电连炎 uan团官船算 yɛn员劝宣选
ẽ 门分林嫩 iẽ 进民心品 uẽ 盾村困昏 yẽ 匀军韵训
aŋ 邦防张忘 iaŋ 辆强央向 uaŋ黄床窗慌
əŋ 朋灯翁杏 iŋ 兵名京英 oŋ 红横宋荣 yŋ 迥穷胸用

说明：

（1）拼 p、m、l 的i实际音值是 ɪ，如北逼 pɪ^{53}、闭箅辈背 pɪ^{243}、迷梅枚媒煤 mɪ^{212}、美米 mɪ^{44}、鲤垒 lɪ^{44}、吏泪 lɪ^{243}。

（2）灵宝方言存在因调分韵现象，同一个韵，上声、去声调中的主元音通常比阴平、阳平调中的主元音要高。ɛ 在阴平和阳平调中读 ɛ，在上声和去声调中的发音高于ᴇ，接近e，我们记为ᴇ，如：猜 ʦ^{h}ɛ^{53}、才 ʦ^{h}ɛ^{212}、彩 ʦ^{h}ᴇ^{44}、菜 ʦ^{h}ᴇ^{243}；ɔ 在阴平和阳平调中读 ɔ，在上声和去声中的发音 ɔ、o之间，我们记为 ɔ˔，如包 pɔ^{53}、饱 pɔ˔^{44}、报 pɔ˔^{243}。此现象在开口呼音节中尤其明显。

（3）ou的发音因声母部位不同也存在音值的差别：声母的发音部位较前时，主要是中古端组和中古精组声母，ou的实际音值为o^{u}，发音接近单元音o，如：都to^{u53}、偷t^{h}o^{u53}、努 no^{u53}、鹿 lo^{u53}、楼 lo^{u212}、竹 ʦo^{u53}、做 ʦo^{u243}、醋 ʦ^{h}o^{u243}、粗 ʦ^{h}o^{u53}、走 ʦo^{u44}、梳 so^{u53}。拼其他声母时为ou，如周tʂou^{53}、勾kou^{53}。

（4）an 一套韵主元音有鼻化色彩，鼻化程度因人而异，略有差别，总体上讲较为轻微。

（5）aŋ、iaŋ、uaŋ的实际音值是ɑŋ、iɑŋ、uɑŋ。

1.3 灵宝方言 4 个声调，不包括轻声。

①阴平 53 天三安猪麦月笔 ②阳平 212 平人鹅头敌食十
③上声 44 走闪手口碗远体 ④去声 243 柱是汉盖四大树

说明：

（1）阳平调的调值不太稳定，不同的人会有 213 和 312 的变体。

（2）上声的实际调值为 443。

二 语音特点

2.1 声母特点

（1）中古全浊声母清化后今读塞音、塞擦音，不论平仄大都有送气音读法。有的字有文白两种读音，文读音与普通话一致，平声送气仄声不送气，白读音不论平仄大都送气，如：字 tsɿ^{243}/ts^{h}ɿ^{243}、值 tʂʅ^{212}/tʂ^{h}ʅ^{212}、地t^{h}i^{243}、被 p i^{243}/p^{h} i^{243}、集tɕi^{212}/tɕ^{h}i^{212}、步 p^{h}u^{243}、局tɕ^{h}y^{212}、闸 tsa^{44}/ts^{h}a^{212}、捷tɕiᴇ^{212}/tɕ^{h}iᴇ^{212}、败 p^{h}ɛ^{243}、坐 ts^{h}uɤ^{243}、罪 ts^{h}uei^{243}、赵 tʂ^{h}ɔ^{243}、轿 tɕ^{h}iɔ^{243}、豆 t^{h}ou^{243}、族 ts^{h}ou^{212}、舅 tɕ^{h}iou^{243}、蛋 t^{h}an^{243}、辫 p^{h}iɛn^{243}、田 tiɛn^{243}/t^{h}iɛn^{243}、赚 tʂ^{h}uan^{243}、近 tɕ^{h}iẽ^{243}、棒 p^{h}ɑŋ^{243}、匠 tɕ^{h} iɑŋ^{243}、病 p^{h}iŋ^{243}。也有少数例外读不送气音的，多为非口语词，应该是普通话后来影响渗透所致，如：惰tuɤ^{243}、镀tu^{243}、箸 tʂʮ^{243}、距巨拒 tɕy^{243}、怠 tɛ^{243}、坠 tʂuei^{243}、导 tɔ^{44}、叠 tiᴇ^{212}、诞 tan^{243}、达 ta^{212}、盾 tu ən^{243}、荡tɑŋ^{243}、杖tʂɑŋ^{243}。

（2）中古透、定二母的三四等字，即今普通话读t^{h}声母、拼齐齿呼的音节，除了读送气塞音外，在灵宝方言中还有送气塞擦音的读法。这两种读法在地域上呈互补状态，城关镇和西部乡镇以读塞音为主，县城周边及东部乡镇读塞擦音的居多。我们把此现象定义为新老异读。如：梯t^{h}i$^{53}_{\text{老}}$/tɕ^{h}i$^{53}_{\text{新}}$、笛t^{h}i$^{212}_{\text{老}}$/tɕ^{h}i$^{212}_{\text{新}}$、地t^{h}i$^{243}_{\text{老}}$/tɕ^{h}i$^{243}_{\text{新}}$、铁t^{h}iᴇ$^{53}_{\text{老}}$/tɕ^{h}iᴇ$^{53}_{\text{新}}$、跳t^{h}iɔ$^{243}_{\text{老}}$/tɕ^{h}iɔ$^{243}_{\text{新}}$、调$_{\text{~动}}$t^{h}iɔ$^{243}_{\text{老}}$/tɕ^{h}iɔ$^{243}_{\text{新}}$、天t^{h}iɛn$^{53}_{\text{老}}$/tɕ^{h}iɛn$^{53}_{\text{新}}$、垫t^{h}iɛn$^{243}_{\text{老}}$/tɕ^{h}iɛn$^{243}_{\text{新}}$、听 t^{h}iŋ$^{53}_{\text{老}}$/tɕ^{h}iŋ$^{53}_{\text{新}}$、厅t^{h}iŋ$^{53}_{\text{老}}$/tɕ^{h}iŋ$^{53}_{\text{新}}$、锭t^{h}iŋ$^{243}_{\text{老}}$/tɕ^{h}iŋ$^{243}_{\text{新}}$。

（3）今零声母的合口呼音节，除u、uɤ外，全部读v声母。包括中古微母字和疑、晓、匣、影、喻母的合口呼字，如晚 van^{53}、闻vẽ^{212}、忘vɑŋ^{243}、蛙 va^{53}、外 vɛ^{243}、歪 vɛ^{53}、魏 vei^{243}、威 vei^{53}、伟 vei^{44}、唯vei^{212}、完van^{212}、王vɑŋ^{212}。

（4）知庄章的读音。灵宝方言的知庄章读音与洛阳方言（贺巍1993）相似：知二庄与知三章二分，知二庄的开口字读 ts、ts^{h}、s，知二庄的合口字与知三章组读 tʂ、tʂ、ʂ，属于官话方言中的昌徐型（熊正辉 1990）。如：茶 tsa^{212}、桌 tʂuɤ^{53}、猪 tʂʮ^{53}、知 tʂʅ^{53}、张 tʂaŋ^{53}、春

tʂʰuẽ^{53}、沙 sa^{53}、梳 sou^{53}、师 sɿ^{53}、床 tʂʰuaŋ^{212}、书 ʂʮ^{53}、枝 tsɿ^{53}、钟 tʂoŋ^{53}、战 tʂan^{243}。

（5）影母和喻母的部分二、三等字读舌面鼻音声母ȵ，但此现象已不具普遍性，有不少例外存在，有的字还出现 ø/ȵ两读。如：哑ȵia^{44}、鸦ia^{53}、鸭押压ȵia^{53}、盐$_{名}$ian^{212}、盐$_{动}$ȵian^{53}、阴iẽ^{53}/ȵiẽ^{53}、饮iẽ^{44}/ȵiẽ^{44}、眼ȵian^{44}、轧ȵia^{243}、堰ȵian^{243}、燕ian^{243}、印iẽ^{243}、影ȵiŋ^{44}、英iŋ^{53}。

（6）古疑、影母的开口一二等字今多读舌根鼻音声母ŋ，如：我ŋuɤ^{44}、鹅ŋuɤ^{212}、艾ŋɛ^{243}、爱ŋɛ^{243}、熬ŋɔ^{212}、袄ŋɔ^{44}、藕ŋou^{44}、沤ŋou^{243}、安ŋan^{53}、恩ŋẽ^{53}、昂ŋaŋ^{212}、恶ŋuɤ^{53}。

2.2 韵母特点

（1）果摄见系字今有合口呼读法，如：歌kuɤ^{53}、鹅ŋuɤ^{212}、我ŋuɤ^{44}、河xuɤ^{212}、科kʰuɤ^{53}、课kʰuɤ^{243}、禾xuɤ^{212}。

（2）泥来母、精组、庄组的遇摄字和精知庄章组的通摄入声字，今读如流摄，如：努 nou^{212}、怒 nou^{243}、鹿 lou^{53}、炉 lou^{212}、楼 lou^{212}、路 lou^{243}、竹 tsou^{53}、走 tsou^{44}、粥 tsou^{53}、奏 tsou^{243}、粗 tsʰou^{53}、锄 tsʰou^{212}、凑 tsʰou^{243}、梳 sou^{53}、叟 sou^{44}。

（3）部分见系二等字今仍读开口呼，如：下 xa^{243}、暇 xa^{212}、吓 xa^{243}、鞋 xɛ^{212}、蟹 xɛ^{44}、街kɛ^{53}、解$_{讲\sim}$kɛ^{44}、瞎 xa^{53}、匣 xa^{212}、辖 xa^{212}、箱 xan^{53}、咸 xan^{212}、闲 xan^{212}、项巷xaŋ^{243}、杏xəŋ^{243}。

（4）麻韵三等的精组字与蟹摄开口二等的见组字对立，如：姐tɕiᴇ^{44}、且tɕʰiᴇ^{53}、写ɕiᴇ^{44}、借tɕiᴇ^{243}、谢ɕiᴇ^{243}、皆tɕiɛ^{53}、阶tɕiɛ^{53}、界tɕiɛ^{243}、戒tɕiɛ^{243}、谐ɕiɛ^{212}、懈ɕiɛ^{243}。

（5）深、臻摄来母的非入声字一律变开口，如：林淋临邻鳞磷伦沦轮 lẽ^{212}、嫩 lẽ^{44}、赁吝论$_{讨\sim}$lẽ^{243}。

（6）止摄和蟹摄的帮、明二母字有相混现象，如：卑悲笔毕北逼杯pi^{53}、蔽币闭箅辈背焙被$_{\sim迫}$备弼碧壁pi^{243}、密蜜墨$_{白}$觅mi^{53}、迷梅枚媒煤眉楣霉mi^{212}、美米每mi^{44}、妹昧媚寐mi^{243}。

2.3 声调特点

灵宝方言的声调特点总体上与中原官话的声调特点基本一致：平分

阴阳，浊上归去，清入、次浊入归阴平，全浊入归阳平。但由于灵宝位于河南、山西、陕西三省的交界处，方言明显呈现出混杂的特点，在声调上表现为部分字的归调不符合一般规律，有点乱。如：坡$p^{h}uɤ^{212}$阳平、爸pa^{53}阴平、估ku^{53}阴平、吴u^{53}阴平、巨拒$tɕy^{44}$上声、宇y^{212}阳平、兆$tʂ^{h}ɔ^{44}$上声、鞘$ɕiɔ^{53}$阴平、撼憾xan^{44}上声、额$ŋɛ^{44}$上声。

三 同音字汇

本同音字表收字依据中国社会科学院语言研究所《方言调查字表》，又根据方言用字有所增减。按照韵母表的顺序依次排列各韵的单字，同一韵的字按照前面所列声母和声调顺序排列。①②③④⑤等数字表示声调，对应的调类和调值在前面声调部分的内容中有说明。本字未明的用“□”代替，后加小字注释。举例时用“～”代替该字，文白异读、新老或老中青异读、又读等现象在该字后用小字标明，有特殊意义的字也在字后用小号字体进行举例、解释或说明。

ɿ

ts ①枝支肢栀资姿咨滋之芝 ③紫纸只～有只—～鸟脂子梓滓止址趾 ④自文至字文志文痣

tsʰ ①眵齿 ②雌疵瓷迟慈磁辞词祠 ③此侈次 ④刺赐翅自白志白字白伺侍

s ①斯厮撕私师狮尸司丝思诗 ②时 ③施匙死屎使史驶始 ④是氏四肆示视嗜似祀巳寺嗣饲士仕柿俟事市恃试

ʅ

tʂ ①知蜘秩文质织职掷炙 ②直文值文殖文植文 ③驰 ④制滞智致痔置治

tʂʰ ①痴尺吃 ②池持侄直白值白殖白植白秩白 ③耻嗤赤斥

ʂ ①失室识式饰适释 ②实食蚀石 ④世势誓逝

ʐ ①日文

i

p ①卑悲笔毕必北逼篦杯 ③鄙比秕 ④蔽敝弊币毙闭箅辈背焙被~迫备弼碧璧壁

p^h ①批坯文披劈 ②皮脾疲琵枇匹鼻 ③庇痹僻辟彼避 ④鐾~刀布被~子婢屁

m ①密蜜墨白觅 ②迷梅枚媒煤眉楣霉弥筕竹~子；竹篾靡 ③美米每 ④妹昧媚寐

t ①低 ②敌狄 ③底抵的目~ ④帝第

t^h ①堤老梯老踢老剔老 ②题老提老蹄老啼老笛老 ③体老④弟老替老涕老剃老屉老递老地老

l ①立笠栗肋勒力傈 ②犁黎雷离分~璃梨厘狸狄又,~人杰,人名粒 ③礼履李里理鲤垒抵又,~人,以头撞人 ④例厉励丽隶离~开荔利痢吏泪历~史历日~类内~地屡

tɕ ①鸡稽饥肌基儿~乎机讥级疾吉戟屐积迹藉籍绩寂击激鲫 ②脊集文辑急给供~及极 ③挤几茶~几~个已即 ④济计继技妓寄冀纪记忌既季际祭

$tɕ^h$ ①堤新梯新妻欺缉~鞋口七漆踢新剔新戚 ②题新提新蹄新啼新齐脐畦奇骑岐祁鳍其棋期旗集白,赶~泣笛新 ③体新荠砌启企起杞祈讫乞 ④去又弟新替新涕新剃新屉新递新剂一~药契地新器弃汽

ȵ ①匿 ②泥逆倪尼疑拟 ③你 ④谊腻溺

ɕ ①西犀溪牺希稀吸悉膝息熄夕锡析 ②习袭媳席 ③洗玺徙喜惜昔 ④细系~鞋带系联~戏嬉熙

ø ①医衣依揖一乙 ②仪移夷姨逸忆亿抑翼 ③蚁倚椅易已以遗尾白 ④艺义议意异毅益亦译液腋疫役

u

p ①不 ③补 ④布怖

p^h ①铺~设脯□~土,细小尘土扑仆~倒 ②殕食物变质生的白毛饽面~醭蒲菩 ③谱普浦甫辅赴讣朴卜仆~人捕 ④部簿铺店~步埠抱白菢~小鸡瀑

m ①木目穆模~子 ②幕牧谋没~有 ③亩牡母拇某 ④暮慕墓募

f　①夫肤跗敷俘孵佛仿~福幅蝠复~写复~兴腹覆麸 ②芙符扶浮服伏复~原 ③府腑抚斧父釜腐付赋傅附否 ④妇负阜富副

t　①都~城督 ③堵赌 ④妒度镀

t^h　①熥~~；烤馒头秃 ②徒屠途涂图独读犊毒 ③肚鱼~土吐~痰突 ④吐呕~杜肚~子兔

k　①姑孤箍~桶估骨谷~子谷山~ ③古股鼓 ④故固锢雇顾

k^h　①哭枯窟 ③苦酷 ④裤库

x　①呼忽 ②湖胡姓~狐葫壶胡~子核杏~ ③虎浒 ④户互护瓠~瓜

Ø　①乌污坞巫勿杌矮凳吴 ②蜈吾梧无诬屋 ③五伍午武舞侮鹉 ④误悟恶厌~雾务涴~~；浸泡衣服

y

l　③吕稆~谷子，野生谷子旅累积~累连~律率效~ ④虑滤累~了

tɕ　①居车~马炮拘驹俱橘剧~烈剧戏~菊鞠掬足白锔 ③举巨拒距矩 ④据锯聚句具惧

$tɕ^h$　①蛆趋区驱屈曲酒~曲歌~ ②渠局 ③取娶 ④去趣

ȵ　③女

ɕ　①墟虚嘘须需戌恤宿住~畜~牧蓄 ②俗 ③徐许 ④序绪叙絮续

Ø　①淤与于盂捋玉狱 ②余鱼驴渔榆逾愉宇欲浴愚虞娱 ③语雨禹羽 ④御誉预豫遇寓迂芋喻裕域育郁

ʮ

tʂ　①猪诸诛蛛株朱硃株触白 ③煮拄主 ④著箸驻注蛀铸

$tʂ^h$　①出触文 ②除厨 ③储处相~杵雏帚 ④柱住处~所

ʂ　①书舒 ②殊术白~，一种中药术述 ③暑鼠黍枢竖秫蜀 ④恕署薯输运~树戍

ʐ　①如输~赢 ②儒 ③汝乳孺

ər

Ø　①日白 ②儿而 ③尔耳饵 ④二

a

p ①疤爸八 ②拔 ③巴芭把~守 ④霸把刀~坝罢

pʰ ②耙~子 ④怕帕耙~地

m ①抹 ③马码 ④骂

f ①法乏发头~发~展 ②伐筏罚

v ①蛙洼挖袜 ②娃 ③瓦砖~ ④瓦~刀

t ①答搭 ②达 ③打 ④大

tʰ ①塔榻溻獭 ②踏沓—~纸 ③他 ④□~蒜,捣蒜

n ①纳捺 ②拿 ③哪 ④那

l ①拉腊蜡辣

ts ①楂渣扎~针札 ②炸文,油~铡 ③眨闸文 ④诈榨炸

tsʰ ①搽叉杈差~别钗插擦 ②茶查茬杂闸白察炸白,油~ ④岔

s ①纱沙杀 ③洒饭~了撒萨

ʂ ②蛇 ③厦~门傻 ④厦房~

x ①瞎白 ②匣辖白 ④下底~下~去吓

ia

tɕ ①家加痂嘉佳夹袷~袄甲胛挟~菜 ③假真~贾假放~ ④架驾嫁稼价

tɕʰ ①恰掐 ③洽

ȵ ①鸭押压 ②牙芽 ③哑 ④轧~棉花

ɕ ①虾瞎文 ②霞瑕遐暇狭峡辖文 ④夏姓~夏~天

Ø ①鸦丫桠 ②衙涯爷白 ③雅 ④亚夜白,~个,昨日

ua

tʂ ①抓 ③爪白,~子

ʂ ①刷 ③耍

k ①瓜刮~风 ③寡剐刮~胡子 ④挂卦褂

kʰ ①夸 ③侉垮

x ①花华中~ ②铧划~船滑猾 ④化华~山画话划计~

ε

p ①百$_{\text{文}}$柏$_{\text{文}}$ ②伯$_{\text{文}}$ ③摆 ④拜

p^{h} ①拍$_{\text{文}}$ ②排牌簰 ④派稗$_{\text{~草}}$败

m ②埋 ③买 ④卖迈

v ①歪 ④外

t ①呆 ④怠殆戴贷代袋带

t^{h} ①胎 ②台苔抬 ④待太泰大$_{\text{~夫}}$

n ③乃奶 ④耐奈

l ②来 ④赖癞

ʦ ①灾栽斋 ③宰载$_{\text{年~}}$ ④在$_{\text{文}}$再载$_{\text{~重}}$债

ʦ^{h} ①猜差$_{\text{出~}}$ ②才材财裁豺柴 ③彩睬 ④在$_{\text{白}}$菜蔡寨

s ①腮鳃筛 ③洒$_{\text{~几滴水}}$ ④赛晒

k ①该街 ③改解$_{\text{讲~}}$ ④芥$_{\text{~菜}}$个$_{\text{又,一~}}$概溉盖丐

k^{h} ①开 ③凯慨楷

ŋ ①哀挨$_{\text{~着}}$ ②埃霭挨$_{\text{~打}}$崖$_{\text{山~}}$ ③爱矮额 ④艾隘碍

x ①亥骇吓$_{\text{~唬}}$核$_{\text{白,审~}}$ ②孩鞋 ③海蟹 ④害

iε

tɕ ①皆阶稭 ④介界疥届戒械

ɕ ②谐协 ④懈解$_{\text{~话,理解话意}}$

uε

tʂ ④拽$_{\text{用力拉}}$

tʂ^{h} ③揣

ʂ ①衰摔 ④帅

k ①乖 ③拐 ④怪

k^{h} ③会$_{\text{~计}}$刽 ④块快筷

x ②怀槐淮获$_{\text{白}}$ ④坏

iᴇ

p ①鳖憋百$_{\text{白}}$柏$_{\text{白}}$ ②别$_{\text{区~}}$别$_{\text{离~}}$

p^h ①撇拍$_{\text{白}}$ ②白

m ①灭麦脉默$_{\text{白}}$

t ①爹跌滴嫡 ②叠碟牒蝶谍

t^h ①帖$_{\text{老}}$贴$_{\text{老}}$铁$_{\text{老}}$

l ①猎列烈裂

tɕ ①接揭节结 ②姐捷$_{\text{文}}$劫杰洁 ④借

$tɕ^h$ ①妾怯切帖$_{\text{新}}$贴$_{\text{新}}$铁$_{\text{新}}$客$_{\text{白}}$ ②茄捷$_{\text{白}}$截$_{\text{一～,一段}}$ ③且 ④褯

ȵ ①聂镊蹑摄$_{\text{～影}}$业孽捏

ɕ ①薛歇蝎楔血 ②邪斜携胁泄穴 ③些写 ④泻卸谢

ø ①耶叶页掖拽$_{\text{～住,拉住}}$噎 ②爷$_{\text{文}}$ ③也野 ④夜$_{\text{文}}$

ɔ

p ①包雹 ③褒保堡宝饱鲍 ④抱$_{\text{文}}$报暴豹爆

p^h ②袍胞泡$_{\text{一～尿}}$刨$_{\text{～地}}$狍 ③抛跑剖 ④泡$_{\text{浸～}}$炮刨$_{\text{～子,木工工具}}$

m ②毛茅猫锚矛 ③卯 ④冒帽貌茂贸

t ①刀叨 ③祷岛倒$_{\text{打～}}$ ④到倒$_{\text{～车}}$道$_{\text{文}}$稻$_{\text{文}}$盗导

t^h ①掏 ②滔桃逃淘陶萄涛 ③讨 ④道$_{\text{白}}$稻$_{\text{白}}$套

n ②挠 ③脑恼 ④闹

l ②劳捞牢唠 ③老 ④涝

ts ①遭糟 ③早枣蚤澡爪$_{\text{文,～子}}$找 ④灶罩笊

ts^h ①操抄钞 ②曹槽巢 ③草騲$_{\text{～鸡,母鸡}}$吵炒 ④皂造躁糙

s ①骚臊梢捎 ③扫$_{\text{～地}}$嫂稍 ④扫$_{\text{～帚}}$潲$_{\text{～雨}}$

tʂ ①昭招沼 ②朝$_{\text{～霞}}$ ④召照诏

$tʂ^h$ ②朝$_{\text{～代}}$潮 ③兆 ④赵

ʂ ①烧 ②韶 ③少$_{\text{多～}}$ ④少$_{\text{～年}}$绍邵

ʐ ②饶尧 ③扰绕$_{\text{围～}}$绕$_{\text{～线}}$

k ①高膏篙羔糕 ③稿搞 ④膏$_{\text{～油}}$

k^h ③考烤 ④靠犒

ŋ ①熝$_{\text{～菜,在锅里慢炖}}$ ②熬 ③袄 ④傲鏊$_{\text{～子,烙饼工具}}$

x ①蒿薅 ②豪壕毫 ③好$_{\text{～坏}}$郝$_{\text{姓}}$ ④号好$_{\text{爱～}}$浩耗

iɔ

p　①膔肥~标彪 ③表

p^h　①飘漂水上~鳔 ②瓢嫖 ④漂~亮票

m　②苗描 ③藐渺秒妙 ④庙

t　①刁貂雕 ③屌男性生殖器 ④钓吊掉文调音~调文,~动

t^h　②调老,~味 ③挑老,~大梁 ④跳老粜老调老白,~动蘿老,灰~菜

l　②燎~原疗聊辽撩寥 ③燎火~眉毛了~结瞭~望 ④料尥~蹶子廖姓

tɕ　①交郊胶焦蕉椒剿浇缴 ③绞狡铰搅较骄矫侥 ④教~书教~育觉窖酵

tɕ^h　①敲锹缲~边悄 ②瞧娇乔侨桥荞条调新,~味 ③挑新,~大梁 ④俏跳新粜新掉白调新白,~动蘿新,灰~菜窍轿

ȵ　②淆 ③咬鸟 ④尿

ɕ　①消宵霄硝销鞘枵~薄,家具不结实嚣萧箫屑纸~ ③小晓 ④孝效校笑

ø　①要~求妖邀腰幺~二三吆 ②肴摇谣窑姚跃 ③舀 ④鞦鞋~:鞋筒要重~耀鹞~子:一种鹰

ɤ

f　②佛~像

t　①得德 ②特

ts　①则窄摘 ②侧责

ts^h　①拆 ②测侧又泽择宅策册

s　①色啬 ④塞

tʂ　①遮蔗折~叠褶蜇折~断 ②浙哲辙 ③者 ④这

tʂ^h　①车彻撤 ③扯

ʂ　①奢赊涉设 ②舌折弄~了佘 ③舍~得射~击 ④社麝赦舍宿~

ʐ　①热 ③惹

k　①戈鸽文各阁搁文格革隔 ②胳 ④个

k^h　①科文窠文磕文刻时~刻刀~克客文 ②咳壳 ③棵文可文颗文 ④课文

x　①喝文,~酒黑核文,审~ ②何文河文荷文蛤~蟆合文盒文赫 ④荷薄~贺文

uɤ

p　①菠钵拨泊剥驳 ②钹勃博 ③玻簸~~,动词 ④簸~箕,名词薄~荷

p^h　①波泼 ②婆脖薄厚~ ③颇迫魄 ④破

m　①末沫抹~墙莫寞摸墨文默文陌 ②魔磨~刀摩馍模~范摹~仿 ③膜 ④磨~面

t　①多 ②铎 ③朵躲掇 ④驮~子惰跺剁

t^h　①拖舵脱托 ②驮驴~东西驼夺 ③妥椭 ④垛柴禾~

n　①诺 ②挪 ④糯

l　①啰~唆裸落烙骆酪洛络乐快~ ②罗锣箩骡螺脶指纹 ④摞

ʦ　①作~坊撮—~ ③左佐昨

$ʦ^h$　①搓锉错 ②矬凿 ④错措坐座

s　①梭唆莎~~草缩 ③锁琐所索

ʈʂ　①桌卓琢啄涿捉 ②拙着穿~酌

$ʈʂ^h$　①绰宽~绰~号□~起棍子焯~菜戳 ②着睡~浊镯着~气,怄气

ʂ　①说 ②勺芍朔

ʐ　①若弱

k　①歌锅鸽白割葛聒郭国搁白 ②哥 ③果裹馃~子,点心 ④过

k^h　①科白窠白磕白渴括阔扩 ③棵白颗白可白廓 ④课白

ŋ　②恶蛾鹅讹俄~罗斯 ③我 ④饿

x　①喝白,~酒喝吆~豁鹤劐用刀~开 ②和~气禾和~面合白盒白活霍藿或惑 ③火伙 ④祸货获文贺白

ø　①蜗倭踒~住脚了窝握物 ④卧沃

yɤ

l　①劣略掠

ʨ　①决诀倔~强掘脚觉角镢 ②绝倔脾气~橛爵

$ʨ^h$　①缺雀鹊却确□摔倒搉~蒜榷商~ ②瘸嚼

ɕ　①靴削雪 ②学

ø　①悦阅月哕越粤虐疟约药钥岳山~岳姓~乐音~□~住,握住

ei

p^h　①坯$_{\text{白}}$ ②培陪赔裴 ③胚 ④倍佩配

f　①非飞 ②肥 ③匪翡 ④废肺吠痱费

v　①煨危威违 ②为$_{\text{作～}}$维惟唯尾$_{\text{文}}$围 ③伪萎委微伟苇 ④为$_{\text{～啥：为什么}}$喂位未味魏畏纬胃谓卫

ts^h　②贼

s　②谁 ③水 ④睡

uei

t　①堆 ④对碓兑

t^h　①推 ③腿 ④退队

ts　③嘴 ④醉

ts^h　①催崔 ④罪脆翠粹

s　①虽 ②随 ③髓 ④碎岁遂隧穗$_{\text{又读çyei，如谷～}}$

tʂ　①追锥 ④缀赘坠

$tʂ^h$　①吹炊槌 ②垂锤

ʂ　④税

ʐ　③蕊 ④锐瑞

k　①闺规龟归轨 ③诡鬼 ④鳜桂贵

k^h　①傀亏窥盔 ②魁奎逵葵 ④跪愧柜

x　①恢灰挥辉徽 ②回茴 ③悔毁 ④贿汇晦溃$_{\text{～脓}}$会$_{\text{开～}}$会$_{\text{～不～}}$绘烩惠慧讳汇

ou

t　①都$_{\text{～是}}$ ②兜 ③斗$_{\text{量词}}$抖陡 ④斗$_{\text{～争}}$豆$_{\text{文}}$逗

t^h　①偷 ②头投 ④透豆$_{\text{白}}$渡$_{\text{岳～村，地名}}$

n　①努 ②奴 ④怒

l　①录鹿禄陆 ②庐炉芦鸬楼搂$_{\text{～取}}$耧 ③鲁橹虏卤篓搂$_{\text{～抱}}$ ④路赂露鹭漏陋

ts　①竹筑逐祝粥足$_{\text{文}}$烛嘱 ③租祖组阻走 ④奏骤做

tsʰ ①粗初猝畜~牲促 ②锄卒族轴 ③楚础 ④醋助凑嗽文

s ①梳疏蔬速叔淑粟束苏酥肃 ②叟熟赎属 ③数~一~ ④数~字嗽素诉塑嗉鸡~子

tʂ ①周舟州洲邹 ③肘掫 ④纣昼宙皱绉咒

tʂʰ ①抽搊 ②绸稠筹愁仇酬 ③丑子~寅卯丑~陋瞅 ④臭

ʂ ①收~集收丰~ ②飕馊 ③搜手首守 ④瘦漱~口受兽寿授售

ʐ ①肉猪~褥 ②肉磨蹭柔揉 ③辱

k ①勾~当钩沟 ③狗苟 ④够~得着够~不~构

kʰ ①抠 ③口 ④叩扣

ŋ ②牛白 ③藕偶配~偶~然欧呕殴 ④沤怄

x ②侯喉猴瘊 ③吼 ④候后厚

iou

m ④谬

t ①丢

l ①绿 ②流刘留榴硫琉 ③柳 ④溜馏六

tɕ ①揪鬏鸠阄纠~缠纠~正□缩回 ③酒久韭灸九臼咎 ④就文救究

tɕʰ ①秋~天秋~千丘 ②求球仇姓 ④就白舅旧

ȵ ②牛文 ③纽扭

ɕ ①修羞休囚 ②朽 ④秀绣宿星~锈袖嗅

ø ①幽 ②忧优尤邮由油游犹悠 ③有友 ④酉莠诱右佑柚釉幼又

an

p ①班斑颁扳般搬 ③瓣板版 ④扮办半绊

pʰ ①攀潘 ②爿盘 ④盼襻衣裳~伴拌判扮又

m ②蛮瞒馒 ③满 ④慢漫幔

f ①藩翻番 ②帆凡烦矾繁 ③反 ④范犯泛贩饭

v ①豌剜弯湾 ②完玩丸顽 ③皖碗腕晚挽宛 ④万蔓瓜~子

t ①耽担~任丹单 ③胆掸但 ④淡文担挑~诞旦弹子~

tʰ ①贪坍滩摊 ②潭谭谈痰檀坛弹~琴 ③毯坦 ④探淡白炭叹弹~弓蛋

n ②南男难困~ ④难落~

l ②蓝篮兰拦栏鸾 ③漤览揽榄懒卵暖$_{白}$ ④滥缆烂乱□$_{～糊,粥、汤等熬得粘稠}$

ts ③簪暂錾斩盏攒 ④站$_{～立}$站$_{车～}$蘸赞绽

ts^h ①参$_{～加}$惨谗搀参$_{～差}$餐残灿 ②蚕惭馋 ③铲产

s ①三杉衫山 ③珊散$_{鞋带～了}$伞删 ④散$_{分～}$

ʈʂ ①沾粘瞻毡 ②占$_{～卦}$ ③展 ④占$_{～领}$战颤

$ʈʂ^h$ ②蟾缠蝉禅

ʂ ①膻扇$_{～耳光}$ ③陕闪 ④扇$_{～子}$善膳单$_{姓}$

ʐ ③染冉然燃

k ①甘柑泔尴$_{～尬}$干$_{～支}$干$_{～湿}$肝竿 ③感敢橄杆秆擀赶 ④干$_{～活}$

k^h ①堪龛勘 ②看$_{～守}$刊 ③坎砍 ④看$_{～见}$

ŋ ①庵安鞍 ④揞暗岸按案

x ①蚶憨涎箱$_{又,风～}$ ②含函酣咸$_{～宜}$咸$_{～淡}$鼾寒韩闲 ③撼憾喊罕 ④旱汉汗翰

iɛn

p ①鞭编边蝙 ③扁匾 ④辨辩变便$_{方～}$遍

p^h ①篇偏 ②便$_{～宜}$ ④骗辫片

m ②绵棉眠 ③免勉娩缅 ④面$_{脸～}$面$_{～粉}$

t ①掂颠 ③点典 ④电殿奠佃垫$_{文}$

t^h ①天$_{老}$添$_{老}$ ②甜$_{老}$田$_{老}$填$_{老}$ ③舔$_{老}$掭$_{老,～毛笔}$ ④垫$_{老白,～钱}$

l ②廉镰帘连联怜莲 ③敛脸 ④殓练炼楝恋

tç ①监$_{～察}$尖歼艰间$_{中～}$间$_{～断}$奸煎肩坚兼 ②键$_{～子}$ ③减碱检简柬拣谏剪 ④监$_{国子～}$舰剑涧箭键建健腱荐见

$tç^h$ ①鸽$_{鸡～食}$签潜钳天$_{新}$添$_{新}$谦迁乾虔遣千牵 ②笺甜$_{新}$钱前铅田$_{新}$填$_{新}$ ③舔$_{新}$掭$_{新,～毛笔}$浅俭 ④渐欠歉栈践$_{作～}$溅$_{～一身水}$贱饯件垫$_{新白,～钱}$嵌

ȵ ①淹阉腌$_{～菜}$蔫 ②黏鲇拈颜$_{白}$年 ③魇眼渑$_{～池,地名}$堰捻撵 ④念盐$_{用盐腌}$酽$_{～茶}$碾辇雁$_{白}$

ç ①仙掀先 ②衔贤嫌 ③险鲜$_{新～}$鲜$_{～少}$癣显 ④陷限线羡宪献现县

ø ①颜$_{文}$烟 ②岩严炎盐阎檐焉延筵言研沿 ③掩演 ④验厌艳焰雁$_{文}$谚砚燕宴

uan

t ①端 ③短 ④断决~ 锻文 段椴

t^h ②团 ④断~绝 锻白 缎

n ③暖文

ʦ ②钻动词 ④纂钻名词

$ʦ^h$ ④篡

s ①酸 ④算蒜

ʈʂ ①专砖 ③转~送 ④撰转~圈

$ʈʂ^h$ ①川穿 ②传~达 椽船 ③喘 ④串赚传~记

ʂ ①闩拴 ④疝涮

ʐ ③软阮

k ①官棺观参~ 关 ③管馆罐 ④观道~ 冠衣~ 冠~军 贯灌惯

k^h ①宽 ③款

x ①欢 ②桓幻还~原 还~有 环 ③缓唤 ④换焕患宦

yɛn

tɕ ③卷~袖子 捐 ④卷试~ 眷绢倦

$tɕ^h$ ①圈圆~ ②全泉拳颧權 ③犬 ④圈猪~ 劝

ɕ ①轩 ②弦宣旋~转 喧楦玄悬 ③馅饺子~ ④旋~吃~做 镟眩

Ø ①冤渊 ②圆员缘元原源袁辕园援 ③远 ④院愿怨

ẽ

p ①锛 ③奔本

p^h ①喷~水 ②盆 ④笨喷~香

m ②门 ④闷

f ①分芬纷 ②坟 ③焚粉份一~ ④愤忿粪奋

v ①温瘟刎 ②文纹蚊闻 ③稳吻 ④慰安~ 问璺裂~

l ②林淋临邻鳞磷伦沦轮 ③嫩 ④赁吝论讨~

ʦ ①榛臻

$ʦ^h$ ④衬

s ①森参人~

tʂ ①针斟真贞 ③枕珍诊疹 ④阵镇振震

tʂ^{h} ②沉陈尘辰晨臣 ③深白 ④趁称相~

ʂ ①身申伸娠 ②神 ③深文沈审婶 ④渗肾慎

ʐ ②壬任姓~人仁 ③忍 ④葚桑~甚任~务纫缝~刃认

k ①根跟

k^{h} ③恳垦啃肯

ŋ ①恩

x ②痕 ③很 ④恨

iẽ

p ①彬宾槟 ④殡鬓

p^{h} ①拼 ②贫频 ③品聘姘

m ③闽悯敏抿 ④民

tɕ ①今金襟锦巾斤筋 ②禁~不住 ③紧仅谨 ④禁~止进晋劲

tɕ^{h} ①亲~人亲~家 ②琴禽擒秦勤芹 ③侵寝浸吣钦 ④近尽~早揿按住妗尽~头

ȵ ①阴白 ②银 ④荫~凉窨饮~酒饮~马

ɕ ①心辛新薪欣馨 ②寻白 ④胥信衅

ø ①音阴文淫因姻洇殷 ②吟寅 ③引隐尹 ④印

uẽ

t ①敦墩蹲 ④盾顿扽用力猛拉

t^{h} ①吞 ②屯豚臀饨 ④囤沌钝

ts ①尊遵 ④俊

ts^{h} ①村皴 ②存 ④寸

s ①孙 ③损

tʂ ③准标~准水~

tʂ^{h} ①椿春 ②唇纯莼醇蠢

ʂ ④顺舜

ʐ ④闰润

k ③滚 ④棍

k^h ①昆坤 ③捆 ④困

x ①昏婚 ②魂馄浑 ③混

yẽ

tɕ ①均钧君军 ②菌 ④郡

$tɕ^h$ ②群裙

ɕ ①熏勋薰 ②寻$_{文}$旬循巡 ③榫 ④讯逊迅殉训

ø ①晕 ②匀云 ③允 ④熨韵运

aŋ

p ①帮邦 ③榜谤绑

p^h ②滂旁螃庞 ③蚌 ④傍棒胖

m ②忙芒$_{\sim种}$茫芒$_{麦\sim儿}$盲牤 ③莽蟒

f ①方肪 ②妨芳房防 ③仿$_{效\sim}$仿$_{相\sim}$仿$_{\sim佛}$纺

v ①汪网 ②亡王 ③枉往 ④忘妄望旺

t ①当$_{应\sim}$ ③当$_{\sim作}$ ④荡

t^h ①汤 ②堂棠螳唐糖塘 ③倘淌躺 ④烫趟

n ①囊 ③攮$_{用刀\sim}$

l ②郎廊狼朗 ④浪

ʦ ①赃脏$_{肮\sim}$ ④藏$_{西\sim}$葬脏$_{五\sim}$

$ʦ^h$ ①仓苍 ②藏$_{隐\sim}$

s ①桑丧$_{婚\sim}$丧$_{\sim失}$ ③嗓搡

ʈʂ ①张章樟 ③长$_{生\sim}$涨掌障 ④仗杖账帐胀瘴

$ʈʂ^h$ ①昌 ②长$_{\sim短}$常尝裳 ③厂偿倡 ④丈畅唱

ʂ ①商伤 ③赏晌偿又 ④上尚

ʐ ②瓤穰 ③壤嚷 ④让

k ①冈岗刚$_{文}$纲钢$_{\sim铁}$缸 ③港 ④钢$_{\sim刀}$杠

k^h ①康糠慷扛 ③抗 ④炕

ŋ ①肮$_{\sim脏}$ ②昂

x ①夯 ②行$_{\sim列}$航杭 ④项巷

iaŋ

l ②良凉量~长短粮梁粱 ③两 ④亮晾辆量数~

tɕ ①刚白将~来浆疆僵姜生~礓缰姜姓江豇 ③茧笕以竹取水蒋奖桨讲耩~地，播种 ④强倔~酱将~领降下~虹白

tɕʰ ①枪腔 ②墙强~大 ③抢羌 ④匠

ȵ ②娘 ④酿

ɕ ①箱湘襄镶厢香乡 ②相互~详祥降投~ ③想享响饷 ④相~貌象像橡相向

ø ①秧殃 ②仰羊洋烊杨扬阳疡 ③央养 ④样

uaŋ

tʂ ①庄装桩 ④壮状

tʂʰ ①疮窗 ②床 ③闯创撞

ʂ ①霜孀双一~ ③爽 ④双~生

k ①光 ③广 ④逛

kʰ ①匡筐眶 ②狂 ④旷况矿

x ①荒慌 ②黄簧皇蝗 ③谎晃

əŋ

p ①崩

pʰ ①烹捧 ②朋彭膨棚蓬篷 ④迸

m ①懵蠓~虫，一种小飞虫 ②萌盟蒙 ③猛 ④梦

f ①风枫疯讽封蜂锋 ②丰冯峰逢缝~衣服 ④凤奉俸缝门~

v ①翁嗡搶 ④瓮

t ①登灯 ③等 ④凳镫邓澄~水瞪

tʰ ①吞又腾誊藤 ②疼 ④凳又，板凳

n ①□站立 ②能脓流~

l ②愣 ③冷

ts ①曾姓增憎争睁 ④赠

tsʰ ①撑掌□强塞使增大 ②曾~经层僧又 ④蹭锃

s ①生牲笙甥 ②僧 ③省~长省节~

tʂ ①征~求蒸侦正征长~ ④证症郑

tʂʰ ①称~呼 ②澄~清惩橙拯呈程成城诚盛~饭 ③乘逞 ④秤

ʂ ①声 ②绳塍承丞 ④剩胜盛兴~

ʐ ①扔 ②仍

k ①更三~粳庚羹耕 ③哽埂梗耿 ④更~加

kʰ ①坑

x ①亨 ②恒衡 ④杏横~竖横蛮~

iŋ

p ①冰兵 ③禀丙秉柄饼 ④并合~并~且

pʰ ②凭平坪评瓶屏萍 ④病

m ②明名 ③鸣皿铭 ④命

t ①丁钉铁~ ③顶鼎 ④锭文钉~住订定

tʰ ①听老,~见厅老 ②亭老停老廷老庭老蜓老 ③艇老挺老 ④锭老白听老,~任

l ②陵凌菱灵零铃伶拎翎 ④另

tɕ ①津京荆精经径 ②晶睛 ③惊景警井 ④茎颈敬境竟镜兢

tɕʰ ①轻清听新,~见厅新青蜻 ②情晴□~受,直接获得亭新停新廷新庭新蜓新 ③擎请艇新 ④静靖净锭新白听新,~任

ȵ ②凝 ③影 ④硬宁安~宁~可

ɕ ①星腥 ②行~为形型刑荥~阳,河南地名 ③省反~醒 ④幸兴~旺兴高~性姓

ø ①鹰英莺鹦樱婴缨 ②蝇迎萤盈赢营莹 ③映颖 ④应~当应~对孕

oŋ

t ①东冬 ③董懂 ④动冻栋

tʰ ①通 ②同铜桐筒童瞳 ③桶捅统 ④痛洞

n ②浓

l ②聋笼农隆龙 ③拢陇垅 ④弄齉

ts ①棕鬃宗 ②综 ③总 ④粽纵~横纵放~

tsʰ ①聪葱 ②匆从~容从跟~

s ①松~紧松~树嵩 ④送宋诵颂讼

tʂ ①中~国忠终钟大~钟~情盅 ③冢种~类肿 ④中~枪众重轻~种~庄稼

$tʂ^h$ ①冲~锋 ②虫崇重~复 ③充宠 ④冲说话~

ʐ ②荣戎绒融茸毹容蓉

k ①公蚣功攻弓躬宫恭供~应 ③汞拱巩 ④贡供~养共

k^h ①空~屋烘~干 ③孔控恐 ④空~缺

x ①轰~炸轰~出去 ②虹文弘宏红洪鸿 ③哄~骗 ④哄起~

yŋ

tɕ ③迥

$tɕ^h$ ①倾琼顷 ②穷

ɕ ①兄凶吉~凶~恶胸 ②熊雄

Ø ①捅又,~破纸雍拥~护壅~肥痈 ②庸 ③永泳咏勇涌 ④用

参考文献

贺巍:《洛阳方言研究》,社会科学文献出版社 1993 年版。

熊正辉:《官话方言分 ʦ、tʂ 的类型》,《方言》1990 年第 1 期。

熊正辉、张振兴 :《汉语方言的分区》,《方言》2008 年第 2 期。

渑池方言音系

渑池县位于河南省西部，隶属三门峡市管辖。北濒黄河与山西省的垣曲、夏县、平陆三县隔河相望，南与洛阳市的洛宁、宜阳二县相连，东和义马市、新安县为邻，西界崤函与陕县接壤。东西宽 43.5 千米，南北长 52.8 千米，总面积 1421 平方千米。地理坐标在东经 111°33′至 112°01′，北纬 34°36′至 35°05′之间。渑池县辖 5 个镇、7 个乡：城关镇、英豪镇、张村镇、洪阳镇、天池镇、仰韶乡、仁村乡、果园乡、陈村乡、坡头乡、段村乡、南村乡。县人民政府驻城关镇。县内有汉族、回族、维吾尔族、满族、苗族、藏族、布依族、壮族、土族、侗族、佤族、高山族、达斡尔族、蒙古族、土家族、彝族、朝鲜族等 17 个民族。

渑池方言属中原官话洛嵩片（贺巍 2005，张启焕 1993），内部有差别。渑池县境内的口音可以分为四种：（1）北部音，主要分布在渑池县北部南村乡临近黄河的一些村庄。南村语音的主要特点是：①部分字仍保持着尖团的差别，如：心sei^{44}、新sei^{44}，这一点与城关音不同，城关音已不分尖团；②一些常用的去声字在南村都读成了平声，归到了阴平上调里，如布pu^{44}、裤k^{h}u^{44}、肉ʐɤu^{44}、菜 ʦ^{h}ɛ^{44}、卖mɛ^{44}、到tɔ^{44}；③遇摄的端组字、庄组字和来自入声的部分字都读复元音，如土t^{h}ɤu^{44}、杜tɤu^{31}、组ʦɤu^{53}、做ʦɤu^{31}、竹ʈʂɤu^{44}、初 ʈʂ^{h}ɤu^{44}≠出 ʈʂʮ^{44}、梳ʂɤu^{44}≠书ʂʮ^{44}，与城关话不同。（2）东部音，以洪阳和天池为代表，包括仁村、笃忠的部分村庄。东部音的特点是有四个调，与一般河南话相似，阴平 24、阳平 53、上声44、去声 31。（3）西部音，主要是英豪、张村二镇西部靠近陕县的一些村庄，特点是声调接近陕县，阴平和上声较接近，一部分字已经混同。（4）城关音，以城关镇为代表，是渑池县的权威方言，标志性特征是有三个调，阴平和上声合并。本文记录的是城关音。发音人有：①崔天松，男，1963 年 2 月生，汉族，渑池县张村镇池底村人，中学教师，本科学历，长期生活在渑池县，不讲普通话，方音纯正。②张庶普，男，1945 年 3 月生，汉族，渑池县英豪镇西英豪村人，本科毕业，渑池县教师进修学校高级讲师，不会讲普通话，方音纯正。③崔祎，女，1991 年 8 月生，汉族，渑池县城关镇人，河南大学 2009 级本科生，会讲普通话。④曹正谦，男，1993 年 5 月生，汉族，渑池县仰韶乡苏门村人，河南大学 2011 级本科生，会讲普通话。本书记音以崔天松、张庶仆的发音为主。

一　声韵调系统

1.1　声母

声母 25 个，包括零声母。

p	班不边薄	p^{h}	爬批瓢怕	m	门米幕忙	f	飞发房饭	v	闻武万晚
t	店大杜答	t^{h}	太图踢堂	n	难农拿暖			l	兰路连辣
ts	早枝斩争	ts^{h}	吹齿茶愁			s	四师诗色		
tʂ	知抓赵周	$tʂ^{h}$	吃窗车稠			ʂ	顺书手石	ʐ	人闰容扔
tɕ	居捐俊秋	$tɕ^{h}$	去起泉齐	ȵ	女你硬咬	ɕ	许戏休修		
k	贵格谷刚	k^{h}	课愧哭看	ŋ	牛安我藕	x	话寒孩坏		
ø	儿用永午言忘								

说明：

（1）有v声母，但部分字已有零声母读法，v和 ø 可自由转换。

（2）舌尖后音 tʂ、$tʂ^{h}$、ʂ、ʐ 的被动调音部位在齿龈—硬腭之间，较普通话靠前。

1.2　韵母

渑池方言韵母 39 个，不包括儿化韵。

ɿ	资次师是	i	地衣西席	u	胡古不俗	y	雨女徐区
ʅ	知失世迟			ʮ	猪初书如		
ɜr	二而耳儿			ɯ	黑胳圪隔$_{\text{隔应}}$		
ɒ	爸怕纳大	iɒ	家亚恰下	uɒ	抓挂画娃		
ɛ	败开格百	iɛ	街蟹界阶	uɛ	拽拐外或		

	iᴇ 爷叶姐节		
ɔ 保毛早告	iɔ 标苗交笑		
ɤ 车河热鸽			yɤ 瘸学月雪
o 剥泼摸破		uo 多落桌课$_{老}$	
ei 北睡门镇	iei 民心林品	uei 嘴威盾村	yei 匀军云训
ɤu 豆楼周牛	iɤu 丢刘秋又		
ã 办单砍蓝	iã 编电连炎	uã 团暖官拴	yã 员劝宣选
aŋ 邦防糖放	iaŋ 辆强央向	uaŋ 狂庄旺往	
əŋ 朋灯生郑	iŋ 兵名京杏	uəŋ 翁瓮嗡揗	
	iuŋ 穷胸用龙	uŋ 红横公洞	

说明：

（1）ɒ 为老派发音，年轻人多发为不圆唇的 ɑ。

（2）普通话的 an、ian、uan、yan 四韵，在渑池话中 an、uan 两韵鼻化明显，但ian、yan 两韵鼻化程度较轻，可以听辨出带有一个弱的鼻音尾，因此严格来说这四个韵应记为 ã、$iã^{n}$、uã、$yã^{n}$，这里统一记为鼻化韵。

（3）普通话 ən、in、uən、yn 已转化为阴声韵，个别字略带鼻化色彩，但大部分字已和阴声韵无别，如村＝吹 $tsuei^{44}$，这里一律记为阴声韵。

（4）韵母 ɔ 在去声调里的发音有轻微动程，这里统一记为单元音。

（5）儿韵的发音与普通话有别，不是真正的卷舌音 ər。发音时舌位较低，舌头稍向上抬。

1.3　声调

渑池方言 3 个声调，不包括轻声。

①阴平上 44　天三竹月走古碗远　②阳平 53　平人寒鹅云杂敌局

③去声 31　步近四见坐用续忆

说明：

阴平上调的起始阶段有时会低一点儿，发成 34，但总体上是一个平调，这里记为 44。

二　音韵特点

2.1　声母特点

（1）古全浊声母今读清音，按平送仄不送的规律分别读相应的塞音、塞擦音，如：

婆p^{h}o^{53}　部pu^{31}　徒t^{h}u^{53}　才 ts^{h}ɛ^{53}　道tɔ^{31}　字 tsɿ^{31}

茶 ts^{h}ɒ^{53}　住 tʂʮ^{31}　奇tɕ^{h}i^{53}　柜kuei^{31}

（2）中古知、庄、章今读分为两类，止摄开口三等章组和知二庄的开口字读同精组，为 ts、ts^{h}、s；知二庄组的合口字、知三章组读 tʂ、tʂ^{h}、ʂ，与精组相对立，如：

失ʂʅ^{44}≠诗=师=私 sɿ^{44}　知 tʂʅ^{44}≠支=资 tsɿ^{44}　贞=征 tʂəŋ^{44}≠争=增 tsəŋ^{44}

（3）有ŋ声母，读ŋ声母的字主要来源于中古开口一、二等的影、疑母字，也有个别的三等字混入，如：鹅ŋɤ^{53}、我ŋuo^{44}、袄ŋɔ^{44}、牛ŋɤu^{53}、岸ŋã^{31}、安ŋã^{44}、挨$_{\text{挨打}}$ŋɛ^{53}。

2.2　韵母特点

（1）果摄合口一等见系各声纽的字，今保留古合口读法，如：

过kuo^{31}　锅kuo^{44}　戈kuo^{44}　科k^{h}uo^{44}　棵k^{h}uo^{44}　禾 xuo^{53}

（2）遇摄的知系字及术、屋、烛韵的知系字读 ʮ，知系以外的字读u，二者有别，如：

猪 tʂʮ^{44}、初 tʂ^{h}ʮ^{44}、书 ʂʮ^{44}、乳 ʐʮ^{44}、出 tʂ^{h}ʮ^{44}、竹 tʂʮ^{44}、烛 tʂʮ^{44}、部pu^{31}、租 tsu^{44}、乌u^{44}、粟 su^{31}。

（3）假摄开口三等的精组字、部分入声字和蟹摄开口二等的见系字虽然都腭化了，但二者读音有别，一个为iᴇ，另一个为iɛ，不混，如：

姐 tɕiᴇ^{44}≠街 tɕiɛ^{44}、借 tɕiᴇ^{31}≠界 tɕiɛ^{31}、接 tɕiᴇ^{44}≠阶 tɕiɛ^{44}、泻 ɕiᴇ^{31}≠解$_{\text{姓}}$ɕiɛ^{31}

（4）深臻摄的字鼻音尾已经丢失，读ei韵，与蟹止摄字相混，如：

村=吹 ts^{h}uei^{44}、梅=门mei^{53}、微=闻vei^{44}、柜=棍 kuei^{31}

2.3 声调特点

（1）渑池话声调的最大特点是阴平和上声合并为阴平上，语音系统有阴平上、阳平、去声三个调，如：

八＝把~把守~pɒ⁴⁴、七＝起 tɕʰi⁴⁴、衣＝椅i⁴⁴

（2）在入声分派上，渑池方言与中原官话的特点一致，都是清入字、次浊入字归阴平上，全浊入字归阳平，如：

积tɕi⁴⁴　惜ɕi⁴⁴　麦mɛ⁴⁴　北pei⁴⁴　笔pei⁴⁴

石ʂʅ⁵³　极tɕi⁵³　学ɕyɤ⁵³　绝tɕyɤ⁵³　力li⁴⁴

三　同音字汇

本同音字表收字依据中国社会科学院语言研究所《方言调查字表》，又根据方言用字有所增减。按照韵母表的顺序依次排列各韵的单字，同一韵的字按照前面所列声母和声调顺序排列。①②③④⑤等数字表示声调，对应的调类和调值在前面声调部分的内容中有说明。本字未明的用“□”代替，后加小字注释。举例时用“～”代替该字，文白异读、新老或老中青异读、又读等现象在该字后用小字标明，有特殊意义的字也在字后用小号字体进行举例、解释或说明。

ɿ

ts　①紫支枝肢资咨姿脂旨滋兹辎滓芝之纸栀只~~有~~姊指子梓止趾址③自至字志痣

tsʰ　①眵此侈齿 ②雌疵瓷慈磁辞词祠 ③刺赐翅次侍伺

s　①斯厮撕私师狮司思丝诗始施死屎矢使史尸驶厕~~茅子~~ ②匙时鲥③是氏四寺肆示视嗜似祀巳饲嗣士仕柿事市恃试俟

ʅ

tʂ　①知蜘汁执质值织职掷只~~_~~智秩 ②侄直植殖 ③滞制致稚痔治置炙

tʂʰ　①哧痴赤尺吃嗤耻 ②池驰弛迟 ③持斥

ʂ ①湿失室识适式 ②十什家~拾动拾数实食蚀石 ③势誓逝世饰释

ʐ ①□詈词日

i

p ①屄鄙逼比秕 ②鼻婢荸 ③蔽蓖闭箅敝弊滗币鐾毙庇痹避~雨毕必弼碧璧壁

p^h ①批匹劈□用手分开 ②皮脾疲琵痞 ③譬屁僻辟

m ①密蜜米 ②迷篾觅糜弥靡 ③谜

t ①低滴嫡的目~底抵堤 ②敌笛荻迪籴涤 ③帝弟第递地

t^h ①梯剔踢体 ②提蹄啼题 ③替剃涕嚏

l ①狸立笠栗力礼李里理鲤 ②犁黎梨粒离距~ ③例厉历励离~开荔利痢吏丽隶篱璃

tɕ ①机鸡稽肌饥几茶~基己几~乎讥几~个级及疾吉积迹脊籍藉绩寂戟击激给供~髻挤虮鲫 ②急集辑极缉通~ ③即荠计继系~鞋带妓寄技冀纪记忌祭际剂济既季

$tɕ^h$ ①妻欺其期祈七漆乞戚蹊缉~鞋口沏启起杞岂 ②齐脐畦奇骑岐企祁麒棋旗 ③契器弃气汽讫砌泣

ȵ ①妮你 ②泥倪尼逆又拟 ③溺匿腻

ɕ ①西犀徙玺牺嬉熙希稀吸悉膝息熄媳昔惜锡析奚洗喜袭 ②溪习席夕 ③细隙戏系联~

Ø ①衣依医揖乙一益役疫椅倚已以尾又矣 ②移疑饴逸遗夷沂逆又伊 ③姨宜仪艺刈缢蚁谊义议易肄意异毅忆亿翼译液亦

u

p ①不卜补 ③布怖部步抱~小鸡

p^h ①铺~床蒲普浦朴扑仆谱捕甫 ②菩脯醭饽面~ ③铺店~埠曝瀑

m ①没~有,又木~材目穆某亩牡母拇 ②模~子谋木~匠 ③牧暮墓慕募幕

f ①夫肤敷否福服~装幅蝠腹复~习覆伏麸府腑俯斧抚腐 ②服~气符扶芙浮佛俘釜附辅 ③赴父付赋傅复重~富负妇阜副

v ①无侮武舞鹉物 ③雾勿

t ①都~城督笃□光~子堵赌肚鱼~ ②独犊读牍毒 ③妒肚~子杜度渡镀

tʰ ①突秃吐$_{\text{吞～}}$土 ②徒途涂图屠 ③兔唾$_{\text{～沫}}$

n ②奴 ③怒努

l ①录绿$_{\text{又}}$橹 ②炉芦鸬卢

ts ①组祖足$_{\text{新}}$租 ②卒族 ③做

tsʰ ①粗促 ②猝 ③醋

s ①苏酥俗速粟 ③素诉戍嗉塑

ʂ ①叔 ②淑熟赎

ʐ ①肉$_{\text{又}}$入褥辱

k ①姑孤谷箍骨古估股鼓 ③故固雇顾锢

kʰ ①枯窟哭苦 ③库裤酷

x ①呼忽糊$_{\text{眵目～}}$虎狐 ②乎浒壶胡湖葫核$_{\text{杏～}}$斛 ③户沪互护瓠

ø ①梧吾乌污坞巫诬杌五伍午 ②屋吴蜈戊 ③误悟恶$_{\text{厌～}}$务

ʮ

tʂ ①诸竹筑猪箸诛蛛株朱珠粥烛阻拄嘱主煮触 ②术$_{\text{白～}}$轴逐 ③著住柱驻注蛀铸助祝

tʂʰ ①初舒$_{\text{又}}$搐出缩$_{\text{又}}$褚杵楚础 ②除储锄厨雏殊 ③畜$_{\text{～牲}}$处$_{\text{～理}}$处$_{\text{到～}}$

ʂ ①梳疏蔬书舒输$_{\text{运～}}$缩束蜀属枢暑鼠黍薯署数$_{\text{～不清}}$ ②术$_{\text{技～}}$述秫 ③恕庶戍竖树漱帚数$_{\text{～字}}$

ʐ ①如输$_{\text{～赢}}$乳擩$_{\text{～进去}}$ ②儒汝

y

l ①律率绿吕旅缕屡捋履 ②驴 ③虑滤

tɕ ①居车$_{\text{～马炮}}$举俱驹桔橘锔$_{\text{～碗}}$菊掬足$_{\text{老}}$拘 ②局 ③据锯拒距巨聚矩句具惧剧

tɕʰ ①蛆趋曲$_{\text{～调}}$曲$_{\text{酒～}}$区屈驱瞿取娶黢 ②渠 ③去趣

ȵ ①女

ɕ ①墟虚嘘须需恤戌许 ②徐 ③序絮叙绪续宿$_{\text{住～}}$婿肃蓄畜$_{\text{～牧}}$

ø ①于淤域玉狱愉雨语宇禹羽 ②鱼渔余馀与榆虞愚娱 ③御誉预迂盂逾豫遇吁芋愈喻裕寓郁育欲浴

ər

ø ①尔而耳饵 ②儿 ③二贰

ɯ

k ①胳 ②隔~应圪~蔫疙~瘩
x ①黑

ɒ

p ①巴疤芭八扒把~握 ②拔 ③爸把~子霸坝耙罢
p^h ①趴 ②爬琶杷钯耙 ③怕帕
m ①抹蚂马码 ②麻妈 ③蟆骂
f ①法发~展发头~ ②乏伐筏罚
v ①袜
t ①答搭打 ②大父亲达 ③大~小大又,父亲
t^h ①塌踏塔榻溻獭他它 ②沓
n ①纳衲哪 ②拿 ③那
l ①拉腊蜡辣喇邋~乎
ʦ ①渣札眨咋扎喳 ②杂闸炸油~铡砸 ③诈榨炸~弹栅
$ʦ^h$ ①插擦搽叉差~别 ②茶茬查察 ③岔杈
s ①傻仨沙纱萨杀洒撒砂煞 ③厦房~
k ①嘎鸭叫尬
k^h ①卡又
x ①哈
ø ①啊腌

iɒ

ʨ ①家加痂夹胛甲稼嘉佳假真~贾 ③架驾价嫁假放~
$ʨ^h$ ①掐掐卡恰 ③洽
ɕ ①瞎 ②虾霞瑕遐暇狭峡辖匣 ③厦~门下夏吓
ø ①鸦鸭压丫椏押哑 ②牙芽衙伢雅 ③砑亚轧

uɒ

tʂ ①抓爪

tʂʰ ①□猛夺

ʂ ①刷耍

k ①瓜呱刮寡剐 ③挂褂卦

kʰ ①夸侉垮 ③跨

x ①花 ②华铧划~船桦猾滑 ③划计~画话化

ø ①蛙挖哇瓦砖~ ②娃 ③凹洼瓦~刀

ɛ

p ①掰百柏伯摆 ②白 ③败稗拜

pʰ ①拍魄 ②排牌簰迫 ③派

m ①麦脉买陌老 ②埋 ③卖迈

t ①呆歹逮 ③带戴贷怠殆待代袋大~夫

tʰ ①忒胎态物特 ②台抬苔 ③太泰

n ①乃奶 ③耐奈捺

l ①肋勒裂列猎烈擸手~草 ②来 ③赖癞

ts ①灾栽斋则窄摘载年~侧~歪 ②择泽宅责宰 ③在载~重再债寨

tsʰ ①猜钗差出~测侧又彩采睬拆策册 ②才材财裁豺柴 ③蔡菜

s ①塞腮鳃筛虱色涩 ③赛晒

k ①该格革隔改 ③概盖丐溉

kʰ ①开慨客刻时~刻刀~凯楷 ②揢~鱼

ŋ ①哀挨~着埃蔼矮额~头 ②挨~打 ③爱艾碍隘

x ①海 ②孩骇亥还~有核审~ ③害

iɛ

tɕ ①皆阶秸街解~放 ③介界芥届戒械蟹

ɕ ②鞋老③懈解姓

ø ②矮又,~子涯河~崖~头,窑洞上面或山谷两面高耸的壁

uɛ

tʂ ①跩$_{\text{显摆}}$ ③拽

tʂ^h ①揣$_{\text{怀\textasciitilde}}$揣$_{\text{\textasciitilde摩}}$ ③踹

ʂ ①摔衰 ③帅蟀率$_{\text{\textasciitilde领}}$

k ①乖拐 ③怪

k^h ③快筷会$_{\text{\textasciitilde计}}$块刽$_{\text{\textasciitilde子手}}$

x ②或惑获怀槐淮 ③坏

ø ①歪崴$_{\text{\textasciitilde脚}}$ ③外

iE

p ①鳖憋 ②别$_{\text{分\textasciitilde}}$ ③别$_{\text{\textasciitilde扭}}$

p^h ①撇

m ①灭

t ①爹跌嗲$_{\text{\textasciitilde啦:撒娇}}$ ②叠碟牒蝶谍

t^h ①帖贴铁

l ①列$_{\text{又}}$猎$_{\text{又}}$烈$_{\text{又}}$裂$_{\text{又}}$

tɕ ①揭结接节姐 ②捷洁劫杰截 ③借

tɕ^h ①切且 ②茄 ③妾怯

ȵ ①聂镊蹑孽捏

ɕ ①些歇蝎楔血写 ②邪斜谐鞋$_{\text{新}}$协胁 ③泻卸谢泄

ø ①也野页叶业噎耶 ②爷 ③夜腋

ɔ

p ①褒包□$_{\text{赔}}$胞雹饱保堡宝 ②别$_{\text{又}}$ ③报抱暴菢曝豹爆鲍刨$_{\text{\textasciitilde子}}$

p^h ①抛剖泡$_{\text{尿\textasciitilde}}$跑 ②胞$_{\text{又}}$袍刨$_{\text{\textasciitilde地}}$ ③炮泡$_{\text{\textasciitilde沫}}$

m ①卯 ②毛茅猫矛锚 ③冒帽茂贸貌

t ①刀叨□$_{\text{\textasciitilde菜:夹菜}}$岛捣祷倒$_{\text{摔\textasciitilde}}$导 ③倒$_{\text{\textasciitilde退}}$到稻道盗

t^h ①掏滔涛讨 ②淘桃陶逃萄 ③套

n ①孬脑恼 ②挠铙 ③闹

l ①捞$_{\text{拉}}$老 ②捞$_{\text{打\textasciitilde}}$牢劳唠 ③涝

ts ①糟遭枣早澡蚤找 ③躁灶皂造罩笊

ts^h ①操抄钞草吵炒 ②曹槽巢 ③造~场,辗压打麦场地

s ①骚臊梢捎稍扫~地嫂 ③扫~帚

tʂ ①招召昭朝~夕沼 ③赵兆照新诏

$tʂ^h$ ①超焯 ②朝潮

ʂ ①烧少多~ ②绍韶 ③潲~雨,~食少~年邵

ʐ ①绕扰 ②饶 ③耀又照老

k ①高膏~脂篙羔糕稿搞 ③告膏~油

k^h ①考烤 ③靠犒

ŋ ①爊~白菜袄 ②熬鳌 ③傲鏊烙饼用具懊奥澳坳

x ①薅蒿好~坏 ②豪嚎毫 ③好爱~耗号浩郝

iɔ

p ①标膘彪表 ③摽绑一起

p^h ①漂~浮飘 ②瓢嫖 ③漂~亮票

m ①喵藐渺秒 ②苗描 ③庙妙

t ①刁貂雕钓屌 ③吊掉调~查

t^h ①挑 ②条调~和 ③跳粜

l ①燎了~结 ②疗聊撩辽 ③瞭~望料廖尥

tɕ ①交郊胶焦蕉椒浇缴教~书娇骄矫侥搅剿铰狡 ③教~师校~正窖觉睡~酵叫轿

$tɕ^h$ ①敲巧锹悄 ②瞧樵乔侨桥荞 ③俏

ȵ ①鸟咬 ③尿

ɕ ①消宵霄销硝萧潇箫晓屑嚣小 ③校学~孝效校上~笑鞘

ø ①腰邀要~求吆幺~二三妖杳舀 ②肴淆遥摇谣窑姚尧 ③要~不~鹞跃耀

ɤ

tʂ ①蔗遮者折~腾褶哲蜇浙 ②辙蛰 ③这

$tʂ^h$ ①车彻撤奢扯

ʂ ①赊瑟涉 ②蛇摄舌折~本佘 ③舍设赦涉射麝社

ʐ ①惹热

k ①各胳阁格新搁哥歌戈新鸽割葛佮合伙嗝 ②□小孩斗架 ③个

k^h ①壳磕科新棵新渴可颗新 ②咳克 ③课新

ŋ ①恶~心屙~尿 ②蛾鹅俄讹阿~胶 ③饿鄂扼轭

x ①喝赫 ②河何荷合盒和~气,新禾新 ③贺鹤

yɤ

l ①略掠劣

tɕ ①橛掘决诀蹶新脚镢~头觉知~角菜~子角~落 ②嚼绝爵 ③倔

$tɕ^h$ ①缺却确搉~蒜□骗人撧 ②瘸 ③雀鹊

ɕ ①削靴薛雪 ②学穴

ø ①悦阅月越曰粤哕干~药虐谑疟约钥乐音~岳姓岳山~

o

p ①波菠玻钵拨博泊梁山~剥驳簸~一~跛钹 ②薄厚~簿勃脖 ③簸~箕薄~荷

p^h ①坡颇泊血~泼活~波又 ②婆 ③破

m ①摸莫末沫陌新抹 ②摩魔馍磨~刀模~范摹膜寞 ③磨~面

uo

t ①多掇铎朵躲 ②夺 ③剁惰跺垛

t^h ①拖脱托妥椭 ②舵驮驼

n ①诺搦 ②挪 ③糯

l ①啰洛烙落乐快~骆络 ②罗锣箩萝漯骡螺脶裸 ③摞

ts ①作左佐 ②凿 ③坐座昨

ts^h ①搓撮 ②戳矬 ③挫错措

s ①梭唆莎~~草索锁琐

tʂ ①拙桌捉卓 ②啄涿着~火着穿~酌浊镯

$tʂ^h$ ①绰焯又

ʂ ①说所 ②勺芍朔

ʐ ①弱若

k ①戈锅括老郭国新果裹 ③过

k^h ①棵$_{\text{老}}$科$_{\text{老}}$窠括$_{\text{新}}$颗$_{\text{老}}$ ③课$_{\text{老}}$阔廓扩

ŋ ②我

x ①剨火伙豁 ②和$_{\text{~气,老}}$禾$_{\text{老}}$和$_{\text{~面}}$活霍藿□$_{\text{棺材}}$ ③货祸

ø ①窝倭踒$_{\text{崴脚}}$蜗握 ③卧沃

ei

p ①杯碑卑北悲笔奔锛背$_{\text{~着}}$本彼 ③贝辈背$_{\text{~上}}$臂倍焙被备笨

p^h ①坯胚披丕喷$_{\text{~水}}$ ②赔培陪裴盆 ③沛配佩辔喷$_{\text{~香}}$

m ①每美没墨默 ②梅煤枚媒眉楣媚门 ③妹昧寐闷焖

f ①飞非匪芬纷分粉翡妃 ②肥焚坟 ③肺废吠痱费粪奋愤忿份

v ①闻文蚊纹维惟唯微尾 ③问璺

t ①堆德得 ③队碓兑对

t^h ①推腿 ③退蜕褪$_{\text{~色}}$

n ①恁$_{\text{第二人称}}$ ③内恁$_{\text{那么}}$

l ①儡垒磊累$_{\text{积~}}$ ②雷 ③累$_{\text{连~}}$泪类

ts ②贼

s ①森参$_{\text{人~}}$水 ②谁

tʂ ①针真斟珍榛臻枕疹诊贞$_{\text{又}}$ ③镇阵振震

$tʂ^h$ ①伸$_{\text{又}}$深$_{\text{又}}$ ②沉岑尘陈辰晨臣 ③趁衬称$_{\text{~心}}$

ʂ ①沈审婶身申伸深 ②神 ③睡葚甚渗慎肾

ʐ ①忍 ②任$_{\text{姓}}$壬仁人 ③任$_{\text{~务}}$饪纴刃认妊

k ①根跟给 ③□$_{\text{动词,在}}$ ③艮亘

k^h ①啃肯垦恳

ŋ ①恩 ③摁

x ①吓$_{\text{~唬}}$很 ③痕恨

iei

p ①彬宾槟 ③殡鬓

p^h ①拼品 ②贫频 ③聘姘

m ①闽悯敏抿 ②民

l ①拎檩 ②林淋临邻鳞磷 ③赁吝

tɕ ①今金襟津巾斤筋紧锦仅谨 ③禁妗尽进晋近劲

tɕ^h ①侵钦亲~人浸寝 ②琴禽擒秦勤芹 ③吣亲~家

ɕ ①心辛新薪馨欣 ②寻~媳妇 ③信

ø ①吟阴荫淫音因洇姻寅引殷尹饮~食隐 ②银 ③饮~马印

uei

t ①敦墩蹲兑~水 ③顿囤盾遁饨

t^h ①吞 ②屯豚臀 ③褪~袖子

n ③嫩

l ②仑伦沦轮 ③论

ts ①堆又尊遵嘴 ③罪最醉

ts^h ①催崔村皴吹 ②存忖 ③脆翠粹寸

s ①虽绥孙尿又,猪~泡 ②随髓遂隧损 ③碎岁穗

tʂ ①追锥准 ③缀赘坠

tʂ^h ①炊椿春 ②垂槌锤纯唇莼醇蠢

ʂ ③税顺舜

ʐ ①蕊芮 ③瑞锐闰润

k ①龟圭闺规诡轨癸归国老鬼滚 ③鳜桂跪贵柜棍

k^h ①亏盔傀昆坤溃~疡捆 ②奎魁逵葵 ③愧溃崩~困

x ①灰恢辉挥徽婚昏荤浑毁悔 ②回茴魂馄 ③贿汇混溃~脓会开~会~不~惠慧秽讳汇绘晦

ø ①桅威偎煨危萎委违围苇温瘟伟稳吻刎 ②为人~ ③卫伪为~何位未味魏慰畏谓纬胃

yei

tɕ ①君军钧均 ③郡俊菌骏

tɕ^h ②群裙

ɕ ①熏薰荀榫 ②旬循巡 ③训讯逊殉迅

ø ①晕允 ②匀云 ③熨韵运孕

ɤu

t ①都全~兜抖斗~~陡 ③斗~争豆逗

tʰ ①偷 ②头投 ③透

l ①鲁虏卤庐搂~抱鹿禄篓 ②楼耧搂~取 ③路赂露鹭漏陋六又陆

ts ①邹走 ③奏皱绉骤

tsʰ ①搊扶起瞅 ②愁 ③凑嗽咳~

s ①搜飕馊叟 ③瘦

tʂ ①周舟州洲粥肘绉胡~ ③宙纣昼咒

tʂʰ ①抽丑酬 ②绸稠筹仇 ③臭

ʂ ①收~集收丰~守手首 ③兽受寿授售

ʐ ②柔揉 ③肉

k ①钩勾沟狗苟 ③够构购

kʰ ①抠口 ③叩寇扣

ŋ ①偶藕抠又欧瓯呕 ②牛 ③沤怄

x ②猴喉瘊吼 ③后厚候侯

iɤu

m ③谬

t ①丢

l ①柳 ②刘流留硫琉馏 ③六榴馏重新加热

tɕ ①鸠纠阄九韭久灸揪酒 ③就救舅臼旧究咎柩

tɕʰ ①秋囚泅丘 ②求球仇姓

ȵ ①妞扭纽 ②牛又

ɕ ①休修羞朽 ③宿星~秀绣袖锈

ø ①忧优酉幽邮尤悠有友 ②由油游 ③又右佑莠诱柚釉幼

ã

p ①扳班斑颁般搬拌扔版板 ③拌搅~瓣扮办伴半绊

pʰ ①潘攀 ②爿盘 ③盼襻判叛

m ①满 ②蛮瞒馒 ③慢幔漫

f ①翻番反 ②凡帆烦繁 ③范泛犯饭贩嬎鸡下蛋

v ③万

t ①耽~误担动丹单胆掸 ③担名诞但旦蛋淡弹~药

t^h ①贪坍毯滩瘫摊坦 ②谭潭弹~琴谈痰檀坛 ③探炭叹

n ②男难~处南 ③难受~

l ①漤揽缆榄懒 ②蓝篮览兰拦栏 ③滥烂

ʦ ①簪斩盏攒 ②咱 ③赞暂站蘸绽栈

ʦ^h ①参~加掺搀餐铲产 ②惨蚕惭馋谗残 ③灿

s ①三杉衫珊山删散松~伞 ③散~布

ʈʂ ①沾粘动毡瞻展 ③占战颤寒~

ʈʂ^h ②缠蝉禅 ③颤~抖

ʂ ①煽搧羶陕闪 ③善扇禅膳单姓苫疝

ʐ ①染冉然燃

k ①甘柑泔蚶肝竿干~旱擀敢感橄秆赶 ③干~活

k^h ①堪龛勘坎砍刊看~守 ③看~见

ŋ ①庵安鞍俺 ③按暗岸案

x ①憨酣鼾喊 ②罕含韩函涵寒 ③撼憾旱汉汗悍焊翰

iã

p ①编鞭边蝙贬扁匾 ③便方~辨辩变遍辫汴

p^h ①偏篇 ②便~宜 ③骗片

m ①免勉娩 ②棉绵眠 ③面缅

t ①掂颠点典 ③店电殿奠佃垫

t^h ①添天舔腆 ②甜田填

l ①脸 ②连廉镰帘敛联莲怜 ③殓练炼楝

ʨ ①监尖歼检俭艰兼煎间奸肩坚监减拣简柬剪茧 ③舰渐剑涧锏践键件贱箭笺建溅饯键健腱荐见

ʨ^h ①签谦迁牵铅虔遣千潜浅 ②钳钱乾前 ③嵌欠歉

ȵ ①拈渑~池碾辇撚以指~碎撵追赶 ②黏~稠年粘鲇 ③念

ɕ ①嫌掀先险仙显 ②咸闲贤弦衔涎 ③陷馅限线苋羡宪献现县

ø ①淹阉掩魇腌焉烟眼演兖 ②岩盐闫严炎俨阎酽颜沿言研缘 ③验厌焰艳砚雁延筵谚燕宴堰

uã

t ①端短 ③断段锻缎椴

t^h ②团

n ①暖

l ②鸾峦栾卵 ③乱

ʦ ①钻~研 ③钻~石

$ʦ^h$ ③纂窜篡

s ①酸 ③算蒜

tʂ ①砖专转~达 ③赚转~圈传~记篆撰

$tʂ^h$ ①穿川喘 ②传~达船椽 ③串

ʂ ①拴闩 ③涮

ʐ ①软

k ①关观~看棺官管馆 ③贯惯观道~冠~军灌罐

k^h ①宽款

x ①欢缓 ②还~账环桓 ③唤换焕幻患宦

ø ①皖豌剜弯湾碗腕晚挽宛 ②完丸玩顽 ③蔓

yã

l ③恋□汤浓稠

tɕ ①捐绢娟卷~烟 ③眷倦圈猪~

$tɕ^h$ ①圈圆~犬 ②全泉权拳颧 ③劝券

ɕ ①轩喧宣鲜癣选 ②旋~风玄悬眩 ③旋~吃~做镟楦

ø ①冤渊远 ②圆员元原源阮袁辕援园 ③院愿怨

ɑŋ

p ①邦帮浜榜绑 ③谤傍棒蚌

p^h ①胖肿乓 ②旁螃庞 ③滂胖

m ①莽蟒 ②虻忙芒~种茫盲

f ①方芳妨肪访纺仿 ②房防 ③放

v ②亡芒麦~

t ①当~时党挡 ③当~铺荡宕

t^h ①汤 ②堂棠螳唐糖塘倘 ③烫趟

n ①攮 ②囊

l ②朗郎狼野～廊 ③浪

ts ①脏肮～赃 ③藏西～脏心～葬

ts^h ①苍仓跄 ②藏躲～

s ①桑丧嗓搡

tʂ ①张章樟长生～涨掌 ②□放入作料 ③胀丈杖仗账帐障瘴

tʂ^h ①昌场～地厂 ②长～短常肠场打麦～尝偿 ③畅唱倡

ʂ ①伤商裳晌赏 ③上尚

ʐ ①攘壤嚷 ②瓤□示弱穰 ③让

k ①冈岗刚钢纲缸港 ③钢磨刀，动词杠

k^h ①慷康糠扛 ③炕抗

ŋ ①昂肮

x ①夯 ②行银～航杭

iaŋ

l ①两 ②量动凉良粮梁粱 ③量重～凉～一～亮辆

tɕ ①将～来蒋奖桨浆疆姜江僵缰豇讲耩～地茧手～ ③将～士匠酱虹降下～

tɕ^h ①枪呛～水锵羌腔抢强勉～ ②墙强～大 ③呛烟～人

ȵ ②娘 ③酿

ɕ ①箱厢湘襄镶香乡想亨响饷 ②翔祥详降投～ ③相～互相～貌象像橡向项巷

ø ①央秧殃养痒 ②仰羊洋杨扬阳疡 ③样

uaŋ

tʂ ①装庄 ③壮状撞

tʂ^h ①疮窗闯 ②床 ③创

ʂ ①霜孀双量词爽 ③双～生

k ①光广 ③桄逛

k^h ①眶匡筐诳 ②狂 ③旷矿况框

x ①荒慌谎晃 ②黄簧皇蝗

ø ①汪网往枉往 ②王 ③旺妄忘望

əŋ

p ①崩迸绷~紧绷~嘴,闭嘴 ③蹦

pʰ ①烹□溅水□事败捧 ②朋蓬篷彭膨棚 ③碰

m ①猛懵蠓 ②萌盟蒙 ③孟梦

f ①疯枫丰封讽风 ②逢冯锋峰缝动 ③缝名奉俸凤

t ①登灯等 ③邓凳镫瞪澄~水

tʰ ①熥小火烤 ②腾疼滕藤

n ②能~够能精明

l ①冷 ③愣楞棱

ts ①曾姓增憎争欠争~夺筝睁 ③赠

tsʰ ①撑铛橙 ②曾~经层 ③蹭橕锃

s ①僧生牲笙甥省

tʂ ①贞征蒸侦正~月拯整 ③证症郑正~在政

tʂʰ ①惩承称~呼逞 ②丞乘成城诚塍程呈盛~饭 ③枰

ʂ ①升声 ②绳 ③盛旺~剩胜圣

ʐ ①扔仍

k ①更五~庚粳耕耿绠哽梗 ③更~加

kʰ ①坑

x ①哼亨 ②恒衡 ③杏

iŋ

p ①冰兵丙秉禀柄饼 ③病并

pʰ ①乒 ②瓶凭平苹萍评屏坪

m ①鸣皿 ②明名铭 ③命

t ①丁钉~子顶鼎 ③钉动定锭订

tʰ ①听厅汀艇侹躺 ②亭停庭蜓廷挺

l ①岭领 ②凌陵菱灵零铃伶翎 ③令另

tɕ ①京荆经鲸惊精晶睛境景警井 ③茎径颈竟竞競敬镜净静靖

tɕʰ ①卿擎轻清青蜻顷请 ②赌不经努力就得到情晴 ③罄庆

ȵ ②凝拧 ③佞宁硬

ɕ ①兴时~星腥省反~醒 ②行~为刑邢型荥 ③幸兴高~性姓

Ø ①鹰婴樱莺鹦英缨萤影 ②凝又迎蝇营茔赢盈颖 ③应映

uəŋ

Ø ①翁嗡瓮

iuŋ

tɕ ①迥炯窘 ③粽纵又

tɕ^{h} ①倾琼 ②穷

ɕ ①兄嵩松~树胸凶 ②雄熊

Ø ①雍拥泳咏永勇涌 ②容 ③用

uŋ

t ①东冬董懂 ③动冻栋洞

t^{h} ①通桶捅筒统 ②童同桐铜瞳 ③痛

n ②浓脓农 ③弄

l ①拢陇垄 ②隆聋笼龙

ts ①鬃宗综总 ③纵

ts^{h} ①聪葱匆囱怂 ②丛从

s ①松~紧 ③送宋诵颂讼

tʂ ①中~间忠终冢钟盅种~子肿 ③中打~种~地众重轻~仲

tʂ^{h} ①崇充冲~锋春宠 ②重~复虫 ③冲说话~

ʐ ①氄细毛 ②荣绒戎融茸镕蓉冗

k ①工公蚣功攻弓宫恭躬供~不起汞拱巩 ③贡共供~神

k^{h} ①空~气孔恐 ③空~缺控

x ①轰烘哄~骗 ②弘红宏洪鸿 ③横~竖横蛮~哄起~

参考文献：

贺巍：《中原官话分区（稿）》，《方言》2005 年第 2 期。

张启焕、陈天福、程仪：《河南方言研究》，河南大学出版社 1993 年版。

洛宁方言音系

洛宁县地处河南西部山区，洛河的中上游，属洛阳市管辖。东接宜阳县，南连栾川县，北、西分别与河南省三门峡市的陕县、卢氏县相邻。全县总面积2306平方千米，辖8镇10乡，人口46万。张启焕、陈天福、程仪（1993）分河南方言为5片，洛宁方言归入以洛阳话为代表的第三片。按最新的分区，贺巍（2005）把洛宁方言归入洛嵩片。

洛宁方言内部基本一致，差别主要存在于声调上。城关镇有阴平、阳平、上声和去声四个调。城关周边的一些乡镇，如底张乡、东宋镇、河底镇，声调分为两种情况：一种是阴平与上声合并，变成了三个调；一种是阴平与上声表现为类似44和33的高低差异。本文记录的是洛宁城关镇读音，参与调查的发音人有：①牛春来，男，汉族，1972年3月生。洛宁县城关镇王范社区人，高中毕业，自由职业者。世居此地，无长期外出经历，能讲地方普通话。②雷哲生，男，汉族，1955年3月生。洛宁县陈吴乡坡头村人，大专学历，洛宁县回族镇王西中学教师。不讲普通话，方音纯正。③李晓红，女，汉族，1972年1月生。洛宁县东宋镇官庄村人，中学教师，专科学历，能讲普通话。④卫淑锋，女，汉族，1956年8月生。洛宁县河底乡南河村人，中师毕业，县实验小学教师，长期生活在洛宁，方音纯正。本书记录的是牛春来的发音。

一　声韵调系统

1.1　声母

声母25个，包括零声母。

p　班边八薄　p^h　爬瓢批怕　m　门米幕忙　f　飞发房饭　v　闻武万晚

t	大店杜答	t^h	太踢图堂	n	难农拿暖			l	兰路连辣
ts	早枝斩争	ts^h	齿茶愁吵			s	四师诗色		
tʂ	知抓照周	tʂ^h	吃车稠吹			ʂ	顺书手石	ʐ	人闰容然
tɕ	居捐精经	tɕ^h	去起泉齐	ȵ	女年你捏	ɕ	许戏修徐		
k	贵格谷刚	k^h	课看愧哭			x	话寒孩坏	ɣ	傲安牛$_{老}$袄
Ø	而位言五用								

说明：

（1）v声母大体上保存完整，仅个别字有弱化为 ʋ 或零声母现象。

（2）舌尖后音 tʂ、tʂ^h、ʂ、ʐ 的被动调音部位在齿龈—硬腭之间，较普通话靠前。

（3）浊擦声母 ɣ 单字音较为清晰，语流中稍弱，但摩擦特征还是能明显感觉到。

（4）仅“扔仍”两个字读 z 声母，因此没有单独设立这一声母，合并到 ʐ 声母中。

1.2 韵母

韵母 39 个，不包括儿化韵。

ɿ	资次师是	i	地衣西席	u	胡古不熟	y	雨女徐区
ʅ	知失世迟			ʮ	猪初书如		
ɐr	二而耳儿			ɯ	黑圪疙坷		
ɑ	爸怕纳大	iɑ	家亚恰下	uɑ	抓挂画娃		
		iɛ	姐爷叶节				
ɤ	车河热胳					yɤ	脚学雪药
o	剥波破摸			uo	郭多棵$_{老}$国$_{新}$		
æɛ	败开肋麦	iæɛ	阶界街蟹	uæɛ	快外或蟀		
ei	北水门林	iei	民心品印	uei	嘴亏村困	yei	匀军韵训
ɑɔ	刀报高早	iɑɔ	标孝刁笑				
ou	豆楼周牛$_{老}$	iou	丢刘秋又				
ã	办单砍蓝	iã	编电连炎	uã	团暖官拴	yã	员劝宣选
ɑŋ	邦防糖放	iɑŋ	辆强央向	uɑŋ	狂庄筐王		
əŋ	朋灯生郑	iŋ	兵名京幸	uəŋ	翁瓮嗡𢷛		

iuŋ 穷胸兄用　uŋ　公红横$_{老}$龙

说明：

（1）普通话中的 an、ian、uan、yan 四韵在洛宁话中都有鼻音化特征，会因人而略有差异。以开口呼、合口呼最为明显，是鼻化韵 ã、uã；其他两呼鼻化的程度较轻，撮口韵最轻，仍能辨析出后面的鼻音尾，因此严格来说这四组韵应记为 ã、iæ̃^{n}、uã、yæ̃^{n}，这里一律记为鼻化韵。

（2）普通话 ən、in、uən、yn 四韵已变读阴声韵，只有极少部分字听感上略微带有鼻化色彩，严格应记为 ẽĩ、iẽĩ、uẽĩ、yẽĩ，但大部分字已和阴声韵不能区分，如：婚=灰 xuei^{55}。这里一律记为阴声韵。

（3）零声母的uəŋ韵实际发音是wəŋ。

1.3　声调

洛宁方言 4 个声调，不包括轻声。

①阴平 55　天三安刀飞北麦竹　②阳平 53　平人鹅云扶活敌食

③上声 34　走古手纸比碗取远　④去声 31　布唱四步道柱欲六

说明：

上声调有时起点较低一点，特别是在对比字调时，偶尔会读成 24 调。

二　音韵特点

2.1　声母特点

（1）古全浊声母今读清音，按平送仄不送的规律分别读相应的塞音、塞擦音，如：

婆p^{h}o^{53}　部pu^{31}　徒t^{h}u^{53}　才 ts^{h}æɛ^{53}　道tɑɔ^{31}　字 tsɿ^{31}

茶 ts^{h}a^{53}　住 tʂʮ^{31}　奇tɕ^{h}i^{53}　柜kuei^{31}

（2）中古知、庄、章今读分为两类，止摄开口三等章组和知二庄的开口字读同精组，为 ts、ts^{h}、s；知二庄组的合口字、知三章组读 tʂ、tʂ^{h}、ʂ，与精组相对立，如：

湿ʂʅ^{55}≠诗＝师＝私 sɿ^{55}　知 tʂʅ^{55}≠支＝资 tsɿ^{55}　贞＝征 tʂəŋ^{55}≠争＝增 tsəŋ^{55}

（3）影、疑母开口一二等字（有个别三等字），读浊擦声母 ɣ，如：鹅ɣɤ^{53}、沤ɣou^{31}、熬ɣɑɔ^{53}、牛ɣou^{53}、硬ɣəŋ^{31}等。仅有个别字有时可以读成零声母，如爱 æɛ^{31}、矮 æɛ^{34}。

2.2　韵母特点

（1）果摄合口一等见系各声纽的字，今保留古合口读法，如：

过kuo^{31}　锅kuo^{55}　戈kuo^{55}　科k^{h}uo^{55}　棵k^{h}uo^{55}　禾 xuo^{53}

（2）遇摄的知系字及术、屋、烛韵的知系字读 ɥ，知系以外的字读 u，二者有别，如：

猪 tʂɥ^{55}、初 tʂ^{h}ɥ^{55}、书 ʂɥ^{55}、乳 ʐɥ^{55}、出 tʂ^{h}ɥ^{55}、竹 tʂɥ^{55}、烛 tʂɥ^{55}、部pu^{31}、租 tsu^{55}、乌u^{55}、粟 su^{31}。

（3）假摄开口三等的精组字、部分入声字和蟹摄开口二等的见系字虽然都腭化了，但二者读音有别，一个为iɛ，另一个为iæɛ，不混，如：

姐 tɕiɛ^{34}≠街 tɕiæɛ^{55}、借 tɕiɛ^{31}≠界 tɕiæɛ^{31}、接 tɕiɛ^{55}≠阶 tɕiæɛ^{55}、泻ɕiɛ^{31}≠解$_{\text{姓}}$ɕiæɛ^{31}

（4）深臻摄的字鼻音尾已经丢失，读ei韵，与蟹止摄字相混，如：

村＝崔 ts^{h}uei、梅＝门mei^{53}、微＝闻vei^{55}、柜＝棍 kuei^{31}

2.3　声调特点

在入声分派上，洛宁方言与中原官话的特点一致，都是清入字、次浊入字归阴平，全浊入字归阳平，如：

积tɕi^{55}　惜ɕi^{55}　麦mæɛ^{55}　北pei^{55}　笔pei^{55}

石ʂʅ^{53}　极tɕi^{53}　学ɕyɛ^{53}　绝tɕyɛ^{53}　力 li^{55}

2.4　儿化、小称音变

洛宁方言有一套与普通话相近的儿化韵，儿化可以表小和喜爱的情感。39 个韵母中除了 ɐr、ɯ、iuŋ、uəŋ 4 个韵母外，其他 35 个韵母都有儿化形式，共计 25 个儿化韵。

儿化韵	原韵	例子
ʌr	ɑ	刀把儿、渣儿、哪儿、马扎儿、一茬儿
iʌr	iɑ	架儿、夹儿、卡儿、匣儿、豆芽儿
uʌr	uɑ	褂儿、鸡爪儿、袜儿、画画儿、狗娃儿、菜花儿
ɔr	ɑɔ	包儿、帽儿、刀儿、道儿、手套儿、脑儿、灯泡儿
iɔr	iɑɔ	瓢儿、苗儿、调儿、挑儿、小鸟儿、料儿
ɜr	æɛ	牌儿、袋儿、盖儿、孩儿、寨儿、筛儿
	ã	板儿、盘儿、胆儿、篮儿、竹竿儿、扇儿、庵儿
iɜr	iɛ	撇儿、碟儿、叶儿、半截儿、台阶儿
	iæɛ	地界儿
	iã	一点儿、辫儿、一片儿、馅儿、抽签儿
uɜr	uæɛ	拐儿、筷儿、一块儿、乖乖儿
	uã	一段儿、罐儿、串儿、丸儿、茶馆儿、好玩儿
yɜr	yã	考试卷儿、院儿、菜园儿
ər	ɿ	挑刺儿、肉丝儿、瓜子儿、树枝儿、没事儿、
	ʅ	水池儿、果汁儿
	ei	妹儿、一辈儿、晚辈儿、盆儿、树根儿、脑门儿
iər	i	门鼻儿、皮儿、蹄儿、小鸡儿、篩儿、玩意儿
	iei	林儿、芯儿、脚印儿、妗儿、背心儿
uər	uei	一对儿、一会儿、耳坠儿、光棍儿、村儿、没准儿
yər	y	驴儿、钢锯儿、曲儿、有趣儿、金鱼儿、小闺女儿
	yei	一群儿、合群儿、裙儿、晕晕儿哩
ɤr	ɤ	鸽儿、盒儿、小车儿、唱歌儿
yɤr	yɤ	木橛儿、瘸儿、小学儿、吃药儿
or	o	脖儿、婆儿、水沫儿、锯末儿、上坡儿、粉末儿
uor	uo	一摞儿、豁儿、桌儿、镯儿、酒窝儿、大伙儿
ur	u	铺儿、肚儿、兔儿、炉儿、裤儿、屋儿
	ʮ	水珠儿
our	ou	豆儿、扣儿、猴儿、老头儿、小偷儿、门口儿
iour	iou	袖儿、釉儿、长个瘤儿、抓阄儿、加油儿

ãr	ɑŋ	胖儿、房儿、茶缸儿、一场儿、瓜瓤儿、药方儿
iãr	iɑŋ	箱儿、鞋样儿、唱腔儿、有讲儿、将将儿
uãr	uɑŋ	筐儿、庄儿、鸡蛋黄儿、小床儿
ə̃r	əŋ	棚儿、小风儿、板凳儿、坑儿、绳儿、门缝儿
iə̃r	iŋ	饼儿、瓶儿、钉儿、领儿、镜儿、蝇儿、火星儿
uə̃r	uŋ	洞儿、种儿、虫儿、没空儿

三 同音字汇

本同音字表收字依据中国社会科学院语言研究所《方言调查字表》，又根据方言用字有所增减。按照韵母表的顺序依次排列各韵的单字，同一韵的字按照前面所列声母和声调顺序排列。①②③④⑤等数字表示声调，对应的调类和调值在前面声调部分的内容中有说明。本字未明的用“□”代替，后加小字注释。举例时用“~”代替该字，文白异读、新老或老中青异读、又读等现象在该字后用小字标明，有特殊意义的字也在字后用小号字体进行举例、解释或说明。

ɿ

ts ①紫支枝肢资咨姿脂旨滋兹辎滓芝之栀 ③子姊梓止趾址纸只~有指 ④自至字志痣

tsʰ ①雌眵嗤 ②瓷慈磁辞词祠 ③此疵 ④刺赐翅次侍伺

s ①斯厮撕私师狮司思丝诗始 ②匙时 ③施死尸屎矢使史驶 ④是氏四寺肆示视嗜似祀巳饲嗣士仕柿事市恃试

ʅ

tʂ ①知蜘汁执质织职掷只一~殖炙 ②侄秩直植值 ④智滞制致稚痔治置

tʂʰ ①痴赤尺吃齿 ②池驰弛迟 ③耻侈 ④持斥式

ʂ ①湿失室饰识适 ②十什家~拾动拾数实食蚀石 ④势誓逝世释

ʐ ①日□$_{\text{詈词}}$

i

p ①屄鄙逼必 ②鼻荸 ③比秕 ④蔽蓖闭箅敝弊滗币鐾毙婢庇痹避$_{\text{~雨}}$毕弼碧璧壁

p^h ①批匹劈 ②皮脾疲琵 ③□$_{\text{用手分开}}$ ④譬屁僻辟

m ①密蜜泌米$_{\text{长度量词}}$ ②迷觅篾糜弥靡 ③米$_{\text{大~}}$ ④谜

t ①低滴嫡的$_{\text{目~}}$ ②敌笛荻迪籴涤 ③底抵 ④帝弟第递地

t^h ①梯堤剔踢 ②提蹄啼题 ③体 ④替剃涕嚏

l ①狸立笠力 ②犁黎离$_{\text{距~}}$梨 ③礼李里理鲤 ④例厉历励离$_{\text{~开}}$荔利栗痢吏丽隶篱璃粒

tɕ ①机鸡稽肌饥几$_{\text{茶~}}$基己几$_{\text{~乎}}$讥几$_{\text{~个}}$级及疾吉积迹脊籍藉绩寂戟激髻缉$_{\text{通~}}$鲫击 ②急集辑极 ③挤虮即 ④荠计继妓系$_{\text{~鞋带}}$寄技冀纪记忌祭际剂济既季

$tɕ^h$ ①妻欺其期祈泣七漆乞戚蹊缉$_{\text{~鞋口}}$膝 ②齐脐畦奇骑岐企祁麒棋旗 ③启起杞岂 ④契器弃气汽讫砌沏

ȵ ①妮 ②泥倪尼逆$_{\text{又}}$ ③你 ④溺匿腻拟

ɕ ①西犀徙玺牺嬉熙希稀吸悉息熄媳昔惜锡析奚夕溪 ②习席 ③洗喜袭 ④细隙戏系$_{\text{~系}}$

ø ①衣依医揖乙一益依 ②移疑饴逸遗夷沂伊逆役疫 ③椅倚已尾$_{\text{又}}$矣 ④宜仪艺刈缢蚁谊义议易肆意异毅姨忆亿翼译液亦以

u

p ①不卜 ③补 ④布怖部步抱$_{\text{~小鸡}}$

p^h ①铺$_{\text{~床}}$蒲普浦朴扑 ②菩脯醭饽$_{\text{面~}}$ ③仆谱捕甫 ④铺$_{\text{店~}}$埠曝瀑

m ①没$_{\text{~有，又}}$木$_{\text{~材}}$目穆 ②模$_{\text{~子}}$ ③亩牡母拇 ④某牧暮墓慕募幕谋

f ①夫肤敷否福服$_{\text{~装}}$幅蝠腹复$_{\text{~习}}$覆伏麸 ②服$_{\text{~气}}$符扶芙浮佛 ③府腑俯斧俘抚釜腐 ④赴附父辅付赋傅复$_{\text{重~}}$富负妇阜副

v ①侮勿 ③武无舞鹉物 ④雾

t ①都$_{\text{~城}}$督笃□$_{\text{光~子}}$ ②独犊牍毒读 ③堵赌肚$_{\text{鱼~}}$ ④妒肚$_{\text{~子}}$杜度渡镀

t^h ①突秃 ②徒途涂图屠 ③吐吞~土 ④兔

n ①努 ②奴 ④怒

ts ①足新 ②卒族 ③组祖租阻

ts^h ①粗促 ④醋猝

s ①苏酥速粟 ②俗 ④素诉戍嗉塑

tʂ ①竹烛 ②轴 ③筑 ④祝术白~触

$tʂ^h$ ①缩又 ③畜~牲

ʂ ①束蜀叔淑 ②熟赎

ʐ ①褥辱

k ①姑孤谷箍骨 ③古估股鼓 ④故固雇顾锢

k^h ①枯窟哭 ③苦 ④库裤酷

x ①呼乎忽糊眵目~ ②浒壶胡湖葫核杏~斛狐 ③虎 ④户沪互护

ø ①梧吾乌污坞巫诬杌屋 ②吴 ③五蜈伍午戊 ④务误悟恶厌~

ɥ

tʂ ①诸猪箸诛蛛株朱珠诸 ③主煮拄嘱 ④著住柱驻注蛀铸助

$tʂ^h$ ①初搐出雏 ②除储锄厨殊 ③褚杵楚础 ④处~理处到~

ʂ ①梳疏蔬书舒输运~ ②枢述术技~秫 ③暑鼠黍薯署数~不清 ④恕庶戍竖树漱帚数~字属

ʐ ①如输~赢乳孺~进去入 ②儒汝

y

l ①律率绿吕旅缕屡捋履 ②驴 ④虑滤

tɕ ①居车~马炮举俱驹桔橘锔~碗菊掬足老 ②拘局 ④据锯拒距巨聚矩句具惧剧

$tɕ^h$ ①蛆趋曲~调曲酒~区屈驱瞿 ②渠 ③取娶骏 ④去趣

ȵ ③女

ɕ ①墟虚嘘须需恤戌许 ②徐 ④序絮叙绪续宿住~婿肃蓄畜~牧

ø ①淤域玉狱 ②鱼渔余馀与榆虞愚逾 ③雨语宇禹羽 ④御誉预迂盂豫遇吁芋愈喻裕寓郁育欲浴于娱愉

ɐr

ø ①尔耳 ②儿 ③而饵 ④二贰

ɯ

k ②疙圪~蔫，花蔫隔~应：恶心

k^h ②坷

x ①黑

ɑ

p ①巴疤芭八扒 ②拔 ③把~握 ④爸把~子霸坝耙罢粑

p^h ①趴 ②爬琶杷钯 ④怕帕

m ①妈抹 ②麻蚂 ③马码 ④蟆骂

f ①法发~展发头~ ②乏伐筏罚

v ①袜

t ①答搭 ②沓大父亲大叔叔达 ③打 ④大~小

t^h ①塌踏塔榻溻獭 ③他它

n ①纳衲 ②哪拿 ④那

l ①拉腊蜡辣 ③喇邋~乎

ts ①渣札扎喳眨 ②杂闸炸油~铡砸咋 ④诈榨炸~弹

ts^h ①杈插擦搽叉差~别 ②茶茬查察 ④岔

s ①仨沙纱洒萨杀栅砂煞 ③傻撒 ④厦房~

k ①嘎鸭叫 ②尬

k^h ③卡叉

x ①哈

ɣ ①啊腌

iɑ

tɕ ①家加痂夹胛甲稼嘉佳 ③假真~假放~贾 ④架驾价嫁

$tɕ^h$ ①掐 ③卡恰 ④洽

ɕ ①瞎 ②虾霞瑕遐暇狭峡辖匣 ④厦~门下夏吓

ø ①鸦鸭压丫桠押 ②牙芽衙伢雅 ③哑 ④砑亚轧

uɑ

tʂ ①抓 ③爪

ʂ ①刷 ③耍

k ①瓜呱刮~风 ③寡剐刮~胡子 ④挂褂卦

kʰ ①夸 ③侉垮 ④跨

x ①花华 ②铧划~船桦猾滑 ④划计~画话化

ø ①蛙挖哇 ②娃 ③瓦砖~ ④凹洼瓦~刀

iɛ

p ①鳖憋 ②别分~ ④别~扭

pʰ ①撇

m ①灭

t ①爹跌 ②叠碟牒蝶谍

tʰ ①帖贴铁

l ①列猎烈裂

tɕ ①捷揭结接节洁 ②劫杰截 ③姐 ④借

tɕʰ ①切 ②茄 ③且 ④妾怯

ȵ ①聂镊蹑孽捏 ④孳

ɕ ①些歇蝎楔血薛 ②邪斜谐鞋协胁 ③写 ④泻卸谢泄

ø ①也野页叶业噎 ②耶爷 ④夜腋

ɤ

tʂ ①蔗遮者折~腾褶哲蜇浙 ②辙蛰 ④这

tʂʰ ①车彻撤 ③奢扯

ʂ ①赊瑟 ②蛇摄舌折~本佘 ③舍设涉 ④赦射麝社

ʐ ①热 ③惹

k ①各胳阁格新搁哥歌戈新鸽割葛佮合伙 ②□小孩斗架角~落 ④个

kʰ ①壳磕科新棵新渴可颗新 ②咳克新 ④课新

x ①喝 ②河何荷合盒和~气,新禾新 ④贺鹤

ɣ ①恶~心屙~尿 ②蛾鹅俄讹阿~胶 ④饿鄂扼轭

yɤ

l ①略掠劣

tɕ ①脚觉知~角菜~子橛掘决诀蹶镢~头 ②嚼绝爵 ④倔

tɕ^{h} ①却确搉~蒜□骗人缺 ②瘸 ④雀鹊

ɕ ①削靴雪 ②穴学

ø ①悦阅月越曰粤药疟约钥乐音~岳姓岳山~ ③哕干~

o

p ①菠玻钵拨博泊梁山~剥驳 ②薄厚~簿勃 ③簸~一~跛钹 ④簸~箕薄~荷

p^{h} ①波坡颇泊血~泼活~波又 ②婆 ④破

m ①摸莫末沫陌 ②摩魔馍磨~刀模~范摹膜寞 ③抹 ④磨~面

f ②佛又

uo

t ①多掇 ②舵夺铎 ③朵躲 ④剁惰跺垛

t^{h} ①拖脱托 ②驮驼 ③妥椭 ④唾~沫

n ①诺搦 ②挪

l ①啰洛烙落乐快~骆络 ②罗锣箩萝漯骡螺朒裸 ④摞糯

ts ①作昨做 ②凿名凿动 ③左佐 ④坐座

ts^{h} ①搓撮 ②矬 ④挫错措

s ①梭唆莎~~草索缩 ③锁琐所

tʂ ①拙桌捉卓啄涿 ②着~火着穿~酌浊镯

tʂ^{h} ①绰焯又戳邮~ ②戳动词

ʂ ①说 ②勺芍

ʐ ①弱若

k ①戈锅郭国新 ③果括裹 ④过

k^{h} ①棵老科老颗老窠扩 ④课老阔廓

x ①劐 ②和~气,老禾老和~面活□棺材 ③火伙豁 ④货祸霍藿

Ø ①窝倭踒$_{崴脚}$蜗握 ③我 ④卧沃

æɛ

p ①掰百柏伯 ②白别$_{又}$ ③摆 ④败稗拜

p^h ①拍魄迫 ②排牌簰 ④派

m ①麦脉默 ②埋 ③买 ④卖迈

t ①呆歹逮 ④带戴贷怠殆待代袋大$_{\sim夫}$

t^h ①忒胎态 ②台抬苔 ④太泰

n ①乃 ③奶 ④耐奈捺

l ①肋勒 ②来 ④赖癞

ʦ ①灾栽斋则窄摘载$_{年\sim}$ ②择泽宅责宰 ③侧$_{\sim歪}$ ④在载$_{\sim重}$再债寨

$ʦ^h$ ①钗差$_{出\sim}$拆 ②才材财裁豺柴 ③彩采睬策册猜测侧 ④蔡菜

s ①塞腮鳃筛虱色涩 ④赛晒

k ①该格$_{老}$革隔 ③改 ④概盖丐溉

k^h ①开慨客克$_{老}$刻$_{时\sim}$刻$_{刀\sim}$ ③凯楷

x ②孩骇亥核$_{审\sim}$ ③海 ④害

ɣ ①哀挨$_{\sim着}$埃蔼矮额$_{\sim头}$ ②挨$_{\sim打}$ ④爱艾碍隘

iæɛ

ʨ ①皆阶秸街 ③解$_{\sim放}$ ④介界芥届戒械蟹

ɕ ④懈解$_{姓}$

Ø ②涯崖矮$_{\sim佬,侏儒患者}$

uæɛ

ʈʂ ②踱$_{显摆}$ ④拽

$ʈʂ^h$ ①揣$_{怀\sim}$揣$_{\sim摩}$ ④踹

ʂ ①衰摔 ④帅蟀率$_{\sim领}$

k ①乖 ③拐 ④怪

k^h ④快筷会$_{\sim计}$块刽$_{\sim子手}$

x ②或惑获怀槐淮 ④坏

Ø ①歪崴$_{\sim脚}$ ④外

ei

p ①杯碑卑北悲笔背~着奔锛 ③本彼 ④贝辈背~上臂倍焙被备笨

p^h ①坯胚披丕喷~水 ②赔培陪裴盆 ④沛配佩辔喷~香

m ①每美没墨 ②梅煤枚媒眉楣媚门 ④妹昧寐闷焖

f ①飞非匪妃芬纷分 ②肥焚坟 ③翡粉 ④肺废吠痱费粪奋愤忿份

v ①闻文蚊纹 ③维惟唯微尾 ④问璺

t ①堆德得 ④队碓兑对

t^h ①推特 ③腿 ④退蜕褪~色

n ③恁第二人称 ④内恁那么

l ②雷林淋邻 ③儡垒磊累积~ ④累连~泪类

ʦ ②贼

s ①森参人~ ②谁 ③水 ④睡

tʂ ①针真斟珍榛臻 ③枕疹诊 ④镇阵振震

$tʂ^h$ ①伸又深又 ②沉岑尘陈辰晨臣 ④趁衬称~心

ʂ ①沈审婶身申伸又深又 ②神 ④葚甚渗慎肾

ʐ ②任姓壬仁人 ③忍 ④任~务饪纴刃认妊

k ①根跟 ④□在艮给

k^h ③啃肯垦恳

x ③很 ④痕恨

ɣ ①恩 ④摁

iei

p ①彬宾槟 ④殡鬓

p^h ①拼 ②贫频 ③品 ④聘姘

m ②民 ③闽悯敏抿

l ①拎 ②临鳞磷 ③檩 ④赁吝

tɕ ①今金襟津巾斤筋锦 ③紧仅谨 ④禁妗尽进晋近劲

$tɕ^h$ ①钦亲~人浸 ②琴禽擒秦勤芹 ③侵寝 ④吣亲~家

ɕ ①心辛新薪馨欣 ②寻 ④信

Ø ①吟阴荫淫音因洇姻寅引殷 ②银尹 ③饮~食隐 ④饮~马印

uei

t ①堆$_{\text{又}}$敦墩蹲 ④队$_{\text{又}}$碓$_{\text{又}}$兑$_{\text{又}}$对$_{\text{又}}$顿囤盾遁饨

t^h ①推$_{\text{又}}$ ②屯豚臀吞 ③腿$_{\text{又}}$ ④退$_{\text{又}}$蜕$_{\text{又}}$褪$_{\text{又,\textasciitilde 色}}$

n ③嫩

l ②仑伦沦轮 ④论

ts ①堆$_{\text{又}}$尊遵 ③嘴 ④罪最醉

ts^h ①催崔村皴 ②存 ④脆翠粹寸忖

s ①虽绥孙尿$_{\text{又,猪\textasciitilde 泡}}$ ②随髓遂隧 ③损 ④碎岁穗

tʂ ①追锥 ③准 ④缀赘坠

$tʂ^h$ ①吹炊椿春 ②垂槌锤纯唇莼醇 ③蠢

ʂ ④税顺舜

ʐ ①蕊 ②芮 ④瑞锐闰润

k ①龟圭闺规诡轨癸归国$_{\text{老}}$ ③鬼滚 ④鳜桂跪贵柜棍

k^h ①亏盔傀昆坤 ②奎魁逵葵 ③捆 ④愧溃$_{\text{\textasciitilde 疡}}$溃$_{\text{崩\textasciitilde}}$困

x ①灰恢辉挥徽婚昏荤 ②回茴魂馄浑 ③毁悔 ④贿汇混溃$_{\text{\textasciitilde 脓}}$会$_{\text{开\textasciitilde}}$会$_{\text{\textasciitilde 不\textasciitilde}}$惠慧秽讳汇绘晦

ø ①桅威偎伟煨危萎委违围温瘟吻刎 ②为$_{\text{人\textasciitilde}}$ ③稳苇 ④卫伪为$_{\text{\textasciitilde 何}}$位未味魏慰畏谓纬胃

yei

tɕ ①君军钧均 ④郡俊菌骏

$tɕ^h$ ②群裙

ɕ ①熏薰 ②寻$_{\text{又}}$旬荀循巡 ③榫 ④训讯逊殉迅

ø ①晕 ②匀云允 ④熨韵运孕

ɑɔ

p ①褒包□$_{\text{赔}}$胞雹 ③饱保堡宝 ④报抱暴菢曝豹爆鲍刨$_{\text{\textasciitilde 子}}$

p^h ①抛剖跑 ②胞$_{\text{又}}$袍刨$_{\text{\textasciitilde 地}}$ ④炮泡$_{\text{\textasciitilde 沫}}$

m ①妈$_{\text{面称}}$ ②毛茅猫矛锚 ③卯 ④冒帽茂贸貌

t ①刀叨□$_{\text{\textasciitilde 菜:夹菜}}$ ③岛捣祷倒$_{\text{摔\textasciitilde}}$导 ④倒$_{\text{\textasciitilde 退}}$到稻道盗

t^h　①掏滔涛 ②淘桃陶逃萄讨 ④套

n　①孬 ②挠铙 ③脑恼 ④闹

l　①捞拉 ②捞打~牢劳唠 ③老 ④涝

ts　①糟遭 ③枣早澡蚤找 ④躁灶皂造罩笊

ts^h　①操抄钞 ②曹槽巢 ③草吵炒

s　①骚臊梢捎稍 ③扫~地嫂 ④扫~帚

tʂ　①招召昭朝~夕 ③沼 ④赵兆照诏

tʂ^h　①超焯 ②朝潮

ʂ　①烧 ②绍韶 ③少多~ ④潲~雨, ~食少~年邵

ʐ　①绕~线 ②饶 ③扰绕围~ ④照又

k　①高膏~脂篙羔糕 ③稿搞 ④告膏~油

k^h　③考烤 ④靠犒

x　①薅蒿 ②豪嚎毫 ③好~坏 ④好爱~耗号浩郝

ɣ　①熝~白菜 ②熬鳌 ③袄 ④傲鏊烙饼用具懊奥澳坳

iɑɔ

p　①标膘彪 ③表 ④摽绑一起

p^h　①漂~浮飘 ②瓢嫖 ④漂~亮票

m　①喵秒 ②苗描 ③藐渺 ④庙妙

t　①刁貂雕钓 ③屌 ④吊掉调~查

t^h　①挑~担 ②条挑~起矛盾调~和 ④跳粜

l　②疗聊撩辽 ③燎了~结 ④瞭~望料廖尥

tɕ　①交郊胶焦蕉椒浇缴教~书娇骄矫 ③侥搅剿铰狡角~落 ④教~师校~正窖觉睡~酵叫轿

tɕ^h　①敲 ②瞧樵乔侨桥荞 ③巧锹悄 ④俏

ȵ　③鸟 ④尿

ɕ　①消宵霄销硝萧潇箫晓屑嚣 ③小 ④校学~孝效校上~笑鞘

ø　①腰邀要~求吆幺~二三妖 ②肴淆遥摇谣窑姚尧杳 ③咬舀 ④要~不~鹞跃耀

ou

t　①兜抖斗—~陡 ②都全~ ④斗~争豆逗

t^h ①偷 ②头投 ④透

l ①虏卤搂~抱鹿禄录橹六 ②鲁庐楼耧搂~取炉芦鸬卢 ③篓 ④路赂露鹭漏陋陆

ʦ ①邹 ③走 ④奏皱绉骤

$ʦ^h$ ①瞅 ②愁 ④搊扶起凑嗽咳~

s ①搜飕馊 ③叟 ④瘦

ʈʂ ①周舟州洲粥绉胡~ ③肘 ④宙纣昼咒

$ʈʂ^h$ ①抽 ②绸稠筹仇 ③丑酬 ④臭

ʂ ①收 ③守手首 ④兽受寿授售

ʐ ②柔揉 ④肉

k ①钩勾沟 ③狗苟 ④够构购

k^h ①抠 ③口 ④叩寇扣

x ②猴喉瘊吼 ④后厚候侯

ɣ ①偶藕抠又欧瓯 ②牛白 ③呕 ④沤怄

iou

t ①丢

l ②刘流留硫琉馏 ③柳 ④榴馏重新加热

ʨ ①鸠纠阄韭灸 ②揪 ③酒九久 ④就救舅臼旧究咎柩

$ʨ^h$ ①秋囚泅丘 ②求球仇姓

ȵ ②牛文 ③扭纽妞 ④谬

ɕ ①休修羞 ④宿星~秀绣袖锈朽

ø ①忧优酉幽悠 ②邮尤由油游 ③有友 ④又右佑莠诱柚釉幼

ã

p ①扳班斑颁般搬 ②拌扔 ③版板扳 ④瓣拌搅~扮办伴半绊

p^h ①潘攀 ②爿盘 ④盼襻判叛

m ②蛮瞒馒 ③满 ④慢幔漫蔓

f ①翻番 ②凡帆烦繁 ③反 ④范泛犯饭贩嬔鸡下蛋

v ③晚挽 ④万

t ①耽~误担动丹单掸 ③胆 ④担名诞但旦蛋淡弹~药

t^h ①贪坍毯滩瘫摊坦 ②谭潭弹~琴谈痰檀坛 ④探炭叹

n ②男难~处南 ④难受~

l ①漤缆 ②蓝篮览榄兰栏 ③懒揽拦 ④滥烂

ʦ ①簪斩 ②咱 ③盏攒 ④赞暂站蘸绽栈

$ʦ^h$ ①参~加惨掺餐灿搀②蚕惭馋谗残 ③铲产

s ①三杉衫珊山删 ③散松~伞 ④散~布

ʈʂ ①沾粘动毡瞻 ③展 ④占战颤寒~

$ʈʂ^h$ ②缠蝉禅 ④颤~抖

ʂ ①搧羶单姓 ③陕闪煽 ④善扇禅膳苫

ʐ ③染冉然燃

k ①甘柑泔蚶肝竿干~旱 ③擀敢感橄秆赶 ④干~活

k^h ①堪龛勘 ③坎砍刊看~守 ④看~见

x ①憨酣鼾罕 ②含韩函涵寒还~有 ③喊 ④撼憾旱汉汗悍焊翰

ɣ ①庵安鞍 ②俺 ④按暗岸案

iã

p ①编鞭边蝙 ③贬扁匾 ④便方~辨辩变遍辫汴

p^h ①偏篇 ②便~宜 ④骗片

m ②棉绵眠 ③免勉娩 ④面缅

t ①掂颠 ③点典 ④店电殿奠佃垫

t^h ①添天 ②甜田填 ③舔腆

l ②连廉镰帘敛联莲怜 ③脸 ④殓练炼楝

ʨ ①监尖歼检俭艰兼煎间奸肩坚监 ③减拣简柬剪茧 ④舰渐剑涧锏践键件贱箭溅饯笺建键健腱荐见

$ʨ^h$ ①签谦迁牵铅虔遣千 ②钳钱乾前 ③潜浅 ④嵌欠歉

ȵ ②黏~稠年粘鲇 ③拈涅~池碾辇撚以指~碎撵追赶 ④念

ɕ ①嫌掀先鲜 ②咸闲贤弦衔涎 ③险仙显 ④陷馅限线苋羡宪献现县

ø ①淹阉掩魇腌焉烟 ②岩盐闫严炎俨阎酽颜沿言研 ③眼演兖 ④验厌焰艳砚雁延筵谚燕宴堰

uã

t ①端 ③短 ④断段锻缎椴

t^h ②团

n ③暖

l ②鸾峦栾卵 ④乱

ts ①钻~研 ④钻~石

ts^h ④篡篡窜

s ①酸 ④算蒜

ʈʂ ①砖专 ③转~达 ④赚转~圈传~记篆撰

$ʈʂ^h$ ①穿川 ②传~达船椽 ③喘 ④串

ʂ ①拴闩 ④涮疝

ʐ ③软

k ①关观~看棺官③管馆 ④贯惯观道~冠~军灌罐冠鸡~

k^h ①宽 ③款

x ①欢 ②还~账环桓 ③缓 ④唤换焕幻患宦

ø ①皖豌剜弯湾 ②完丸玩顽 ③碗腕宛

yã

l ④恋□汤浓稠

tɕ ①捐绢娟 ③卷~烟 ④眷倦圈猪~

$tɕ^h$ ①圈圆~ ②全泉权拳颧 ③犬 ④劝券

ɕ ①轩喧宣 ②旋~风玄悬眩 ③癣选 ④旋~吃~做镟楦

ø ①账冤渊 ②圆员缘元原源阮袁辕园 ③远援 ④院愿怨

ɑŋ

p ①邦帮浜 ③榜绑 ④谤傍棒蚌

p^h ①胖肿乓 ②旁螃庞 ④滂胖

m ①牤 ②忙芒~种茫盲 ③莽蟒

f ①方芳妨肪访纺仿 ②房防 ④放

v ②亡芒麦~ ③网往 ④妄忘

t　①当~时 ③党挡 ④当~铺荡宕

t^h　①汤 ②堂棠螳唐糖塘 ③倘 ④烫趟

n　②囊 ③攮

l　②朗郎狼廊 ④浪

ts　①脏肮~赃 ④藏西~脏心~葬

ts^h　①苍仓跄 ②藏躲~

s　①桑 ③嗓搡 ④丧

tʂ　①张樟 ②□放入作料 ③章长生~涨掌 ④胀丈杖仗账帐障瘴

tʂ^h　②长~短常肠场打麦~尝倡昌 ③场~地厂畅偿 ④唱

ʂ　①伤商 ③裳晌赏 ④上尚

ʐ　①攘壤嚷 ②瓤□示弱穰 ④让

k　①冈岗刚钢纲缸 ③港 ④钢~刀杠

k^h　①慷康糠 ③扛 ④炕抗

x　①夯 ②行银~航杭

ɣ　①昂肮

iɑŋ

l　②量动凉良粮梁粱 ③两 ④量重~晾~一~亮辆

tɕ　①将~来蒋奖桨浆疆姜江僵缰豇 ③讲耩~地茧手~ ④将~士匠酱虹降下~

tɕ^h　①枪呛~水锵羌腔抢 ②墙强~大 ③强勉~ ④呛烟~人

ȵ　②娘 ④酿

ɕ　①箱厢湘襄镶香乡 ②翔祥详降投~ ③想享响饷 ④相~互相~貌象像橡向项巷

ø　①央秧殃 ②仰羊洋杨扬阳疡 ③养痒 ④样

uɑŋ

tʂ　①装庄 ④壮状撞

tʂ^h　①疮窗 ②床 ③闯 ④创

ʂ　①霜孀双量词 ③爽 ④双~生

k　①光 ③广 ④逛

k^h ①眶匡筐诓 ②狂 ④旷矿况框

x ①荒慌谎 ②黄簧皇蝗 ④晃

ø ①汪 ②王枉 ④旺望

əŋ

p ①崩迸绷~紧 ③绷~嘴,闭嘴 ④蹦

p^h ①烹□溅水□事败 ②朋蓬篷彭膨棚 ③捧

m ②萌盟蒙 ③猛懵 ④孟梦

f ①疯枫丰封讽风 ②逢冯锋峰缝动 ④缝名奉俸凤

t ①登灯 ③等 ④邓凳镫瞪澄~水

t^h ①熥小火烤 ②腾疼滕藤

n ②能~够能精明

l ③冷 ④愣楞棱

ts ①曾姓增憎争欠争~夺筝睁 ④赠

ts^h ①撑铛橙 ②曾~经层 ④蹭橕锃

s ①僧生牲笙甥 ③省节~省河南~

tʂ ①贞征蒸侦正~月 ③拯整 ④证症郑正~在政

$tʂ^h$ ①惩称~呼 ②乘成城诚塍程盛~饭 ③呈逞宠~小孩承丞 ④枰

ʂ ①升声 ②绳 ④盛~盛剩胜圣

ʐ ①扔仍

k ①更五~庚粳耕耿绠 ③哽梗 ④更~加

k^h ①坑

x ①哼亨 ②恒衡 ④杏

ɣ ④硬

iŋ

p ①冰兵丙秉 ③禀柄饼 ④病并

p^h ①乒 ②瓶凭平苹萍评屏坪

m ②明名铭 ③鸣皿 ④命

t ①丁钉~子 ③顶鼎 ④钉动定锭订

t^h ①听厅汀亭 ②停庭蜓廷 ③艇挺侹躺

l ②凌陵菱灵零铃伶翎 ③岭领 ④令另

tɕ ①京荆经鲸惊精晶睛 ③境景警井 ④茎径颈竟竞競敬镜净静靖

tɕʰ ①擎轻清青蜻 ②情晴赗$_{不经过努力就得到}$ ③请卿 ④罄庆

ȵ ②凝拧 ④佞宁

ɕ ①兴$_{时\sim}$星腥 ②行$_{\sim为}$刑邢型荥 ③省$_{反\sim}$醒 ④幸兴$_{高\sim}$性姓

Ø ①鹰婴樱莺鹦英缨萤蝇 ②凝$_{文}$迎营莹赢盈颖 ③影 ④应映

uəŋ

Ø ①翁嗡 ③攍 ④瓮

iuŋ

l ②龙$_{白}$

tɕ ①迥炯窘 ④粽纵$_{\sim身}$

tɕʰ ①琼 ②穷 ③倾顷

ɕ ①兄嵩松$_{\sim树}$胸凶 ②雄熊

Ø ①雍拥 ③泳咏永勇涌 ④用

uŋ

t ①东冬 ③董懂 ④动冻栋洞

tʰ ①通 ②童同桐铜曈 ③桶捅筒统 ④痛

n ②浓脓农 ④弄

l ②隆聋笼龙$_{文}$ ③拢陇垄

ts ①鬃宗综 ③总 ④纵$_{\sim容}$

tsʰ ①聪葱匆囱 ②丛从

s ①松$_{\sim紧}$ ④送宋诵颂讼怂

tʂ ①中$_{\sim间}$忠终冢钟盅 ③种$_{\sim子}$肿 ④中$_{打\sim}$种$_{\sim地}$众重$_{轻\sim}$仲

tʂʰ ①崇充冲$_{\sim锋}$舂 ②重$_{\sim复}$虫 ③宠 ④冲$_{说话\sim}$

ʐ ②容荣绒戎融茸镕蓉 ③冗氄$_{细毛}$

k ①工公蚣功攻弓恭躬供$_{\sim不起}$ ③汞拱巩宫 ④贡共供$_{\sim神}$

kʰ ①空$_{\sim气}$孔恐 ④空$_{\sim缺}$控

x ①轰烘 ②弘红宏洪鸿 ③哄$_{\sim骗}$ ④横$_{\sim竖}$横$_{蛮\sim}$哄$_{起\sim}$

参考文献：

贺巍：《中原官话分区（稿）》，《方言》2005 年第 2 期。

张启焕、陈天福、程仪：《河南方言研究》，河南大学出版社 1993 年版。

偃师方言音系

偃师市位于河南省中部，是洛阳市下辖的一个县级市。西面与洛阳市相连，北面为孟津县，南面与登封市、伊川县相邻，东面是郑州市下辖的巩义市。辖 15 个乡镇，5 个街道办事处，总人口 86 万，总面积 948 平方千米。张启焕、陈天福、程仪（1993）分河南的方言为五片，把巩义方言归入以洛阳音系为代表的第三片；贺巍（2005）把巩义方言划入中原官话洛嵩片。偃师方言的内部差别主要是儿化韵的读音问题。偃师市西部靠近洛阳市的乡镇，“儿耳二”读 ɯ，儿化韵也是后加平舌的 ɯ，如树枝儿ʂʮ^{41} tʂəɯ^{24}；东部及县城的“儿耳二”读 ɭ，儿化韵有的会带舌尖闪音，有的不带闪音，但韵母却会带卷舌色彩并发生音变，如“花儿xuɐr^{24}”、“铁钉儿t^{h}iɛ^{24}trɐr^{24}”、“店铺儿tiɛn^{41}p^{h}ɽur^{41}”。

方言调查发音人：①贾建伟，男，汉族，1965 年 9 月 4 日出生于偃师市商城街道办事处石硖居民委员会（原城关镇石硖村）。初中毕业，化肥厂下岗工人。不会讲普通话，方音地道，无长期外出经历。②高光跃，男，汉族，1963 年 2 月 27 日出生于偃师市槐新街道办事处新城居民委员会（原城关镇新城村）。初中毕业，自由经商，能讲地方普通话，无长期在外生活经历。③申西平，男，汉族，1944 年 5 月 28 日生。偃师市顾县镇李湾村人，初中毕业，在家务农。一直生活在偃师，无外地居住经历，不会讲普通话和其他方言。本书的记音以发音人①的发音为主，其他二人做参考。

一　声韵调系统

1.1　声母

声母 25 个，包括零声母。

p	班抱八薄	p^{h}	瓢爬批怕	m	门米幕忙	f	飞发房饭	v	晚味袜闻
t	店大到答	t^{h}	太同踢堂	n	难农拿暖			l	兰路连辣
ts	早嘴精争	ts^{h}	粗齐茶愁			s	三写山师		
tʂ	知赵竹周	$tʂ^{h}$	宠吃迟厂			ʂ	熟顺书胜	ʐ	惹入让柔
tɕ	居捐姜军	$tɕ^{h}$	去起旗气	ȵ	女年你捏	ɕ	许戏孝休		
k	贵格谷刚	k^{h}	课愧哭看			x	话寒孩坏	ɣ	鹅袄牛$_{老}$恩
ø	而望唯油五屋								

说明：

（1）声母v发音时上齿轻微接触下唇，气流也较弱；

（2）中古精组声母今拼齐、撮的所谓尖音字，声母发音时阻碍点后移，舌尖与舌面同时上抬形成阻碍，听感上与舌面音接近，但二者不混；

（3）古影、疑母开口今读零声母的字，如“鹅、沤、牛、硬”等，发音时带有舌根浊擦音声母 ɣ，摩擦的轻重因人而异会有差别。同时，韵母的主元音越靠后，摩擦也越重。

1.2　韵母

偃师方言韵母 43 个，不包括儿化韵。

ɿ	资四时事	i	地西提鸡	u	胡古初竹	y	雨徐居女
ʅ	世滞质石			ʮ	猪秫出主		
ɭ	二而耳儿			ɯ	黑蛇胳		
a	爸怕纳大	ia	家亚恰下	ua	挖挂画花		
		iɛ	爷接街列	ʮɛ	说$_{白}$拙	yɛ	穴绝雪劣
ɤ	鸽车河热						
o	剥菠摸婆			uo	多落科$_{老}$郭	yo	脚学药确
ɛe	客列开柴	iɛe	介疥界解$_{明白}$	uɛe	惑快怪帅		
ei	北每妹美			uei	岁嘴锤水		
aɔ	刀包高早	iaɔ	标孝刁笑				
ou	豆楼周牛$_{老}$	iou	丢刘秋又				
an	办单砍蓝	iɛn	编电连炎	uan	团暖官船	yɛn	员劝宣选
ən	门分吞根	in	民心林品	uən	盾村困嫩	yn	匀军韵训

aŋ 邦防康网	iaŋ 辆强央向	uaŋ 王黄床忘
əŋ 朋灯生杏老	iŋ 兵名京杏新	uəŋ 翁嗡瓮
	iuŋ 穷胸用嵩白	uŋ 东中红宋

说明：

（1）ʯ 是一个典型的舌尖后圆唇元音。

（2）ɭ 是个声化韵，发音时舌尖抵齿龈后、硬腭前，气流从舌两边通过。

（3）iɛ、ɥɛ、yɛ 中的 ɛ 发音时开口度稍小，实际音值是ᴇ。

（4）ɛe在发音时有一个动程，但较短。如果按音位记音也可记为三号元音 ɛ，但是偃师方言中存在着iɛ：iɛe的对立：接 tsiɛ^{24} ≠结tɕiɛ^{24} ≠介tɕiɛe^{41}，因此设置了两个音位。

（5）aɔ、iaɔ、aŋ、iaŋ、uaŋ的实际音值是 ɑɔ、iɑɔ、ɑŋ、iɑŋ、uɑŋ。

（6）零声母的uŋ韵实际发音是wəŋ。

1.3 声调

偃师方言 3 个声调，不包括轻声。

①阴平 24　天三安花猪麦月笔　②阳平上 53　平人鹅敌走手口碗

③去声 41　柱是旱汉盖四大树

说明：

阳平上调严格来讲也可以记成 553，发音起始阶段可以有一段较短的平调，但声调的主体是高降。

二　语音特点

2.1 声母特点

（1）古全浊声母今读清音，按平送仄不送的规律分别读相应的塞音、塞擦音，如：

婆p^{h}o^{53}　部pu^{41}　徒t^{h}u^{53}　才ts^{h}ɛe^{53}　道taɔ^{41}　字 tsɿ^{41}

茶 ts^{h}a^{53}　住 tʂʯ^{41}　奇tɕ^{h}i^{53}　柜kuei^{41}

（2）中古知、庄、章今在今偃师方言中分为两组：一组读 tʂ、tʂ^{h}、

ʂ，与精组相对立；一组读ts、ts^{h}、s，与精组合并。具体情况如下：

止摄开口三等章组读ts、ts^{h}、s，与精组合并：

枝=资tsɿ^{24}、是=四sɿ^{41}、师=私sɿ^{24}、志=字tsɿ^{41}

知组二等与庄组的开口字读ts、ts^{h}、s，与精组合并：

茶ts^{h}a^{53}、沙sa^{24}、柴ts^{h}ɛe^{53}、吵ts^{h}aɔ^{53}、眨tsa^{53}、生səŋ^{24}、争tsəŋ^{24}、愁ts^{h}ou^{53}

知组二等与庄组的合口字、知组三等与章组字（止开三以外）读音一致，读tʂ、tʂ^{h}、ʂ，与精组对立：

耍ʂua^{53}、抓tʂua^{24}、拴ʂuan^{24}、庄tʂuaŋ^{24}、赵tʂaɔ^{41}、猪tʂʮ^{24}、书ʂʮ^{24}、世ʂʅ^{41}、持tʂ^{h}ʅ^{41}、十ʂʅ^{53}

（3）分尖团，中古精组与见组各声组的字在细音前的读法保持对立而不混淆。如：

精tsiŋ^{24}≠经tɕiŋ^{24}　清ts^{h}iŋ^{24}≠轻tɕ^{h}iŋ^{24}　焦tsiaɔ^{24}≠娇tɕiaɔ^{24}

墙ts^{h}iaŋ^{53}≠强tɕ^{h}iaŋ^{53}　秋ts^{h}iou^{24}≠丘tɕ^{h}iou^{24}　千ts^{h}iɛn^{24}≠牵tɕ^{h}iɛn^{24}　修siou^{24}≠休ɕiou^{24}　七ts^{h}i^{24}≠期tɕ^{h}i^{24}

（4）有v声母，主要是来自中古的微母字，如闻vən^{53}、武vu^{53}。

2.2 韵母特点

（1）果摄合口一等见系各声组的字，今老派保留古合口读法，如：

过kuo^{41}　锅kuo^{24}　戈kuo^{24}　科k^{h}uo^{24}　棵k^{h}uo^{24}　禾xuo^{53}

（2）蟹摄合口一等和止摄合口三等的来母字都读合口呼，如：

雷luei^{53}　累$_{困}$luei^{41}　垒luei^{53}　泪luei^{41}

（3）止摄合口三等非组韵母读i，如：

非飞fi^{24}　肥fi^{53}　匪fi^{53}　痱费fi^{41}　尾i^{53}

（4）蟹摄开口二等见系字部分字今读iɛe，如：

界介届戒疥tɕiɛe^{41}　蟹懈ɕiɛe^{41}　街tɕiɛe^{24}　鞋ɕiɛe^{53}

另一部分读音发生了变化，与山摄入声薛、月、屑韵字相混，如：

皆阶tɕiɛ^{24}　谐ɕiɛ^{53}　结tɕiɛ^{24}　杰tɕiɛ^{53}

（5）遇摄知、章组及日母字读ʮ，庄组字读u，二者对立。如：

猪tʂ^{h}ʮ^{24}　书ʂʮ^{24}　如ʐʮ^{53}　柱tʂʮ^{41}　朱tʂʮ^{24}　树ʂʮ^{41}

初tʂ^{h}u^{24}　锄tʂ^{h}u^{53}　梳ʂu^{24}　助tʂu^{41}　数ʂu^{41}

普通话今读 u 韵古入声知系字在偃师方言中的今读分为两类：

术韵入声字读同遇摄知章组：术$_{\text{白~}}$ tʂʮ^{24}　出 tʂʰʮ^{24}　术述秫ʂʮ^{53}

通摄入声字读同遇摄庄组：竹 tʂu^{24}　筑 tʂu^{53}　叔ʂu^{53}　熟ʂu^{53}　烛 tʂu^{24}　束ʂu^{24}　辱 ʐu^{24}

（6）来自中古德韵、陌韵、麦韵的字今天大部分读 ɛ e韵，与蟹摄相混，如：

开＝刻＝客kʰɛe^{24}　特＝胎tʰɛe^{24}

海 xɛe^{53}　排pʰɛe^{53}　百pɛe^{24}　摘 tsɛe^{24}　责 tsɛe^{53}　策 tsʰɛe^{24}

但是，德韵的帮组字、端母字读ei：北pei^{24}、墨默mei^{24}、得德tei^{24}

2.3　声调特点

偃师方言声调上最重要的特点是三个调类：阴平、阳平上和去声。汴洛一带的方言都有阴平、阳平、上声和去声四个调类，在偃师方言中，阳平与上声合并，变成三个调类，如：敌＝底ti^{53}、移＝椅i^{53}、坛＝毯tʰan^{53}。以上说的是单字调。在日常的语言交际中，偃师方言还有一个第四调 44，但这个调已成为 53 调的自由变体，不区分意义。①

在入声分派上，偃师方言与中原官话的特点一致，清入字、次浊入字归阴平。由于阳平与上声合并，所以全浊入字归阳平上，如：

积 tsi^{24}　惜 si^{24}　麦 mɛe^{24}　北pei^{24}　笔pei^{24}　石ʂʅ^{53}　极tɕi^{53}　学 ɕyo^{53}　绝 tsyɛ^{53}　力 li^{24}

另外，偃师方言中有些字的调类归并比较特殊，与汴洛一带其他方言不同，如：集 tsi^{24}、姨i^{41}、陆 lu^{53}、姑ku^{53}、爸 pa^{53}、卫uei^{53}、球tɕʰiou^{24}、嫩luən^{53}、警tɕiŋ^{53}等，表现了方言接触影响的特征。

2.4　儿化、小称音变

偃师方言有儿化韵，可以用儿化形式表小或喜爱的情感。根据儿化韵发音的特点，偃师方言的儿化音变可以分为以下三类：

（1）带舌尖后闪音的儿化韵

此类儿化发音带舌尖后闪音 ɽ，韵母同时带卷舌动作（用 r 加在音

---

①　调查中有个女性发音人名字叫王艳玲，她自己说她叫“uaŋ53 iɛn41 liŋ44”，当我问她是不是应该叫“uaŋ53 iɛn41 liŋ53”时，她听不出任何区别，认为这两个音一样。

节末尾表示音节带卷舌特征，以下同此）。在我们的调查中，此类儿化仅出现在双唇音声母p、p^{h}、m及边音声母 l 和以下韵母相拼合的音节中。其中，边音声母的词儿化后声母被舌尖后闪音取代。

儿化韵	原韵	例子
ɽur	u	店铺儿tiɛn^{41}p^{h}ɽur^{41}、几步儿tɕi^{53}pɽur^{41}、小路儿 siaɔ^{53}ɽur^{41}
ɽɐr	a	刀把儿taɔ^{24}pɽɐr^{41}、号码儿 xaɔ^{41}mɽɐr^{53}
ɽor	o	赌博儿tu^{53}pɽor^{24}、婆儿p^{h}ɽor^{53}、水沫儿ʂuei^{53}mɽor^{24}
ɽuor	uo	一摞儿 ɽuor^{41}
ɽɔr	aɔ	包儿pɽɔr^{24}、帽儿mɽɔr^{41}、灯泡儿təŋ^{24}p^{h}ɽɔr^{24}
iɽɔr	iaɔ	瓢儿p^{h}iɽɔr^{53}、苗儿miɽɔr^{53}

（2）带舌尖前闪音的儿化韵

此类儿化发音带舌尖前闪音，韵母同时带卷舌动作。此类儿化出现在f、t、t^{h}、n、ʦ、ʦ^{h}、s、tɕ、tɕ^{h}、ɕ等声母后，与以下表中韵母相拼合。拼合中，舌尖音声母拼齐齿呼时通常会变成开口呼音节。

儿化韵	原韵	例子
ɾur	u	肚儿tɾur^{41}、兔儿t^{h}ɾur^{41}
ɾɐr	a	哪儿 nɾɐr^{53}、马扎儿ma^{53}ʦɾɐr^{24}、一茬儿i^{24}ʦ^{h}ɐr^{53}
	aŋ	药方儿yo^{24}fɾɐr^{24}
	iŋ	铁钉儿 t^{h}iɛ^{24}tɾɐr^{24}
iɾɐr	ia	夹儿tɕiɾɐr^{24}、卡儿tɕ^{h}iɾɐr^{53}、匣儿ɕiɾɐr^{53}
ɾɜr/iɾɜr	iɛ	碟儿tɾɜr^{53}、半截儿pan^{41}ʦɾɜr^{53}、台阶儿t^{h}ɛe^{53}tɕiɾɜr^{24}
ɾɔr	aɔ	刀儿tɾɔr^{24}、手套儿ʂou^{53}t^{h}ɾɔr^{41}、脑儿 nɾɔr^{53}
	iaɔ	调儿tɾɔr^{41}、纸条儿 ʦɿ^{53}t^{h}ɾɔr^{53}
ɾour	ou	豆儿tɾour^{41}、小偷儿 siaɔ^{53}t^{h}ɾour^{24}
	iou	袖儿 sɾour^{41}

（3）不带闪音的儿化韵

此类儿化韵无闪音，但带卷舌动作，发音特征与普通话相近，声母、韵母的拼合条件也与普通话接近。

儿化韵	原韵	例子
ɐr	aŋ	缸儿kɐr^{24}、瓜瓤儿kua^{24}ʐɐr^{53}
	əŋ	小风儿 siaɔ^{53}fɐr^{24}、板凳儿pan^{53}tɐr^{41}、门缝儿mən^{53}fɐr^{41}
	iŋ	鸡蛋清儿tɕi^{53}tan^{41}ts^{h}ɐr^{24}、火星儿 xuo^{53}sɐr^{24}
iɐr	ia	豆芽儿 tou^{41}iɐr^{53}
	iaŋ	鞋样儿ɕiɛe^{53}iɐr^{41}、腔儿tɕ^{h}iɐr^{24}
	iŋ	瓶儿piɐr^{53}、钉儿tiɐr^{24}
uɐr	ua	鸡爪儿tɕi^{24}tʂuɐr^{53}、牙刷儿ia^{53}ʂuɐr^{24}、菜花儿ts^{h}ɛe^{41}xuɐr^{24}
	uo	桌儿 tʂuɐr^{24}、酒窝儿 tsiou^{53}uɐr^{24}
	uaŋ	庄儿 tʂuɐr^{24}、鸡蛋黄儿tɕi^{53}tan^{41}xuɐr^{53}、小床儿 siaɔ^{53}tʂ^{h}uɐr^{53}
	uŋ	竹筒儿 tʂu^{24}t^{h}uɐr^{24}、虫儿 tʂ^{h}uɐr^{53}、没空儿mu^{24}k^{h}uɐr^{41}
ɜr	ɛe	牌儿p^{h}ɜr^{53}、袋儿tɜr^{41}、盖儿kɜr^{41}、孩儿 xɜr^{53}
	an	板儿pɜr^{53}、摊儿tɜr^{24}、篮儿 lɜr^{53}、竹竿儿 tʂu^{24}kɜr^{24}
iɜr	iɛ	小鞋儿 siaɔ^{53}ɕiɜr^{53}、叶儿iɜr^{24}
	iɛn	一点儿i^{24}tiɜr^{53}、面儿miɜr^{41}、链儿 liɜr^{41}、馅儿ɕiɜr^{41}
uɜr	uɛe	筷儿k^{h}uɜr^{41}、一块儿i^{53}k^{h}uɜr^{41}
	uan	一段儿i^{53}tuɜr^{41}、串儿 tʂ^{h}uɜr^{41}、好玩儿 xaɔ^{53}uɜr^{53}
yɜr	yɛ	木橛儿mu^{24}tɕyɜr^{53}
	yan	一圈儿i^{53}tɕ^{h}yɜr^{24}、院儿yɜr^{41}
ɔr	aɔ	稿儿kɔr^{53}、口罩儿k^{h}ou^{53}tʂɔr^{41}
iɔr	iaɔ	料儿 liɔr^{41}
ər	ɿ	肉丝儿 ʐou^{41}sər^{24}、瓜子儿kua^{24}tsər^{53}、没词儿mu^{24}ts^{h}ər^{53}
	ʅ	树枝儿ʂʮ^{41}tʂər^{24}、水池儿ʂuei^{53}tʂ^{h}ər^{53}、没事儿mu^{24}ʂər^{41}
	ei	一辈儿i^{53}pər^{41}、砖坯儿 tʂuan^{24}p^{h}ər^{24}、有味儿iou^{53}vər^{41}
	ɯ	摸黑儿mo^{24}xər^{24}
	ən	盆儿p^{h}ər^{53}、树根儿ʂʮ^{41}kər^{24}、刀刃儿taɔ^{24}ʐər^{41}
iər	i	门鼻儿mən^{53}piər^{53}、小鸡儿 siaɔ^{53}tɕiər^{24}、玩意儿uan^{53}iər^{41}

	in	林儿liər^{53}、脚印儿tɕyo^{24}iər^{41}、背心儿pei^{41}siər^{24}
uər	uei	一对儿i^{53}tuər^{41}、一会儿i^{53}xuər^{41}
	uən	墩儿tuər^{24}、轮儿luər^{53}、光棍儿kuaŋ^{24}kuər^{41}、村儿ts^{h}uər^{24}
yər	y	钢锯儿kaŋ^{24}tɕyər^{41}、曲儿tɕ^{h}yər^{24}、金鱼儿tɕin^{24}yər^{53}
	yn	一群儿i^{24}tɕ^{h}yər^{53}、小晕儿siaɔ^{53}yər^{24}
ɤr	ɤ	盒儿xɤr^{53}、唱歌儿tʂ^{h}aŋ^{41}kɤr^{24}
ur	u	裤儿k^{h}ur^{41}、杏核儿xəŋ^{41}xur^{53}、屋儿ur^{24}
ʮr	ʮ	珠儿tʂʮr^{24}、小树儿siaɔ53 ʂʮr^{41}
our	ou	钩儿kour^{24}、猴儿xour^{53}、肘儿tʂour^{53}
iour	iou	釉儿iour^{41}、长个瘤儿tʂaŋ^{53}kə^{0}liour^{53}

我们也注意到《偃师县志》（1992）中“方言志”部分所记的偃师方言的儿化韵，与我们所记略有差异。这可能是由于时间的变化导致偃师方言的儿化韵发生了变化，也可能是发音人语音的差异所致。

三 同音字汇

本同音字表收字依据中国社会科学院语言研究所《方言调查字表》，又根据方言用字有所增减。按照韵母表的顺序依次排列各韵的单字，同一韵的字按照前面所列声母和声调顺序排列。①②③④⑤等数字表示声调，对应的调类和调值在前面声调部分的内容中有说明。本字未明的用“□”代替，后加小字注释。举例时用“～”代替该字，文白异读、新老或老中青异读、又读等现象在该字后用小字标明，有特殊意义的字也在字后用小号字体进行举例、解释或说明。

ɿ

ts ①资咨姿滋支枝肢栀只～有脂梓芝 ②子姊紫纸旨指滓止趾址至之 ③自字志痣

ts^{h} ①疵眵呲嗤 ②兹瓷慈磁辞词祠雌此齿 ③刺次赐伺翅

s ①斯厮撕私司思丝师狮尸诗虱 ②时死饲匙屎始使史驶 ③四寺肆似祀巳嗣是氏示视市柿事试

ʅ

tʂ ①蜘只_~汁质织职执掷滞植殖秩 ②置侄直知值 ③制治炙致智痔稚

tʂʰ ①尺吃痴 ②池驰弛迟耻持 ③斥侈恃式赤

ʂ ①湿失适矢施释 ②石食蚀实十什家~拾动拾数室 ③世势誓逝侍嗜饰士仕

ʐ ①日□詈词

i

p ①屄 ②鼻必逼荸比秕鄙敝 ③蔽蓖闭箅弊碧滗币鐾毙婢弼壁璧毕辟复~

pʰ ①批僻辟开~劈丕 ②皮疲琵匹痞脾□用手分开 ③譬屁庇痹

m ①密蜜觅~人:雇佣人 ②迷糜弥靡篾竹~米 ③谜觅寻~

f ①飞非 ②肥匪妃 ③肺痱费吠废

t ①低滴堤 ②敌笛嫡荻迪籴涤底的目~抵 ③帝弟第递地

tʰ ①踢梯剔堤又 ②提蹄啼题体 ③替剃涕嚏

l ①力立笠 ②犁黎篱璃梨礼狸李里理鲤 ③例厉历励离~开离距~荔利栗痢吏丽隶粒

ts ①疾积迹鲫即脊绩集辑籍藉挤缉通~ ③祭际剂济荠寂系~鞋带脐

tsʰ ①妻七戚漆沏膝 ②齐 ③砌缉~鞋口

s ①西悉息熄昔惜夕锡析 ②习媳席徙洗玺袭 ③细

tɕ ①机鸡稽吉肌饥几茶~基几~乎讥级击激及髻 ②急极戟虮几~个己 ③计继妓寄技冀纪记忌既季

tɕʰ ①欺期乞蹊 ②奇骑岐麒棋旗其启祈祁起杞岂企 ③契器弃气汽泣讫

ȵ ①妮 ②泥倪尼拟你 ③溺匿腻逆

ɕ ①溪奚牺嬉熙希稀吸犀 ②喜畦 ③隙戏系联~

Ø ①衣依一医揖 ②移逸疑饴毅遗役疫译夷沂液伊椅倚乙已以尾又矣蚁谊 ③仪义议肄意异翼亦益姨艺忆亿易宜缢

u

p ②□面~:面粉屑醭不补捕 ③布怖部步抱白,~小孩:搂抱孩子

p^h ①铺~床扑 ②蒲菩脯仆普谱朴甫瀑 ③铺店~埠

m ①目没~有木~材 ②模~子谋亩牡母拇某 ③牧暮墓慕募幕穆

f ①夫肤麸福服蝠腹复~习妇覆负 ②伏符扶芙浮佛府腑俯斧敷俘抚釜腐辅 ③父付赋傅复重~富幅阜赴附

v ①物 ②武舞鹉 ③务雾

t ①都~城督□光~子:裸体 ②毒独犊读堵赌肚鱼~ ③妒肚~子杜度渡镀

t^h ①突秃 ②徒途涂图屠吐吞~土 ③兔唾~沫

n ②奴努 ③怒

l ①六又录橹鹿禄绿白 ②炉庐芦鸬陆卢鲁虏卤 ③路赂露鹭

ts ①足新 ②卒族组祖租阻

ts^h ①粗促 ③醋猝

s ①苏酥速粟 ③素诉嗉漱肃

tʂ ①竹烛触筑粥 ②轴逐 ③祝诸助

$tʂ^h$ ①初缩又束又畜~牲 ②础雏殊楚

ʂ ①梳蔬疏淑舒束 ②熟赎属蜀叔数~不清 ③数~字戍

ʐ ①褥辱入肉白

k ①孤谷箍骨 ②姑古估股鼓 ③故固雇顾锢

k^h ①哭窟 ②苦枯 ③库裤酷

x ①呼乎忽 ②浒壶胡湖葫核杏~斛糊虎狐 ③户沪互护

ø ①乌污坞侮屋无巫诬 ②梧五吴蜈吾伍午戊捂 ③误悟恶厌~勿

ʮ

tʂ ①猪诛蛛株朱珠 ②拄嘱主煮帚 ③著住柱驻注蛀铸

$tʂ^h$ ①出 ②除厨储褚 ③处~理处到~

ʂ ①书枢输运~ ②术白~术技~述秫暑鼠黍薯署 ③恕庶戍竖树

ʐ ①输~赢 ②如汝儒乳擩~进去

y

l ①绿文律率 ②驴旅捋吕缕屡履 ③虑滤

ts ①足老 ③聚

tsʰ ①趋蛆 ②取娶 ③趣

s ①须需戌宿住~ ②俗徐 ③序絮叙绪续婿恤

tɕ ①菊掬居车~马炮驹桔橘锔~碗拘 ②局巨剧举拒距矩 ③据锯俱句具惧

tɕʰ ①曲~调曲酒~区屈驱 ②渠瞿 ③去

ȵ ②女

ɕ ①墟虚嘘蓄 ②许 ④畜~牧

ø ①狱淤 ②鱼渔余馀迂与于盂榆虞愚雨语禹羽 ③郁育玉欲御浴誉预豫娱遇吁芋逾愉愈喻裕寓域宇

ɭ

ø ②儿而耳饵 ③二贰

ɯ

k ①胳 ②蛇圪~星

x ①黑

a

p ①巴疤八扒 ②拔芭把~握爸 ③把~子霸坝耙~地罢

pʰ ①趴 ②爬钯耙~子 ③怕帕琶杷

m ①妈抹 ②麻蚂马码 ③蟆骂

f ①发~展法发头~ ②乏伐筏罚

v ①袜

t ①答搭 ②大叔达沓打 ③大~小

tʰ ①獭塌踏塔榻溻 ②他它

n ①纳衲 ②拿哪 ③那捺

l ①拉腊蜡辣 ②喇邋~乎:脏

ts ①扎札渣喳 ②杂砸炸油~铡咋闸眨 ③诈榨炸~弹栅

tsʰ ①擦叉插差~别 ②茶查察茬搽 ③杈岔

s ①仨杀沙纱砂煞 ②洒撒萨 ③厦房~

ʂ ②傻

k ①嘎鸭叫

kʰ ②卡叉

x ①哈

∅ ①啊腌

ia

tɕ ①家加痂夹胛甲稼嘉佳 ②假真~假放~贾 ③架驾价嫁

tɕʰ ①掐洽 ②卡恰

ɕ ①虾瞎 ②霞瑕遐暇狭峡辖匣 ③厦~门下夏吓

∅ ①鸭压丫押鸦 ②牙芽衙伢涯崖雅亚哑 ③砑桠轧

ua

tʂ ①抓 ②爪□"怎么"的合音

ʂ ①刷 ②耍

k ①瓜呱刮 ②寡剐 ③挂褂卦

kʰ ①夸 ②侉垮 ③跨

x ①花华 ②铧划~船猾滑 ③划计~画话化桦

∅ ①蛙哇挖 ②娃瓦砖~ ③凹洼瓦~刀

iɛ

p ①鳖憋 ②别分~别~扭③别~门:撬门

pʰ ①撇

m ①灭

t ①爹跌 ②叠碟牒蝶谍

tʰ ①铁帖贴

l ①裂列猎烈

ts ①接节 ②捷截姐 ③借

tsʰ ①且切 ③妾

s ①楔些 ②邪斜写 ③泻卸谢泄

tɕ ①阶秸街揭结劫皆 ②杰洁解~放

tɕʰ ①怯 ②茄

ȵ ①聂镊蹑捏 ③孽

ɕ ①血歇蝎 ②谐胁协 ③蟹新

Ø ①噎页叶业 ②爷耶也野 ③夜腋

ʮɛ

tʂ ①拙

ʂ ①说白

yɛ

l ①劣

tsʰ ②撧 ③雀鹊

s ①雪薛

tɕ ①蹶决诀镢~头掘 ②橛爵倔~强绝 ③倔人性格执拗

tɕʰ ①缺却 ②瘸

ɕ ①靴 ②穴

Ø ①月悦阅越曰粤 ②哕干~

ɤ

tʂ ①蔗遮折~腾褶哲浙蜇 ②者 ③这

tʂʰ ①撤车彻辙 ②扯

ʂ ①设赊涉 ②舌折~本佘舍奢 ③赦摄涉射麝社

ʐ ①热 ②惹

k ①各胳阁搁歌戈鸽割葛佮合伙嗝 ②□小孩斗架哥 ③个

kʰ ①渴壳磕棵新科新颗新 ②可 ③课新

x ①喝 ②河何合盒荷和新, ~气禾新 ③贺鹤

ɣ ①恶~心屙~尿 ②蛾鹅俄讹阿~胶 ③饿鄂

o

p ①拨菠钵钹博泊梁山~剥驳簸颠~②薄簿勃簸~_~玻脖 ③簸~箕

pʰ ①泼活~跛波坡 ②婆 ③破

m ①摸莫末沫陌 ②摩魔馍磨~刀模~范摹膜寞抹抹~ ③磨石~
f ②否

uo

t ①多 ②夺铎朵躲 ③剁惰跺垛掇
t^h ①脱托拖 ②舵驮驼妥椭
n ①搦 ②挪 ③糯诺
l ①啰洛烙落乐快~骆络掠略省~号 ②罗锣箩萝漯骡螺腡裸 ③摞
ts ①作 ②凿~子嚼 ②左撮昨佐 ③坐座
ts^h ①搓 ②矬 ③挫错措
s ①削梭唆莎~~草 ②索锁琐塑所
tʂ ①桌 ②着~火着穿~酌卓啄涿浊捉镯
$tʂ^h$ ①绰焯 ②戳杵直立
ʂ ①说文 ②勺芍 ③朔
ʐ ①若 ②弱
k ①郭锅国新戈老 ②果裹 ③过
k^h ①棵老科老颗老窠括廓扩 ③阔课老
x ①豁藿劐 ②和老,~气活禾老获新和~面火伙 ③货祸霍□棺材
ø ①窝倭踒崴脚蜗握沃 ②我 ③卧

yo

tɕ ①脚觉知~角菜~子 ②角~落
$tɕ^h$ ①确搉~蒜□骗人
ɕ ②学
ø ①药虐谑疟约钥乐音~岳姓岳山~

ɛe

p ①掰百柏伯 ②白别又摆 ③败稗拜
p^h ①迫拍魄 ②排牌簰 ③派
m ①麦脉 ②埋买 ③卖迈
t ①呆 ②歹逮 ③带戴贷怠殆待代袋大~夫

t^h ①胎态特 ②台抬苔 ③太泰
n ②乃奶 ③耐奈
l ①肋勒 ②来 ③赖癞
ts ①灾栽斋则窄摘斋 ②宰择泽宅责载年~ ③在载~重再债寨
ts^h ①猜差出~策册测侧拆厕 ②才材财裁豺柴彩采睬踩 ③蔡菜
s ①筛腮鳃塞瑟色涩 ②□犯~:惹人讨厌 ③赛晒
k ①该格革隔 ②改 ③概盖丐溉
k^h ①开客刻时~刻刀~ ②凯楷 ③慨
x ②孩还~有骇亥核审~海 ③害
ɣ ①哀挨~着埃 ②挨~打蔼矮额名~ ③爱艾碍隘

iɛe

tɕ ③介界芥届戒械
ɕ ②鞋 ③懈□较稠的糊状食物因变质而变稀蟹老解明白

uɛe

tʂ ①跩显摆 ③拽
$tʂ^h$ ①揣怀~ ②揣~摩 ③踹
ʂ ①衰摔 ③帅蟀率~领
k ①乖 ②拐 ③怪
k^h ③快筷会~计块刽~子手
x ②或惑获老怀槐淮 ③坏
ø ①歪 ②崴~脚 ③外

ei

p ①杯碑卑北笔背~着悲 ②彼 ③贝辈背~上倍焙被避~雨备
p^h ①坯披胚 ②赔培陪裴 ③沛配佩辔
m ①墨默 ②梅煤枚媒眉楣媚每美 ③妹昧寐
f ②翡肥又
v ②微尾 ③味未
t ①德得

n ③内

ts ②贼

ʂ ②谁 ③睡

k ①给

uei

t ①堆 ③队碓兑对

t^h ①推 ②腿 ③退蜕褪~色

l ②雷儡垒磊累积~ ③累连~泪类

ts ②嘴 ③罪最醉

ts^h ①催崔 ③脆翠粹

s ①尿又,猪~泡 ②虽随髓绥遂隧 ③碎岁穗

tʂ ①追锥 ③缀赘坠

tʂ^h ①吹炊 ②垂槌锤

ʂ ②水 ③税

ʐ ②蕊 ③瑞锐芮

k ①归龟圭闺规轨国老 ②诡鬼 ③鳜桂跪贵柜

k^h ①亏盔 ②癸奎魁傀逵葵溃~疡 ③愧溃崩~

x ①灰恢辉挥徽 ②回茴毁 ③贿汇悔晦溃~脓会开~会~不~绘惠慧秽讳汇

ø ①威偎煨危 ②围为人~维惟唯桅伪委违苇伟卫 ③为~何位魏慰畏谓纬胃外~爷:姥爷

aɔ

p ①褒包□赔胞雹 ②饱保堡宝 ③报抱暴菢曝豹爆鲍刨~子

p^h ①抛剖泡尿一~ ②袍刨~地跑 ③炮泡~沫

m ②毛茅猫矛锚卯 ③冒帽茂贸貌

t ①刀叨□~菜:用筷子夹菜 ②岛捣祷倒摔~导 ③倒~退到稻道盗

t^h ①掏滔涛 ②淘桃陶讨逃萄 ③套

n ①孬 ②挠铙脑恼 ③闹

l ①捞拉 ②捞打~牢劳唠老 ③涝

ts ①糟遭 ②枣早澡蚤 ③躁灶皂造罩笊

ts^{h} ①操抄钞 ②曹槽草巢吵炒

s ①骚梢捎稍 ②扫~地嫂 ③臊扫~帚潲~雨,~食

tʂ ①招召诏昭沼朝~夕 ②找 ③赵兆照

$tʂ^{h}$ ①超 ②朝潮

ʂ ①烧 ②少多~ ③少~年邵绍韶

ʐ ②饶扰绕围~ ③耀照又绕~线

k ①高膏~脂篙羔糕 ②稿搞 ③告膏~油

k^{h} ②考烤 ③靠犒

x ①薅蒿 ②豪嚎毫好~坏 ③好爱~耗号浩郝

ɣ ①熝~白菜鳌 ②熬袄 ③傲鏊烙饼用具懊奥澳坳

iaɔ

p ①标膘彪表 ③摽绑一起

p^{h} ①漂~浮飘 ②瓢嫖 ③漂~亮票

m ①喵渺秒 ②苗描藐 ③庙妙

t ①刁貂雕钓 ②屌 ③吊掉调~查

t^{h} ①挑~担 ②条挑~起矛盾调~和 ③跳粜

l ②疗聊撩辽燎了~结 ③瞭~望料廖尥

ts ①焦蕉椒 ②剿

ts^{h} ①悄鹊又锹 ②瞧樵 ③俏

s ①消宵霄萧潇箫销硝屑 ②小 ③笑鞘

tɕ ①交郊胶浇教~书娇骄矫 ②缴侥搅铰狡绞 ③教~师窖觉睡~酵叫轿

$tɕ^{h}$ ①敲 ②乔侨桥荞巧

ȵ ②鸟 ③尿

ɕ ①淆嚣 ②晓 ③校学~孝效校上~校~正

ø ①肴腰邀要~求吆幺~二三妖 ②遥摇谣窑姚尧咬舀 ③要~不~跃

ou

t ①都全~兜 ②斗一~陡 ③斗~争豆逗

t^{h} ①偷 ②头投 ③透

l ②楼耧搂~抱篓 ③漏陋

ʦ ①绉胡~ ②走 ③揍奏骤做

ʦʰ ②愁 ③凑

s ①叟搜飕馊 ③瘦

ʈʂ ①邹周舟州洲搊扶起 ②肘 ③宙纣昼皱绉骤咒

ʈʂʰ ①抽 ②绸稠仇丑筹瞅酬 ③臭

ʂ ①收 ②守手首 ③兽受寿授售

ʐ ②柔揉 ③肉文

k ①钩勾沟 ②狗苟 ③够构购

kʰ ①抠 ②口□性格乖戾 ③叩寇扣

x ①吼 ②猴喉瘊 ③后厚候侯

ɣ ①呕欧瓯 ②牛偶藕 ③沤怄

iou

t ①丢

l ②刘流留硫琉馏柳 ③六榴馏重新加热

ʦ ①揪 ②酒 ③就

ʦʰ ①秋

s ①修羞 ②囚 ③宿星~秀绣袖锈

ʨ ①鸠纠灸咎阄 ②九韭久 ③救舅臼旧究

ʨʰ ①丘球 ②求仇姓 ③柩

ȵ ①妞 ②扭

ɕ ①休 ③朽

ø ①忧优悠幽邮尤 ②由油酉友游 ③又右佑莠诱柚釉幼有

an

p ①扳班斑颁般搬 ②拌扔版板 ③拌搅~瓣扮办伴半绊

pʰ ①潘攀 ②爿盘 ③盼襻判叛

m ②蛮瞒馒满 ③慢幔漫

f ①翻番 ②凡帆烦繁反 ③范泛犯饭贩嬔鸡下蛋

v ②晚挽 ③万

t ①担动丹单 ②胆掸 ③担名但旦蛋淡弹~药诞

tʰ ①贪坍滩瘫摊 ②谭潭弹~琴谈痰檀坛毯坦 ③探炭叹

n ②男难~处南 ③难受~

l ②蓝篮兰拦栏漤婪懒览揽缆榄 ③滥烂

ts ①簪 ②咱斩攒盏 ③站赞暂栈蘸

tsʰ ①餐参~加搀掺 ②谗残蚕惭惨产铲馋 ③灿

s ①三珊山删杉衫 ②散松~伞 ③散~布

tʂ ①沾粘动毡瞻 ②展 ③占战颤寒~绽

tʂʰ ②缠蝉禅 ③颤~抖

ʂ ①煽搧羶 ②陕闪 ③善扇禅苫疝

ʐ ②染冉然燃

k ①甘柑泔蚶肝竿干~旱 ②赶擀敢感橄秆 ③干~活

kʰ ①堪看~守 ②龛坎砍刊 ③看~见

x ①憨鼾酣罕涎 ②含韩函涵寒喊 ③撼憾旱汉汗悍焊翰

ɣ ①庵安鞍 ②俺 ③按暗岸案

iɛn

p ①编鞭边 ②贬扁匾 ③便方~辨辩变遍辫汴

pʰ ①偏篇 ②便~宜 ③骗片

m ②棉绵眠免勉娩 ③面缅

t ①掂颠 ②点典 ③店电殿奠佃垫

tʰ ①添天 ②甜田填舔腆

l ②连廉镰帘联莲敛脸 ③殓练炼楝怜

ts ①尖煎 ②剪 ③渐贱箭溅饯笺践荐

tsʰ ①歼迁千签 ②前钱浅潜

s ①仙先 ③线羡

tɕ ①监艰兼肩间奸坚 ②减拣简柬茧俭检 ③剑舰涧锏键件建键健
腱见

tɕʰ ①谦牵铅虔 ②钳乾遣 ③嵌欠歉

ȵ ②黏~稠年粘鲇涅拈辇撚以指~碎撵追赶 ③念碾

ɕ ①掀 ②咸衔闲贤弦嫌险显 ③陷馅限苋羡宪献现县

Ø ①烟淹腌阉 ②岩盐闫严炎俨阎酽颜延沿言掩魇眼焉演研究 ③谚验厌焰艳砚宴雁燕晏筵堰

uan

t ①端 ②短 ③断段锻缎椴

t^h ②团

n ②暖

l ②鸾峦栾卵 ③乱

ts ①钻~研 ③钻~石

ts^h ①窜 ③篡纂

s ①酸 ③算蒜

ʈʂ ①砖专 ②转~达 ③赚转~圈传~记篆撰

$ʈʂ^h$ ①穿川 ②传~达船椽喘 ③串

ʂ ①拴闩 ③涮

ʐ ②软

k ①关观~看棺官 ②管馆 ③贯惯观道~冠~军灌罐冠鸡~

k^h ①宽 ②款

x ①欢 ②还~账环缓 ③唤换焕幻患宦

Ø ①弯湾豌剜 ②完丸玩顽皖碗腕宛

yɛn

l ③恋糙

ts^h ②全泉

s ①鲜 ②癣选 ③旋~风旋~吃~做镟

tɕ ①捐绢娟 ②卷~烟 ③卷试~眷倦圈猪~券

$tɕ^h$ ①圈圆~ ②权拳颧犬 ③劝

ɕ ①轩喧宣 ②玄悬眩 ③楦

Ø ①冤渊 ②圆员缘元原源阮袁辕园远援 ③院愿怨

ən

p ①奔锛 ②本 ③笨

p^h ①喷~水 ②盆 ③喷~香

m ①闷焖 ②门 ③扪

f ①分 ②坟芬纷焚粉 ③粪奋愤忿份

v ②闻文蚊纹 ③问璺

t^h ①吞

s ①森参人~ ③渗

n ②恁第二人称 ③恁那么

tʂ ①针真榛臻贞 ②珍疹诊斟枕 ③镇阵振震

tʂ^h ①伸白深白 ②沉岑尘陈辰晨臣 ③趁衬称~心

ʂ ①身申伸文深文 ②神沈审婶 ③葚甚慎肾

ʐ ②人任姓壬仁忍 ③任~务饪纴刃认妊

k ①根跟 ③艮

k^h ②啃肯垦恳

x ②很 ③痕恨

ɣ ①恩 ③摁

in

p ①彬宾槟 ③殡鬓

p^h ①拼 ②贫频品 ③聘姘

m ②民闽悯敏抿

l ①拎 ②林淋临邻鳞磷檩 ③赁吝

ts ①津 ③尽进晋

ts^h ①侵亲~人浸 ②寝秦 ③亲~家

s ①心辛新薪 ②寻~媳妇 ③信

tɕ ①今金襟巾斤筋 ②紧锦仅谨 ③禁妗近劲

tɕ^h ①钦 ②琴禽擒勤芹 ③吣沁

ɕ ①馨欣

ø ①阴荫音因洇姻殷 ②银淫寅吟饮~食引隐尹 ③饮~马印

uən

t ①敦墩蹲 ③顿囤盾遁饨

t^h ②屯豚臀 ③褪~袖子□倒着走
l ②仑伦沦轮嫩 ③论
ts ①尊遵
ts^h ①村皴 ②存忖 ③寸
s ①孙 ②隼榫
tʂ ②准
$tʂ^h$ ①椿春 ②纯唇莼醇蠢
ʂ ③顺舜
ʐ ①闰润
k ②滚 ③棍
k^h ①昆坤 ②捆 ③困
x ①婚昏荤 ②魂混馄浑
Ø ①温瘟 ②稳吻

yn

ts ③俊骏
s ②旬循巡损荀 ③讯逊殉迅
tɕ ①钧均君军 ③郡菌
$tɕ^h$ ②群裙
ɕ ①熏薰勋 ③训
Ø ①晕 ②匀云允 ③孕熨韵运

aŋ

p ①邦帮浜 ②榜绑 ③谤傍棒蚌
p^h ①胖肿乓 ②旁螃庞 ③胖
m ①牤 ②忙芒~种茫盲莽蟒
f ①方 ②房肪防纺仿芳妨访 ③放
v ②亡芒~芒网
t ①耽~误当~时 ②党挡 ③当~铺荡宕
t^h ①汤倘 ②堂棠螳唐糖塘淌 ③烫趟
n ②囊攮馕

l ②郎狼廊 ③浪朗

ʦ ①臧脏肮~赃 ③藏西~脏心~葬

ʦʰ ①苍仓跄 ②藏躲~

s ①桑丧 ②嗓搡

ʈʂ ①张章樟 ②□放入作料长生~涨掌 ③胀丈杖仗账帐障瘴

ʈʂʰ ①昌 ②长~短常肠场打麦~尝偿场~地厂 ③畅唱倡

ʂ ①伤商 ②裳晌赏 ③上尚

ʐ ②瓤□示弱穰攘壤嚷 ③让

k ①刚钢纲缸 ②冈岗港 ③钢磨刀杠

kʰ ①康糠 ②扛 ③炕抗

x ①夯 ②行银~航杭

ɣ ①肮 ②昂

iaŋ

l ②量动凉良粮梁粱两 ③量重量晾~一~亮辆谅

ʦ ①将~来桨浆 ②蒋奖 ③将~士匠酱虹

ʦʰ ①枪呛~水锵 ②墙抢 ③呛烟~人

s ①箱厢湘襄镶 ②翔祥详想 ③相~互相~貌象像橡

ʨ ①疆姜江僵缰豇 ②讲耩~地 ③降~落

ʨʰ ①羌腔 ②强~大强勉~

ȵ ②娘 ③酿

ɕ ①香乡 ②降投~享响饷 ③向项巷

ø ①央秧殃映 ②仰羊洋杨扬阳疡养痒 ③样

uaŋ

ʈʂ ①装庄 ③壮状撞

ʈʂʰ ①疮窗 ②床闯 ③创

ʂ ①霜双量词 ②爽 ③双~生

k ①光 ②广 ③桄逛

kʰ ①筐诓 ②狂 ③旷矿况眶匡框

x ①荒慌谎 ②黄簧皇蝗 ③晃

ø ②王汪枉往 ③旺妄忘望

əŋ

p ①崩迸绷~紧 ②绷~嘴,闭嘴 ③蹦

p^h ①烹□溅水 ②朋蓬篷彭膨棚捧

m ①懵 ②萌盟蒙猛蠓 ③孟梦

f ①疯枫丰封讽风 ②逢冯锋峰缝动 ③缝名奉俸凤

t ①登灯 ②等 ③邓凳镫瞪澄~水

t^h ①熥小火烤 ②腾疼滕藤

n ②能~够能精明

l ②冷 ③愣楞棱

ts ①曾姓增赠争欠争~夺筝睁 ③憎锃

ts^h ①撑铛 ②曾~经层 ③蹭

s ①僧生牲笙甥 ②省河南~省节~

ʈʂ ①征蒸侦正~月 ②整 ③证症郑正~在政

$ʈʂ^h$ ①称~呼 ②橙拯乘承丞成城诚塍程呈逞盛~饭惩 ③枰橕

ʂ ①升声 ②绳 ③盛旺~剩胜圣

ʐ ①扔 ②仍

k ①更五~耕庚粳绠哽梗 ②耿 ③更~加

k^h ①坑

x ①哼亨 ②恒恒衡 ③杏老

ɣ ③硬

iŋ

p ①冰兵 ②禀丙秉柄饼 ③病并

p^h ①乒 ②瓶凭平苹萍评屏坪

m ②明名铭鸣 ③命

t ①丁钉~子 ②顶鼎 ③钉动定锭订

t^h ①听厅汀庭蜓艇廷 ②亭停挺侹躺

l ②凌陵菱灵零铃伶翎岭领 ③令另

ts ①精晶 ②井 ③净睛静靖

ts^h ①清青蜻 ②情晴赠~不经过努力就得到~请

s ①星腥 ②省~反~~醒 ③姓性

tɕ ①京荆经鲸惊 ②警 ③茎径颈竟竞競敬镜境

$tɕ^h$ ①卿轻擎 ②顷 ③罄庆

ȵ ②拧凝~新~ ③佞宁

ɕ ①兴~时~~ ②行~~为~刑邢型荥形 ③幸杏~新~兴~高~~性

Ø ①鹰婴樱莺鹦英缨 ②迎蝇营莹赢盈颖萤影凝~老~ ③应

uəŋ

Ø ①翁嗡 ③瓮

iuŋ

l ②龙~白~

s ①松~白~嵩~白~

tɕ ②迥炯窘

$tɕ^h$ ①倾 ②穷琼

ɕ ①胸凶兄 ②雄熊

Ø ①冗雍涌拥融 ②泳咏永勇容 ③用

uŋ

t ①东冬 ②董懂 ③冻栋洞动

t^h ①通统 ②童同桐铜曈捅桶筒 ③痛

n ②浓脓农 ③弄

l ②隆聋笼龙~文~拢陇垄

ts ①鬃宗综 ②总 ③纵粽

ts^h ①聪葱匆囱 ②丛从

s ①松~文~嵩~文~ ③送宋诵颂讼

tʂ ①终钟盅中~~间~忠 ②种~~子~肿冢 ③重~轻~~中~打~~种~~地~众仲

$tʂ^h$ ①充冲~~锋~春 ②重~~复~虫崇宠 ③冲~说话~~

ʐ ②荣绒戎茸毹~细毛~镕蓉

k ①工公蚣功攻弓宫恭躬供~~不起~ ②汞拱巩 ③贡共供~~神~

k^h ①空~气 ②恐孔 ③空~缺控

x ①轰烘 ②弘红宏洪鸿哄~骗 ③哄起~横~直横蛮~

参考文献：

贺巍：《河南山东皖北苏北的官话（稿）》，《方言》1985 年第 3 期。

贺巍：《中原官话分区（稿）》，《方言》2005 年第 2 期。

偃师县志编纂委员会：《偃师县志》，三联书店 1992 年版。

张启焕、陈天福、程仪：《河南方言研究》，河南大学出版社 1993 年版。

温县方言音系

温县，位于河南省西北部，南滨黄河，北依太行，属河南省焦作市管辖。东邻武陟县，西接孟州市，北面是沁阳市与博爱县，南面和郑州市下辖的巩义隔黄河相望。温县辖 7 个乡镇、4 个街道办事处，总面积 481.3 平方千米。温县历史悠久，人文荟萃，以太极拳文化、三国文化和四大怀药闻名中外。

温县古属怀庆府，温县方言属晋语邯新片（沈明 2006）。元末明初此地遭战争洗劫，现在的温县居民大都是山西泽、潞等州府的人们迁居而来，语言上与晋语有密切联系。温县方言的内部差别主要表现在舌尖音声母和入声的读音上。城关温泉街道办事处的 tʂ、$tʂ^h$、ʂ有部分人已经开始读为 ts、ts^h、s，与古代的精组字相混，但其他乡镇不混。入声韵的读音有差别，一是入声韵的数量略有差异，二是入声韵的读音也略有不同。邻近武陟、孟州、沁阳和博爱四县的村镇，语音、词汇上与温县城关镇也有细微差别，但大同小异，温县方言总体上还是比较一致的。

本书记录的是县城城关镇温泉街道办事处（原城关温泉镇）的语音。发音人①张庚申，男，1953 年 12 月出生，温县城关镇温泉街道办事处西梁所村人。初中毕业，农民，一直在温县生活，无外出经历，讲温县话，不会讲普通话和其他方言。②任勤中，男，1945 年 8 月出生，温县黄河街道办事处（原南张羌镇）朱家村人。高小毕有业，农民，一直在温县生活，无外出经历，讲温县话，不会讲普通话和其他方言。

一　声韵调系统

1.1　声母

声母 24 个，包括零声母。

p	班抱八薄	p^h	瓢爬批怕	m	门米幕忙	f	飞发顺$_{白}$书$_{白}$	v	望唯晚武
t	店大到答	t^h	太同踢堂	n	难农拿暖			l	兰路连辣
ts	早嘴争债	ts^h	早粗茶愁			s	三锁山师		
tʂ	知赵竹周	$tʂ^h$	宠吃迟潮			ʂ	胜蛇顺$_{文}$书$_{文}$	ʐ	惹入让柔
tɕ	精姜捐军	$tɕ^h$	去齐起旗	ȵ	女年你捏	ɕ	写许戏孝		
k	贵格谷刚	k^h	课愧哭看			x	话寒孩坏		
ø	鹅而暗闰牛硬								

说明：

（1）ts、ts^h、s 与 tʂ、$tʂ^h$、ʂ在城关镇有相混现象，但在其他乡镇大都能区分。

（2）v发音时唇齿接触轻微，其实际音值是通音 ʋ 。

（3）古影、疑母开口今读零声母的字，如：鹅ɤ^{53}、沤ou^{31}、熬ɔ^{53}、牛ou^{53}、硬əŋ^{31}等，发音时带有轻微摩擦，但语图显示已无浊擦音声母ɣ，现记为零声母。

1.2 韵母

方言韵母 50 个，不包括儿化韵。

ɿ	资四时事	i	地西提敌	u	胡古猪书	y	雨徐居女
ʅ	世滞池石						
ɭ	二而耳儿						
a	爸怕大铡	ia	家亚下芽	ua	挖挂画花		
ɛ	开柴败伯	iɛ	爷借街戒	uɛ	歪快怪帅	yɛ	靴瘸穴倔
ɔ	刀包高早	iɔ	标孝刁笑				
ɤ	鸽车河社						
o	菠摸婆坡			uo	多洛果坐		
ei	每妹美贼			uei	岁嘴锤水		
ou	豆楼周牛	iou	丢刘秋又				
æ̃	办单砍蓝	iɛ̃	编电连炎	uæ̃	团暖官船	yæ̃	员劝宣选
ẽ	门分吞根	iẽ	民心林品	uẽ	盾村困嫩	yẽ	匀军韵训
aŋ	邦防忘往	iaŋ	辆强央向	uaŋ	王黄床窗		
əŋ	朋灯生郑	iŋ	兵名京杏	uŋ	红横宋同	yŋ	穷胸用嵩

ɐʔ	客热北得	iɐʔ	憋鳖歇蝎	uɐʔ	拙国		
		iɛʔ	接列灭业			yɛʔ	月绝略雪
ʌʔ	八答剥纳	iʌʔ	恰脚药瞎	uʌʔ	脱郭霍阔	yʌʔ	雀鹊约疟
əʔ	质黑吃木	iəʔ	笔力学集	uəʔ	竹屋哭惑	yəʔ	律橘确俗

说明：

（1）单元音的 a 发音时舌面高点靠后，实际音值接近 ɑ。

（2）l̩ 是个声化韵，发音时舌尖抵硬腭前，气流从舌两边通过，有时会产生衍音 ə，也可记为l̩^{ə}。

（3）ẽ、iẽ、uẽ、yẽ 四韵的实际音值是 ẽ^{n}、iẽ^{n}、uẽ^{n}、yẽ^{n}，仍保留有一个弱鼻音。

（4）零声母的uŋ实际音值是wəŋ。

1.3　声调

温县方言 5 个声调，不包括轻声。

①阴平 44　天三安猪飞刀帮　　②阳平 42　平人鹅头敌旁文

③上声 53　走闪手口碗远体　　④去声 213　柱是汉盖四大树

⑤入声 3　麦月笔食十福泽

说明：

（1）阳平和上声在对比中高低差别明显，口语中高低接近。

（2）去声调有不稳定现象，有时接近 312，应该是受黄河南岸的郑州话的影响所致。

二　音韵特点

2.1　声母特点

（1）古全浊声母今读清音，按平送仄不送的规律分别读相应的塞音、塞擦音，如：

婆p^{h}o^{42}　部pu^{213}　徒t^{h}u^{42}　才 ts^{h}ɛ^{42}　道tɔ^{213}　字 tsɿ^{213}

茶 ts^{h}a^{42}　住 tʂ^{h} u^{213}　奇tɕ^{h}i^{42}　柜kuei^{213}

（2）中古知、庄、章今在今温县方言中分为两组：一组读 tʂ、tʂ^{h}、

ʂ，与精组相对立；一组读 ts、ts^{h}、s，与精组合并。具体情况如下：

止摄开口三等章组读 ts、ts^{h}、s，与精组合并：

枝 = 资 tsɿ^{44}、是 = 四 sɿ^{213}、师 = 私 sɿ^{44}、志 = 字 tsɿ^{213}

知组二等与庄组的开口字读 ts、ts^{h}、s，与精组合并：

茶 ts^{h}a^{42}、沙 sa^{44}、柴 ts^{h}ɛ^{42}、吵 ts^{h}ɔ^{53}、眨 tsa^{53}、生 səŋ^{44}、争 tsəŋ^{44}、愁 ts^{h}ou^{42}

知组二等与庄组的合口字、知组三等与章组字（止开三章组以外）读音一致，读 tʂ、tʂ^{h}、ʂ，与精组对立：

耍ʂua^{53}/fa^{53}、抓 tʂua^{44}、拴ʂuæ̃^{44}/fæ̃^{44}、庄 tʂuaŋ^{44}、

招 tʂɔ^{44}、猪 tʂu^{44}、哲 tʂɐʔ^{3}、世ʂʅ^{213}、砖 tʂuæ̃^{44}

（3）中古知庄章的合口字中，今普通话ʂ声母拼合口呼的字，在温县方言中读 f 声母：

书fu^{44}、树fu^{213}、税fei^{213}、水fei^{53}、刷fa^{44}、霜faŋ^{44}

（4）有v声母，主要是来自中古的微母字，如闻vẽ^{42}、武vu^{53}。也有个别喻母字混入，如维vei^{53}、唯vei^{53}。

2.2 韵母特点

（1）果摄合口一等见系各声纽的字，今保留古合口读法，如：

过kuo^{213}　锅kuo^{44}　戈kuo^{44}　科k^{h}uo^{44}　棵k^{h}uo^{44}　禾 xuo^{42}

（2）蟹摄合口一等和止摄合口三等的来母字都读合口呼，如：

雷 luei^{42}　累$_{困}$luei^{213}　垒 luei^{53}　泪 luei^{213}

（3）全浊声母的入声字大都舒化，其他入声字则大都保留喉塞尾：

答tʌʔ^{3}、甲tɕiʌʔ^{3}、接tɕiɛʔ^{3}、立liəʔ^{3}、刷fʌʔ^{3}、脚tɕiʌʔ^{3}、客k^{h}ɐʔ^{3}、鹿 luəʔ^{3}

沓ta^{42}、盒xɤ^{42}、匣 ɕia^{42}、捷tɕiɛ^{42}、协ɕiɛ^{42}、十ʂʅ^{42}、活 xuo^{42}、洛 luo^{44}、石ʂʅ^{42}

（4）入声韵有四套，收喉塞尾：

ɐʔ、iɐʔ、uɐʔ 韵主要来自中古的德、陌、麦三韵：

北pɐʔ^{3}、得tɐʔ^{3}、客k^{h}ɐʔ^{3}、革kɐʔ^{3}、麦mɐʔ^{3}、鳖piɐʔ3、国kuɐʔ

iɛʔ、yɛʔ 韵主要来自中古的叶、业、帖、薛、屑、月等韵：

撇piɛʔ^{3}、灭miɛʔ^{3}、铁t^{h}iɛʔ^{3}、列liɛʔ^{3}、血ɕiɛʔ^{3}、业iɛʔ^{3}、略lyɛʔ^{3}、

雪ɕyɛʔ^{3}

ʌʔ、iʌʔ、uʌʔ、yʌʔ 韵主要来自中古的合、盍、洽、狎、铎、药等韵：

答tʌʔ^{3}、腊 lʌʔ^{3}、鸭iʌʔ^{3}、达tʌʔ^{3}、雀tɕ^{h}yʌʔ^{3}、脚tɕiʌʔ^{3}、鹤 xʌʔ^{3}、药iʌʔ^{3}

əʔ、iəʔ、uəʔ、yəʔ 主要来自中古的缉、质、没、术、觉、职、昔、锡、屋、烛等韵：

立liəʔ^{3}、汁 tʂəʔ^{3}、笔piəʔ^{3}、日 ʐəʔ^{3}、吉tɕiəʔ^{3}、不pəʔ^{3}、律lyəʔ^{3}、学ɕiəʔ^{3}、力liəʔ^{3}、食ʂəʔ^{3}、极tɕiəʔ^{3}、尺 tʂ^{h}əʔ^{3}、击tɕiəʔ^{3}、哭k^{h}uəʔ^{3}、宿ɕyəʔ^{3}、绿luəʔ^{3}

2.3 声调特点

温县方言有 5 个调类，阴平、阳平、上声、去声和入声。其中平分阴阳、浊上归去、去声不分阴阳与一般中原官话一致。入声中的全浊声母入声字大部分已经舒化，舒化后归入阳平调：

直 tʂʅ^{42}、宅 tʂɛ^{42}、浊 tʂuo^{42}、嚼tɕiɛ^{42}、夺tuo^{42}、
活 xuo^{42}、截tɕiɛ^{42}、铡 tsa^{42}、叠tiɛ^{42}、杂 tsa^{42}

三　同音字汇

本同音字表收字依据中国社会科学院语言研究所《方言调查字表》，又根据方言用字有所增减。按照韵母表的顺序依次排列各韵的单字，同一韵的字按照前面所列声母和声调顺序排列。①②③④⑤等数字表示声调，对应的调类和调值在前面声调部分的内容中有说明。本字未明的用“□”代替，后加小字注释。举例时用“～”代替该字，文白异读、新老或老中青异读、又读等现象在该字后用小字标明，有特殊意义的字也在字后用小号字体进行举例、解释或说明。

ʅ

ts　①资咨姿滋支枝肢栀只～有脂 ③子梓姊紫纸旨指滓止趾址 ④自字至痔志痣

tsʰ ①疵眵呲嗤 ②兹瓷慈磁辞词祠 ③雌此齿 ④刺次侍伺翅

s ①斯厮撕私司思丝师狮尸诗虱 ②时鲥 ③死厕~茅子:农村简易厕所屎始使史驶 ④四寺肆似祀巳饲恃俟嗣是氏示视嗜市士式饰仕柿事试赐

ʅ

tʂ ①知智蜘稚芝之掷滞 ②置直又值又 ④制治炙致

tʂʰ ①痴赤 ②池驰弛迟 ③耻 ④持斥侈

ʂ ①施 ②石匙蚀实拾 ④世势誓逝

ʐ ①□詈词

i

p ①屄 ②鼻必荸 ③比秕鄙庇 ④蔽蓖闭箅敝弊滗币鐾毙婢痹

pʰ ①批披文 ②皮疲琵匹痞脾 ③□分开 ④譬屁

m ②迷糜弥靡 ③米 ④谜

f ①飞非 ②肥 ③匪妃 ④肺痱费吠废

t ①低堤 ②敌笛狄迪涤 ③底抵 ④帝弟第递地

tʰ ①梯 ②提蹄啼题体 ④替剃涕嚏

l ②犁黎离距~篱璃梨 ③礼狸李里理鲤 ④例厉历励离~开荔利痢吏丽隶

tɕ ①机鸡稽肌饥几茶~基几~乎讥激给供~髻 ②集又急疾又 ③虮几~个己挤 ④计继系~鞋带妓寄技冀纪记忌既季寂祭际剂济荠

tɕʰ ①欺期蹊妻沏 ②畦奇骑岐麒棋旗其乞齐脐 ③启祈祁起杞岂 ④企契器弃气汽讫砌

ȵ ①妮 ②泥倪尼 ③你 ④溺匿腻

ɕ ①溪牺嬉熙希稀西犀 ②席 ③喜徙洗玺袭 ④隙戏系联~细

∅ ①衣一又医依揖 ②移逸姨疑饴毅遗役疫译夷沂姨逆伊刈拟 ③椅倚乙已以尾又矣蚁 ④宜仪艺缢谊义议易肄意异忆亿抑翼亦易益

u

p ①卜又 ②□面~,面粉屑 ③补 ④布怖部步抱白,~小孩:抱孩子

pʰ ①铺~床扑 ②蒲菩脯 ③仆普谱浦捕甫 ④铺店~埠

m　②模$_{\text{~子}}$谋 ③亩牡母拇某 ④牧暮墓慕募幕

f　①夫肤麸幅腹妇梳$_{\text{白}}$蔬$_{\text{白}}$疏$_{\text{白}}$书$_{\text{白}}$输$_{\text{白,运~}}$ ②伏赎阜符扶芙浮佛熟$_{\text{白}}$赎$_{\text{白}}$ ③府腑俯斧敷俘抚釜腐辅否叔$_{\text{白}}$数$_{\text{白,~不清}}$鼠$_{\text{白}}$暑$_{\text{白}}$黍$_{\text{白}}$薯$_{\text{白}}$署$_{\text{白}}$ ④赴附父付赋傅瓠富负数$_{\text{白,~字}}$淑$_{\text{白}}$竖$_{\text{白}}$树$_{\text{白}}$

v　①无巫诬褥 ③武舞鹉 ④务雾

t　①都$_{\text{~城}}$□$_{\text{光~子}}$ ②毒犊读牍 ③堵赌肚$_{\text{鱼~}}$ ④妒肚$_{\text{~子}}$杜度渡镀踱

t^{h}　②徒途涂图屠 ③吐$_{\text{吞~}}$土 ④兔唾$_{\text{~沫}}$

n　④怒

l　①橹 ②炉庐芦鸬 ③卢鲁虏卤 ④路赂露鹭

ts　②卒 ③组祖租 ④做

ts^{h}　①粗促 ④醋

s　①苏酥速 ②蜀 ④素诉戍嗉

tʂ　①诸猪箸诛蛛株朱珠诸 ②轴 ③阻拄主煮 ④著住柱驻注蛀铸助

$tʂ^{h}$　①初舒$_{\text{又}}$ ②础除厨储 ③杵楚褚鼠$_{\text{又}}$ ④处$_{\text{~理}}$处$_{\text{到~}}$

ʂ　①梳$_{\text{文}}$蔬$_{\text{文}}$疏$_{\text{文}}$书$_{\text{文}}$舒枢输$_{\text{文,运~}}$ ②熟$_{\text{文}}$赎$_{\text{文}}$ ③叔$_{\text{文}}$数$_{\text{文,~不清}}$暑$_{\text{文}}$鼠$_{\text{文}}$黍$_{\text{文}}$薯$_{\text{文}}$署$_{\text{文}}$ ④数$_{\text{文,~字}}$淑$_{\text{文}}$恕庶戍竖$_{\text{文}}$树$_{\text{文}}$漱帚

ʐ　①输$_{\text{~赢}}$ ②如辱 ③汝儒乳擩$_{\text{插入}}$

k　①姑孤箍 ③古估股鼓 ④故固雇顾锢

k^{h}　①枯窟 ②酷 ③苦 ④库裤

x　①呼乎糊 ②浒壶胡湖葫核$_{\text{杏~}}$ ③虎狐 ④户沪互护

Ø　①乌污坞侮 ③梧五吴杌蜈吾伍午戊 ④误悟恶$_{\text{厌~}}$

y

l　②驴 ③捋$_{\text{又}}$吕旅缕屡履 ④虑滤

tɕ　①车$_{\text{~马炮}}$驹拘 ②局巨 ③举 ④据锯拒距俱矩句具惧剧聚

$tɕ^{h}$　①区驱趋蛆 ②渠瞿 ③取娶 ④去趣

ȵ　③女

ɕ　①墟虚嘘须需恤戌 ②徐 ③许 ④序絮叙绪续婿

Ø　①狱淤 ②鱼渔余馀迂与于盂榆虞愚 ③雨语宇禹羽 ④郁育玉欲御浴誉预豫娱遇吁芋逾愉愈喻寓域

ɭ

Ø ②儿 ③而尔耳饵 ④二贰

a

p ①巴疤扒 ②拔 ③芭把~握 ④爸把~子霸坝耙罢

pʰ ①趴 ②爬钯耙 ④怕帕琶杷

m ①妈 ②麻 ③蚂马码 ④蟆骂

f ①法又 ②乏伐筏罚 ③耍白

v ①袜

t ②大叔沓 ③打 ④大~小

tʰ ③他它

n ①衲 ②拿 ③哪 ④那

l ③喇邋~乎：脏

ts ①札渣喳 ②杂砸闸铡 ③咋 ④诈榨炸~弹栅

tsʰ ①擦叉差~别 ②茶查察茬 ③搽 ④杈岔

s ①仨杀沙纱砂煞 ③洒撒 ④厦

ʂ ③傻

k ①嘎鸭叫 ③尬

kʰ ③卡又

x ①哈喝

Ø ①啊腌

ia

tɕ ①家加痂稼嘉佳 ③假真~假放~贾 ④架驾价嫁

tɕʰ ①掐 ③卡恰 ④洽

ɕ ①虾 ②霞瑕遐暇狭峡辖匣 ④厦~门下夏吓

Ø ①丫鸦乌~ ②牙芽衙伢涯崖雅 ③哑 ④砑椏亚轧

ua

tʂ ①抓 ③爪

$tʂ^h$ ②□猛夺

ʂ ③耍文

k ①瓜呱 ③寡剐 ④挂褂卦

k^h ①夸 ③侉垮 ④跨

x ①花 ②华铧划~船桦猾滑 ④画话化划计~

∅ ①蛙哇挖 ②娃 ③瓦砖~ ④凹洼瓦~刀

ɛ

p ①伯 ②白别又 ③摆 ④败稗拜

p^h ②排牌箄 ④派

m ②埋 ③买 ④卖迈

f ①衰白摔白 ④帅白蟀白率白,~领

t ③呆歹逮 ④带戴贷怠殆待代袋大~夫

t^h ①忒胎态 ②台抬苔特又 ④太泰

n ③乃奶 ④耐奈捺

l ②来 ③擸手~草 ④赖癞

ts ①灾栽斋 ②宰择又宅 ③载年~侧~歪 ④在载~重再债寨

ts^h ①猜差出~ ②才材财裁豺柴 ③彩采睬 ④蔡菜

s ①筛腮鳃 ④赛晒

k ①该 ③改 ④概盖丐溉

k^h ①开 ③凯楷□在,你~哪儿:你在哪儿 ④慨

x ②孩还~有骇亥核审~ ③海 ④害

∅ ①哀挨~着 ②挨~打 ③埃蔼矮额~头 ④爱艾碍隘

iɛ

p ②别分~ ④别~扭

t ①爹 ③嗲~啦:撒娇

t^h ②□有才能

tɕ ①皆阶秸街 ②捷劫杰截嚼 ③姐解~放 ④借介界芥届戒械机~厂

$tɕ^h$ ①且 ②茄

ɕ ②谐鞋协邪斜 ③些写 ④泻卸谢懈蟹解明白

Ø ②爷 ③耶也野 ④夜液

uɛ

tʂ ①跩显摆 ④拽

tʂʰ ①揣怀~ ③揣~摩 ④踹

ʂ ①衰文 摔文 ④帅文 蟀文 率文,~领

k ①乖 ③拐 ④怪

kʰ ④快筷会~计 块刽~子手

x ②怀槐淮 ④坏

Ø ①歪 ③崴~脚 ④外

yɛ

tɕ ①蹶 ②掘倔

tɕʰ ②瘸

ɕ ①靴 ②穴

Ø ③哕干~

ɔ

p ①褒包□赔胞雹 ③饱保堡宝 ④报抱暴曝豹爆鲍刨~子

pʰ ①抛剖泡尿~:撒尿 ②胞又 袍刨~地 ③跑 ④炮泡~沫

m ②毛茅猫矛锚 ③卯 ④冒帽茂贸貌

t ①刀叨□~菜:用筷子夹菜 ③岛捣祷倒摔~ 导 ④倒~退 到稻道盗掇

tʰ ①掏滔涛 ②淘桃陶讨逃萄 ④套

n ①孬 ②挠铙 ③脑恼 ④闹

l ①捞拉 ②捞打~ 牢劳唠 ③老 ④涝

ts ①糟遭 ③枣早澡蚤找 ④躁灶皂造罩笊

tsʰ ①操抄钞 ②曹槽巢 ③草吵炒 ④造又

s ①骚梢捎 ③扫~地 嫂稍 ④臊扫~帚 潲~雨,~食

tʂ ①招召诏昭沼朝~夕 ④赵兆照

tʂʰ ①超焯剿又 ②朝潮

ʂ ①烧 ②绍韶 ③少多~ ④少~年 邵

ʐ ②饶 ③扰绕$_{围\sim}$ ④耀$_{又,\sim眼}$绕$_{\sim线}$

k ①高膏$_{\sim脂}$篙羔糕 ③稿搞 ④告膏$_{\sim油}$

kʰ ③考烤 ④靠犒

x ①薅蒿 ②豪嚎毫 ③好$_{\sim坏}$ ④好$_{爱\sim}$耗号浩

Ø ①熝$_{\sim白菜}$ ②熬鳌 ③袄 ④傲鏊$_{烙饼用具}$懊奥澳坳

iɔ

p ①标膘彪 ③表 ④摽$_{绑一起}$

pʰ ①漂$_{\sim浮}$飘 ②瓢嫖 ④漂$_{\sim亮}$票

m ①喵渺秒 ②苗描 ③藐 ④庙妙

t ①刁貂雕钓 ③屌 ④吊掉调$_{调\sim}$

tʰ ①挑$_{\sim担}$ ②条挑$_{\sim起矛盾}$调$_{\sim和}$ ④跳粜

l ②疗聊撩辽 ③燎了$_{\sim结}$ ④瞭$_{\sim望}$料廖炝

tɕ ①交郊胶浇缴教$_{\sim书}$娇骄矫焦蕉椒 ②侥 ③搅铰狡剿 ④教$_{\sim师}$校$_{\sim正}$窖觉$_{睡\sim}$酵叫轿

tɕʰ ①敲锹悄 ②乔侨桥荞瞧樵 ③巧 ④俏

ȵ ③鸟 ④尿

ɕ ①嚣削消宵霄萧潇箫销硝 ③晓小 ④校$_{学\sim}$孝效校$_{上\sim}$鞘笑

Ø ①杳肴腰邀要$_{\sim求}$吆幺$_{\sim二三}$妖 ②遥摇谣窑姚尧淆 ③咬舀 ④要$_{\sim不\sim}$跃耀

ɤ

tʂ ①蔗遮褶 ②辙哲着$_{\sim火}$着$_{穿\sim}$ ③者

tʂʰ ①车 ③扯

ʂ ①赊 ②舌折$_{\sim本}$佘设 ③舍奢 ④赦射麝社

ʐ ③惹

k ①胳歌戈$_{新}$鸽佮$_{合伙}$嗝 ②□$_{小孩斗架}$ ③哥 ④个

kʰ ①壳棵$_{新}$科$_{新}$颗$_{新}$ ③可 ④课$_{新}$

x ②河何合盒禾$_{新}$ ④荷贺

Ø ①恶$_{\sim心}$屙$_{\sim屎}$ ②蛾鹅俄讹阿$_{\sim胶}$ ④饿鄂

o

p ①菠 ②薄簿勃脖 ③簸$_{\text{~一~}}$玻 ④簸$_{\text{~箕}}$

p^{h} ①波跛 ②婆 ③坡颇 ④破

m ①摸 ②摩魔馍磨$_{\text{~刀}}$模$_{\text{~范}}$摹膜寞 ④磨$_{\text{~面}}$

uo

t ①多 ②夺 ③朵躲 ④舵剁惰跺垛

t^{h} ①托拖 ②驮驼 ③妥椭

n ①搦 ②挪 ④糯诺

l ①啰洛烙落乐$_{\text{快~}}$骆络 ②罗锣箩萝漯骡螺脶裸 ④摞

ʦ ②凿$_{\text{~子}}$昨 ③左撮佐 ④坐座作

ʦ^{h} ①搓错 ②戳矬 ④挫措

s ①梭唆莎$_{\text{~~草}}$塑 ③索锁

tʂ ②酌卓浊镯

ʂ ③所

k ①戈$_{\text{老}}$锅 ③果裹 ④过

k^{h} ①棵$_{\text{老}}$科$_{\text{老}}$颗$_{\text{老}}$窠 ④课$_{\text{老}}$

x ②和$_{\text{~气}}$活禾$_{\text{老}}$和$_{\text{~面}}$□$_{\text{棺材}}$ ③火伙 ④货祸

Ø ①窝倭踒$_{\text{崴脚}}$蜗握 ③我 ④卧沃

ei

p ①杯碑卑北$_{\text{又}}$悲背$_{\text{~着}}$ ③彼僻 ④贝辈背$_{\text{~上}}$臂倍焙被避$_{\text{~雨}}$备

p^{h} ①坯披$_{\text{白}}$ ②赔陪裴 ③胚丕培 ④沛配佩辔

m ②梅煤枚媒眉楣媚 ③每美 ④妹昧寐

f ①翡 ③水$_{\text{白}}$ ④税$_{\text{白}}$

v ③维惟唯

n ④内

ʦ ②贼

ʂ ②谁

uei

t ①堆 ④队碓兑对

t^h ①推 ③腿 ④退蜕褪~色

l ②雷 ③儡垒磊累积~ ④累连~泪类

ts ①堆又 ③嘴 ④罪最醉

ts^h ①催崔 ④脆翠粹

s ①虽尿又，猪尿泡 ②随髓绥遂 ④碎岁穗隧

tʂ ①追锥 ④缀赘坠

$tʂ^h$ ①吹炊 ②垂槌锤

ʂ ③水文 ④税文

ʐ ③芮蕊 ④瑞锐

k ①归龟圭闺规轨 ③诡鬼 ④鳜桂跪贵柜

k^h ①亏盔 ②癸奎魁傀逵葵溃~疡 ④愧溃崩~

x ①灰恢辉挥徽 ②回茴 ③毁 ④贿汇悔晦溃~脓会开~会~不~绘惠慧秽讳汇

Ø ①威偎煨 ②围为人~ ③危桅伪委微尾违苇伟 ④卫为~何位未味魏慰畏谓纬胃

ou

t ①都全~兜 ③斗一~陡 ④斗~争豆逗

t^h ①偷 ②头投 ④透

l ①搂~取 ②楼耧 ③搂~抱篓 ④漏陋

ts ③走 ④奏骤皱绉纣

ts^h ①搊扶起 ②愁 ③瞅 ④凑侍又

s ①收搜飕馊 ③叟 ④瘦

tʂ ①邹周舟州洲粥 ③肘 ④宙昼咒

$tʂ^h$ ①抽 ②绸稠仇 ③丑筹酬 ④臭

ʂ ③守手首 ④兽受寿授售

ʐ ①绉胡~ ②柔揉 ④肉

k ①钩勾购沟 ③狗苟 ④够构

k^h ①抠 ③口□性格乖戾 ④叩寇扣
x ①吼 ②猴喉瘊 ④后厚候侯
ø ①呕抠又欧瓯 ②牛 ③偶藕 ④沤怄

iou

t ①丢
l ②刘流留硫琉馏 ③柳 ④六又榴馏重新加热
tɕ ①鸠纠灸咎揪 ③九韭久酒 ④救舅臼旧究就
$tɕ^h$ ①丘枢阄秋 ②求球仇姓囚泅
ȵ ①妞 ③扭
ɕ ①休羞修 ③朽 ④宿星~秀绣袖锈
ø ①忧优悠幽 ②邮尤由油游酉 ③有友 ④又右佑莠诱柚釉幼

æ̃

p ①扳班斑颁般搬 ③拌扔版板 ④拌搅~瓣扮办伴半绊
p^h ①潘攀 ②爿盘 ④盼襻判叛
m ②蛮瞒馒 ③满 ④慢幔漫
f ①翻番拴白闩白 ②凡帆烦繁 ③反 ④范泛犯饭贩嬎鸡下蛋涮白
v ③晚挽 ④万蔓瓜~子
t ①担动丹单 ③胆掸诞 ④担名但旦蛋淡弹~药
t^h ①贪坍滩瘫摊 ②谭潭弹~琴谈痰檀坛 ③毯坦 ④探炭叹
n ②男难~处南 ④难受~
l ②蓝篮兰拦栏 ③婪懒览揽缆榄 ④滥烂
ts ①簪 ②咱 ③斩攒盏 ④站赞暂绽栈蘸
ts^h ①参~加惨搀掺 ②蚕惭馋谗 ③产铲残餐 ④灿
s ①三珊山删杉衫 ③散松~伞 ④散~布疝
tʂ ①沾粘动毡瞻 ③展 ④占战颤寒~
$tʂ^h$ ②缠蝉禅 ④颤~抖
ʂ ①煽搧羶 ③陕闪 ④善扇禅苫
ʐ ③染冉然燃
k ①甘柑泔蚶肝竿干~旱 ③赶擀敢感橄秆 ④干~活

k^{h} ①堪 ③龛坎砍刊 ④看~守看~见

x ①憨鼾酣罕 ②含韩函涵寒 ③喊 ④撼憾旱汉汗悍焊翰

ø ①庵安鞍 ③俺 ④按暗岸案

iɛ̃

p ①编鞭边 ③贬扁匾 ④便方~辨辩变遍辫汴

p^{h} ①偏篇 ②便~宜 ④骗片

m ②棉绵眠 ③免勉娩渑 ④面缅

t ①掂颠 ③点典 ④店电殿奠佃垫

t^{h} ①添天 ②甜田填 ③舔腆

l ②连廉镰帘莲 ③敛脸 ④殓练炼楝怜

tɕ ①监艰兼肩间奸坚监尖煎 ③减拣简柬茧俭检剪践溅~一身水 ④剑舰涧锏犍件建键健腱荐见渐贱箭饯笺

$tɕ^{h}$ ①谦牵铅虔歼迁千签 ②钳前钱 ③乾遣潜浅潜 ④嵌欠歉

ȵ ②黏~稠年粘鲇 ③拈碾辇撚以指~碎撵追赶 ④念

ɕ ①掀仙鲜~见先 ②咸衔闲贤弦嫌涎 ③险显 ④陷馅限苋羡宪献现县线羡

ø ①烟淹腌阉 ②岩盐闫严炎俨阎酽颜延沿言 ③掩魇眼焉演研究 ④谚验厌焰艳砚宴雁燕晏筵堰

uæ̃

t ①端 ③短 ④断段锻缎椴

t^{h} ②团

n ③暖

l ②鸾峦栾 ③卵 ④乱恋□汤浓稠

ts ①钻~研 ④钻~石

ts^{h} ①窜 ②全泉 ④篡

s ①酸 ④算蒜

tʂ ①砖专 ③转~达 ④赚转~圈传~记篆纂撰

$tʂ^{h}$ ①穿川 ②传~达船椽 ③喘 ④串

ʂ ①拴文闩文 ④涮文

ʐ ③软

k ①关观~看棺官 ③管馆 ④贯惯观道~冠~军灌罐冠鸡~

k^h ①宽 ③款

x ①欢 ②还~账环桓 ③缓 ④唤换焕幻患宦

ø ①弯湾豌剜腕 ②完丸玩顽 ③皖碗宛

yæ̃

l ②联

tɕ ①捐绢娟 ③卷~烟④眷倦圈猪~

$tɕ^h$ ①圈圆~ ②权拳颧 ③犬 ④劝券

ɕ ①轩喧 ②玄悬眩旋~风 ③癣选宣 ④楦旋~吃~做镟

ø ①冤渊 ②圆员缘元原源阮袁辕援园 ③远 ④院愿怨

ẽ

p ①奔锛 ③本 ④笨

p^h ①喷~水 ②盆 ④喷~香

m ①闷焖 ②门

f ①分 ②坟 ③芬纷焚粉 ④粪奋愤忿份顺白舜白

v ②闻文蚊纹 ③吻刎 ④问璺

t^h ①吞

n ③恁第二人称 ④恁那么

ts ①榛臻

ts^h ②岑 ③衬

s ①森参人~ ④渗

tʂ ①针真 ③珍疹诊斟枕 ④镇阵振震

$tʂ^h$ ①伸深 ②沉尘陈辰晨臣 ④趁称~心

ʂ ①身申 ②神 ③沈审婶 ④葚甚慎肾睡

ʐ ②人任姓壬仁 ③忍 ④任~务饪纴刃认妊

k ①根跟 ④艮

k^h ③啃肯垦恳

x ③很 ④痕恨

ø ①恩 ④摁

iẽ

p ①彬宾槟 ④殡鬓

pʰ ①拼 ②贫频 ③品 ④聘姘

m ②民 ③闽悯敏抿

l ①拎 ②林淋临邻鳞磷 ③檩 ④赁吝

tɕ ①今金襟巾斤筋津浸 ③紧锦仅谨 ④禁妗近劲尽进晋

tɕʰ ①钦侵亲~人 ②琴禽擒勤芹寝秦 ④吣亲~家

ɕ ①馨欣心辛新薪 ②寻~媳妇 ④信

ø ①阴荫音因洇姻殷 ②银淫寅 ③吟饮~食引隐尹 ④饮~马印

uẽ

t ①敦墩蹲 ④顿囤盾遁饨

tʰ ①吞又 ②屯豚臀 ④褪~袖子□倒着走

l ②仑伦沦轮 ④嫩论

ts ①尊遵

tsʰ ①村皴 ②存忖 ④寸

s ①孙 ③损榫

tʂ ③准

tʂʰ ①椿春 ②纯唇莼醇蠢

ʂ ④顺文舜文

k ③滚 ④棍

kʰ ①昆坤 ③捆 ④困

x ①婚昏荤 ②魂混馄浑

ø ①温瘟 ③稳

yẽ

tɕ ①钧均君军 ③菌 ④郡俊骏

tɕʰ ②群裙

ɕ ①熏薰 ②旬循巡 ③荀 ④训讯逊殉迅

Ø ①晕 ②匀云 ③允 ④闰润孕熨韵运

aŋ

p ①邦帮浜 ③榜绑 ④谤傍棒蚌

p^{h} ①滂胖$_{\text{肿}}$乓 ②旁螃庞 ④胖

m ①牤 ②忙芒$_{\text{~种}}$茫盲 ③莽蟒

f ①方霜$_{\text{白}}$双$_{\text{白,量词}}$ ②房肪防 ③纺仿芳妨访爽$_{\text{白}}$孀$_{\text{白}}$ ④放双$_{\text{白,~生}}$

v ②亡芒$_{\text{麦~}}$ ③网 ④妄忘望

t ①耽$_{\text{~误}}$当$_{\text{~时}}$ ③党挡 ④当$_{\text{~铺}}$荡宕

t^{h} ①汤倘 ②堂棠螳唐糖塘 ③淌躺 ④烫趟

n ②馕 ③攮囊

l ②朗郎狼廊 ④浪

ts ①脏$_{\text{肮~}}$赃 ④藏$_{\text{西~}}$脏$_{\text{心~}}$葬

ts^{h} ①苍仓跄 ②藏$_{\text{躲~}}$

s ①桑丧 ③嗓搡

ʈʂ ①张章樟 ②□$_{\text{放入作料}}$ ③长$_{\text{生~}}$涨掌 ④胀丈杖仗账帐障瘴

ʈʂ^{h} ①昌 ②长$_{\text{~短}}$常肠场$_{\text{打麦~}}$尝偿 ③场$_{\text{~地}}$厂 ④畅唱倡

ʂ ①伤商 ③裳晌赏 ④上尚

ʐ ①秧殃 ②瓤□$_{\text{示弱}}$穰 ③攘壤嚷酿 ④让

k ①刚钢纲缸 ③冈岗港 ④钢$_{\text{磨刀}}$杠

k^{h} ①康糠 ③扛慷 ④炕抗

x ①夯 ②行$_{\text{银~}}$航杭

Ø ①肮 ②昂

iaŋ

l ②量$_{\text{动}}$凉良粮梁粱 ③两 ④量$_{\text{重~}}$晾$_{\text{~一~}}$亮辆

tɕ ①浆疆姜江僵缰豇将$_{\text{~来}}$ ③讲耩$_{\text{~地}}$蒋奖 ④虹降$_{\text{~落}}$将$_{\text{~士}}$匠酱桨

tɕ^{h} ①羌腔枪呛$_{\text{~水}}$锵 ②强$_{\text{~大}}$墙 ③强$_{\text{勉~}}$抢

ȵ ②娘

ɕ ①香乡箱厢湘襄镶 ②降$_{\text{投~}}$翔祥详 ③亨响饷想 ④向项巷相$_{\text{~互}}$相$_{\text{~貌}}$象像橡

ø ①央映 ②仰羊洋杨扬阳疡 ③养痒 ④样

uaŋ

tʂ ①装庄 ④壮状撞

tʂʰ ①疮窗 ②床 ③闯 ④创

ʂ ①霜文双文,量词 ③爽文孀文 ④双文,~生

k ①光 ③广 ④桄逛

kʰ ①筐诓 ②狂 ④旷矿况眶匡框

x ①荒慌谎 ②黄簧皇蝗 ③晃

ø ①汪 ②王枉 ③往 ④旺

əŋ

p ①崩迸绷~紧 ③绷~嘴,闭嘴 ④蹦

pʰ ①烹□溅水 ②朋蓬篷彭膨棚 ③捧 ④碰

m ①懵 ②盟蒙 ③猛蠓~虫萌 ④孟梦

f ①疯枫丰封讽风 ②逢冯锋峰缝动 ④缝名奉俸凤

t ①登灯 ③等 ④邓凳镫瞪澄~水

tʰ ①熥小火烤 ②腾疼滕藤

n ②能~够能精明

l ③冷 ④愣楞棱

ts ①曾姓赠争欠争~夺筝睁 ④憎增

tsʰ ①撑铛 ②曾~经层 ④蹭

s ①僧生牲笙甥 ③省河南~省节~

tʂ ①贞征蒸侦正~月铿 ③整 ④证症郑正~在政

tʂʰ ①称称呼 ②橙拯乘承丞成城诚塍程呈逞盛~饭 ③惩宠~小孩 ④枰樘

ʂ ①升声 ②绳 ④盛旺~剩胜圣

ʐ ①扔 ③仍

k ①更五~耕庚粳绠哽 ③梗耿 ④更~加

kʰ ①坑

x ①哼亨 ②恒恒衡

ø ④硬

iŋ

p ①冰兵 ③禀丙秉柄饼 ④病并

p^h ①乒 ②瓶凭平苹萍评屏坪

m ②明名铭鸣 ④命

t ①丁钉~子 ③顶鼎 ④钉动定锭订

t^h ①听厅汀庭蜓艇廷 ②亭停挺 ③侹躺

l ②凌陵菱灵零铃伶翎 ③岭领 ④令另

tɕ ①京荆经鲸惊精晶 ③境警井 ④茎径颈竟竞競敬镜净睛静靖

$tɕ^h$ ①卿轻清青蜻 ②情晴婧不经过努力就得到 ③顷请 ④罄庆擎

ȵ ②拧 ④佞宁

ɕ ①兴时~星腥 ②行~为刑邢型荥 ③省反~醒 ④幸杏兴高~性姓

ø ①鹰婴樱莺鹦英缨萤 ②凝迎蝇营茔赢盈颖 ③影 ④应

uŋ

t ①东冬 ③董懂 ④冻栋洞动

t^h ①捅通 ②童同桐铜曈 ③桶筒统 ④痛

n ②浓奴努脓农 ④弄

l ②隆聋笼龙 ③拢陇垄

ts ①鬃宗综 ③总 ④纵粽

ts^h ①聪葱匆囱 ②丛从 ③崇

s ①松嵩 ④送宋诵颂讼

tʂ ①终钟盅中~间忠冢 ③种~子肿 ④重轻~中打~种~地众仲

$tʂ^h$ ①充冲~锋春 ②重~复虫 ③宠 ④冲说话~

ʂ ③怂~恿

ʐ ②荣镕

k ①工公蚣功攻弓宫恭躬供~不起 ③汞拱巩 ④贡共供~神

k^h ①空~气 ③恐孔 ④空~缺控

x ①轰烘 ②弘红宏洪鸿 ③哄~骗 ④横~竖横蛮~哄起~

ø ①翁瓮嗡

yŋ

tɕ ③迥炯窘 ④纵$_{又}$

$tɕ^h$ ①倾 ②穷琼

ɕ ①胸凶兄 ②雄熊

Ø ①泳咏冗雍 ②绒戎融茸毧$_{细毛}$涌容镕蓉 ③永拥勇 ④用

ɐʔ

p ⑤北百柏掰

p^h ⑤迫拍魄

m ⑤墨默陌麦脉

f ⑤说

t ⑤得德

l ⑤肋勒

ts ⑤则泽择窄摘责

ts^h ⑤侧测拆策册

s ⑤涉涩塞色啬

tʂ ⑤蜇浙

ʂ ⑤设

ʐ ⑤热

k ⑤各阁格革

k^h ⑤刻$_{时\sim}$克客

x ⑤赫吓

Ø ⑤额

iɐʔ

p ⑤鳖憋

ɕ ⑤歇蝎

uɐʔ

tʂ ⑤拙

k ⑤国

iɛʔ

pʰ ⑤撇
m ⑤灭
t ⑤跌叠碟牒蝶谍
tʰ ⑤帖贴铁
l ⑤猎列烈裂
tɕ ⑤接洁揭节切结
tɕʰ ⑤妾怯
ȵ ⑤聂蹑镊摄~影捏
ɕ ⑤胁楔血
Ø ⑤页叶业孽噎

yɛʔ

l ⑤劣略掠
tɕ ⑤绝厥橛决诀
tɕʰ ⑤缺撧
ɕ ⑤薛泄雪
Ø ⑤月悦阅越曰粤

ʌʔ

p ⑤八钵拨博剥驳卜
pʰ ⑤泼泊梁山~
m ⑤抹~桌子末沫莫摸寞
f ⑤法刷发头~发~展缚蝠
t ⑤答搭达
tʰ ⑤踏搨塔榻塌溻獭特
n ⑤纳
l ⑤拉腊蜡辣
ts ⑤扎眨炸用油~

ts^h ⑤插擦
s ⑤杀勺芍
$tʂ^h$ ⑤彻撤绰
k ⑤割葛搁隔
k^h ⑤磕渴刻刀~
x ⑤喝吆~郝鹤
ø ⑤恶

iʌʔ

tɕ ⑤夹~住夹~袄甲胛脚
$tɕ^h$ ⑤恰掐
ɕ ⑤瞎
ø ⑤鸭押压药

uʌʔ

t ⑤掇
t^h ⑤脱
ʐ ⑤弱若
k ⑤刮郭
k^h ⑤括阔廓扩
x ⑤豁霍藿劐获

yʌʔ

$tɕ^h$ ⑤雀鹊却
ø ⑤虐疟约钥

əʔ

p ⑤不醭
p^h ⑤朴瀑
m ⑤没木目穆
f ⑤术技~述秫福复重~,~习腹覆服属

v ⑤物勿

ʈʂ ⑤蛰执汁侄秩质稙早谷殖植只一～直值织职

ʈʂʰ ⑤饬赤斥尺吃

ʂ ⑤湿十什家～瑟虱失室适释食蚀识式饰

ʐ ⑤日

x ⑤黑

iəʔ

p ⑤笔毕必弼逼碧璧壁

pʰ ⑤辟劈

m ⑤密蜜觅

t ⑤的目～滴嫡

tʰ ⑤剔踢

l ⑤立笠粒栗力历～史历阴～

tɕ ⑤集级给及疾吉角饺即鲫极积跡脊籍藉绩击

tɕʰ ⑤泣嘁缉～鞋口七漆戚

ɕ ⑤习袭吸悉膝学息熄媳惜昔夕锡析

ø ⑤一乐音～岳姓岳山～

uəʔ

t ⑤独督

tʰ ⑤突秃

l ⑤禄鹿六陆绿录

ts ⑤族足

tsʰ ⑤猝促

s ⑤速

ʈʂ ⑤桌琢啄竹筑逐祝烛嘱捉

ʈʂʰ ⑤出戳畜～牲缩触

ʂ ⑤朔束

ʐ ⑤入

k ⑤骨谷稻～谷山～

k^h ⑤窟哭

x ⑤忽或惑

ø ⑤屋

yəʔ

l ⑤捋律

tɕ ⑤橘觉知~菊掬足又

$tɕ^h$ ⑤确摧~蒜□骗人曲酒~屈

ɕ ⑤戌恤肃宿畜~牧蓄储~俗

参考文献:

沈明:《晋语的分区（稿）》,《方言》2006 年第 4 期。

巩义方言音系

巩义市原称巩县，位于河南省中部，黄河南岸，南邻登封市、新密市，西面与偃师市相接，东与荥阳市相连。辖 15 个乡镇，5 个街道办事处，总人口 83 万，总面积 1041 平方千米。1949 年以前归洛阳市管辖，1949 年中华人民共和国成立后归郑州市管辖，1954、1961 年两度归开封市管辖，1983 年复归郑州市。1991 年，撤销巩县，建立巩义市。2014 年，归河南省直管。巩义市矿产资源丰富，地理位置优越，经济发达，尤以文化厚重闻名。巩义是郑、汴、洛之间的一个经济文化重镇，南依嵩岳，北濒黄河，东瞻省会郑州，西望古都洛阳。黄河与洛水交汇的地区，史称洛汭，就在巩义境内，是河洛文化的发祥地，著名的历史文化古迹有北宋皇陵、巩义石窟、杜甫故里、巩义窑址、慈云寺石刻、康百万庄园等。

张启焕、陈天福、程仪（1993）分河南的方言为五片，把巩义方言归入以洛阳音系为代表的第三片，贺巍（2005）把巩义方言划入中原官话洛嵩片。方言内部较为一致，差别不大。从方言特征上看，巩义方言的声母知庄章二分，有v声母，分尖团；韵母方面，止摄合口三等非组读i，遇摄知章组读 ɥ，入声铎药觉三韵主元音读o，德陌麦主元音读 ε。总体上看，巩义方言更近于西部的洛阳方言，而与东部郑州方言有明显不同。

发音人：①王中普，男，汉族，1937 年 7 月 26 日生，巩义市芝田镇稍柴村人。高小毕业，农民，一直在巩义生活，无外出经历，讲纯正的巩义话，不会讲普通话和其他方言。②孙尚才，男，汉族，1957 年 11 月生，巩义市城关镇人。高中毕业，农民，讲纯正巩义话，不会说普通话。本书记音以王中普先生的发音为主，参考孙尚才先生的发音。

一　声韵调系统

1.1　声母

声母 24 个，包括零声母。

p	班抱八薄	p^h	瓢爬批怕	m	门米幕忙	f	飞发房饭	v	望唯晚武
t	店大到答	t^h	太同踢堂	n	难农拿暖			l	兰路连辣
ts	早嘴精争	ts^h	粗齐茶愁			s	三写山师		
tʂ	知赵竹周	$tʂ^h$	宠吃迟潮			ʂ	熟顺书胜	ʐ	惹入让柔
tɕ	居捐姜军	$tɕ^h$	去起旗气	ȵ	女年你捏	ɕ	许戏孝休		
k	贵格谷刚	k^h	课愧哭看			x	话寒孩坏		
ø	鹅而暗闰牛$_{老}$硬								

说明：

（1）中古的精、清、从、心、邪五母拼细音时今仍读尖音，但主动调音器官的位置已经后移，舌尖的特征不明显，有点接近舌面音。

（2）舌面音声母在拼齐齿呼一类字时并不是典型的舌面音，接近于舌面中音 c、c^h、ç，如江 ciaŋ^{35}、京 ciŋ^{35}等，尤以不送气的塞音最为典型。

（3）古影、疑母开口今读零声母的字，如：鹅ɤ^{53}、沤ou^{31}、熬 ɔ^{53}、牛ou^{53}、硬əŋ^{31}等，发音时带有轻微摩擦，但语图显示已无浊擦音声母 ɣ，现在一律记为零声母。

1.2　韵母

方言韵母 42 个，不包括儿化韵。

ɿ	资四时事	i	地西提鸡	u	胡古初竹	y	雨徐居女
ʅ	世滞质石					ʮ	猪书儒朱
ɭ	二而耳儿			ɯ	黑		
a	爸怕纳大	ia	家亚恰下	ua	挖挂画花		
ɛ	开柴客列	iɛ	爷接杰街	uɛ	惑快怪帅	yɛ	穴绝越雪
						ʮɛ	说拙

ɔ 刀包高早	iɔ 标孝刁笑		
ɤ 鸽车河热			
o 剥菠摸婆		uo 多戳科郭	yo 脚学药确
	iai 界疥解$_{明白}$戒		
ei 北每妹美		uei 岁嘴锤水	
ou 豆楼周牛$_{老}$	iou 丢刘秋又		
an 办单砍蓝	iɛn 编电连炎	uan 团暖官船	yɛn 员劝宣选
ən 门分吞根	in 民心林品	uən 盾村困嫩	yn 匀军韵训
aŋ 邦防忘往	iaŋ 辆强央向	uaŋ 王黄床窗	
əŋ 朋灯生郑	iŋ 兵名京幸	uəŋ 翁嗡瓮	
	iuŋ 穷胸用嵩	uŋ 红横宋同	

说明：

（1）ʮ 是一个典型的舌尖后圆唇元音。

（2）ɭ̩ 是个声化韵，发音时舌尖抵齿龈后、硬腭前，气流从舌两边通过。

（3）iai在发音时动程缩短，韵尾也没有真正发到位，实际音值应记为iæɛ。

（4）零声母的uəŋ实际发音是wəŋ。

1.3 声调

巩义方言 4 个声调，不包括轻声。

①阴平 35　天三安猪麦月笔　②阳平 53　平人鹅头敌食十

③上声 44　走闪手口碗远体　④去声 31　柱是汉盖四大树

说明：

单字音的去声调强调时会读成 312。

二　音韵特点

2.1 声母特点

（1）古全浊声母今读清音，按平送仄不送的规律分别读相应的塞音、塞擦音，如：

婆p^{h}o^{53}　部pu^{31}　徒t^{h}u^{53}　才ʦ^{h}ɛ^{53}　道tɔ^{31}　字ʦɿ^{31}

茶ʦ^{h}a^{53}　住tʂ^{h}ɥ^{31}　奇tɕ^{h}i^{53}　柜kuei^{31}

（2）中古知、庄、章在今巩义方言中分为两组：一组读tʂ、tʂ^{h}、ʂ，与精组相对立；一组读ʦ、ʦ^{h}、s，与精组合并。具体情况如下：

止摄开口三等章组读ʦ、ʦ^{h}、s，与精组合并：

枝=资ʦɿ^{35}、是=四sɿ^{31}、师=私sɿ^{35}、志=字ʦɿ^{31}

知组二等与庄组的开口字读ʦ、ʦ^{h}、s，与精组合并：

茶ʦ^{h}a^{53}、沙sa^{35}、柴ʦ^{h}ɛ^{53}、吵ʦ^{h}ɔ^{44}、眨ʦa^{44}、生səŋ^{35}、争ʦəŋ^{35}、愁ʦ^{h}ou^{53}

知组二等与庄组的合口字、知组三等与章组字（止开三章组以外）读音一致，读tʂ、tʂ^{h}、ʂ，与精组对立：

耍ʂua^{44}、抓tʂua^{35}、拴ʂuan^{35}、庄tʂuaŋ^{35}、赵tʂɔ^{31}、猪tʂɥ^{35}、书ʂɥ^{35}、世ʂʅ^{31}、持tʂ^{h}ʅ^{31}、十ʂʅ^{53}

（3）分尖团，中古精组与见组各声组的字在细音前的读法保持对立而不混淆。如：

精ʦiŋ^{35}≠经tɕiŋ^{35}　清ʦ^{h}iŋ^{35}≠轻tɕ^{h}iŋ^{35}　焦ʦiɔ^{35}≠娇tɕiɔ^{35}

墙ʦ^{h}iaŋ^{53}≠强tɕ^{h}iaŋ^{53}　秋ʦ^{h}iou^{35}≠丘tɕ^{h}iou^{35}　千ʦ^{h}iɛn^{53}≠牵tɕ^{h}iɛn^{53}　修siou^{35}≠休ɕiou^{35}　七ʦ^{h}i^{35}≠期tɕ^{h}i^{35}

（4）有v声母，主要是来自中古的微母字，如闻vən^{53}、武vu^{44}。也有个别喻母字混入，如维vei^{44}、唯vei^{44}。

2.2　韵母特点

（1）果摄合口一等见系各声组的字，今保留古合口读法，如：

过kuo^{31}　锅kuo^{35}　戈kuo^{35}　科k^{h}uo^{35}　棵k^{h}uo^{35}　禾xuo^{53}

（2）蟹摄合口一等和止摄合口三等的来母字都读合口呼，如：

雷luei^{53}　累$_{困}$luei^{31}　垒luei^{44}　泪luei^{31}

（3）止摄合口三等非组韵母读i，如：

非飞fi^{35}　肥fi^{53}　匪fi^{44}　痱费fi^{31}　尾i^{44}

（4）蟹摄开口二等见系字部分字今天仍读iai，如：

界届戒疥tɕiai^{31}　蟹懈ɕiai^{31}

另一部分读音发生了变化，与三等麻韵相混，如：

介 tɕiɛ^{31}　街 tɕiɛ^{35}　鞋ɕiɛ^{53}

（5）遇摄知、章组及日母字读 ʮ，庄组字读u，二者对立。如：

猪 tʂ^{h}ʮ^{35}　书ʂʮ^{35}　如 ʐʮ^{53}　柱 tʂʮ^{31}　朱 tʂʮ^{35}　树ʂʮ^{31}

初 tʂ^{h}u^{35}　锄 tʂ^{h}u^{53}　梳ʂu^{35}　助 tʂu^{31}　数ʂu^{31}

普通话今读u韵古入声知系字在巩义方言中的今读分为两类：

术韵入声字读同知章组：术$_{白\sim}$ tʂʮ^{35}　出 tʂ^{h}ʮ^{35}　术述秫ʂʮ^{53}

通摄入声字读同庄组：竹 tʂu^{35}　筑 tʂu^{35}　叔ʂu^{44}　熟ʂu^{53}　烛 tʂu^{35}　束ʂu^{35}　辱 ʐu^{35}

（6）来自中古德韵、陌韵、麦韵的字今天读 ɛ 韵，与蟹摄相混，如：

开＝刻＝客k^{h}ɛ^{35}　特＝胎t^{h}ɛ^{35}

海 xɛ^{44}　排p^{h}ɛ^{53}　百pɛ^{35}　摘 tsɛ^{35}　责 tsɛ^{53}　策 ts^{h}ɛ^{35}

2.3　声调特点

在入声分派上，巩义方言与中原官话的特点一致，都是清入字、次浊入字归阴平，全浊入字归阳平，如：

积 tsi^{35}　惜 si^{35}　麦 mɛ^{35}　北 pei^{35}　笔 pei^{35}　石ʂʅ^{53}　极tɕi^{53}　学ɕyo^{53}　绝 tsyɛ^{53}　力 li^{35}

三　同音字汇

本同音字表收字依据中国社会科学院语言研究所《方言调查字表》，又根据方言用字有所增减。按照韵母表的顺序依次排列各韵的单字，同一韵的字按照前面所列声母和声调顺序排列。①②③④⑤等数字表示声调，对应的调类和调值在前面声调部分的内容中有说明。本字未明的用“□”代替，后加小字注释。举例时用“～”代替该字，文白异读、新老或老中青异读、又读等现象在该字后用小字标明，有特殊意义的字也在字后用小号字体进行举例、解释或说明。

ɿ

ts　①兹芝资咨姿滋支枝肢栀脂 ③子梓姊紫纸旨指滓止趾址只$_{\sim有}$

④自字至痔志痣

tsʰ ①疵眵呲嗤 ②兹瓷慈磁辞词祠 ③雌此齿 ④刺次侍伺翅侈

s ①斯厮撕私司思丝施师狮尸诗 ②时鲥匙 ③死厕~茅子屎始使史驶 ④四寺肆似祀巳饲恃俟嗣是氏示视嗜市士式饰仕柿事试赐

ʅ

tʂ ①知智蜘只—~鸟稚汁质织职之执掷滞植殖 ②置侄直值 ④制治炙致痔

tʂʰ ①尺吃痴赤 ②池驰弛迟 ③耻 ④持秩斥

ʂ ①湿失适矢释室 ②石食蚀实十什家~拾动拾数 ④世势誓逝

ʐ ①日□詈词

i

p ①屄 ②鼻荸 ③比秕鄙庇必逼 ④蔽蓖闭箅敝弊碧滗币鐾毙婢弼壁璧痹毕

pʰ ①批僻辟劈 ②皮疲琵匹痞脾 ③□分开 ④譬屁

m ①密蜜觅 ②迷糜弥靡篾 ③米 ④谜

f ①飞非妃 ②肥 ③匪翡 ④肺痱费吠废

v ①微尾白 ④未味

t ①低滴堤 ②敌笛嫡荻迪籴涤 ③底的目~抵 ④帝弟第递地

tʰ ①踢梯剔 ②提蹄啼题体 ④替剃涕嚏

l ①力立笠粒栗 ②犁黎离距~篱璃梨 ③礼狸李里理鲤 ④例厉历励离~开荔利痢吏丽隶

ts ①疾积迹鲫即脊绩 ②集辑籍藉 ③挤 ④祭际剂济荠寂

tsʰ ①妻缉~鞋口七戚漆沏 ②齐脐 ④砌

s ①西犀悉膝息熄昔惜夕锡析 ②习媳席 ③徙洗玺袭 ④细

tɕ ①机鸡稽吉肌饥几茶~基几~乎讥级戟击激给供~及髻极 ②急缉通~ ③虮几~个己 ④计继系~鞋带妓寄技冀纪记忌既季

tɕʰ ①欺期乞蹊 ②畦奇骑岐麒棋旗其 ③启祈祁起杞岂 ④企契器弃气汽泣讫

ȵ ①妮 ②泥倪尼 ③你 ④溺匿腻

ɕ ①溪牺嬉熙希稀吸 ③喜 ④隙戏系联~

ø ①衣一医依揖 ②移逸姨疑饴毅遗役疫译夷沂姨液逆伊刈拟 ③椅倚乙已以尾文矣蚁 ④宜仪艺缢谊义议易肄意异忆亿翼亦易益

u

p ①不卜 ②□面~,面粉屑醭殕 ③补 ④布怖部步抱白,~小孩:抱孩子

p^h ①铺~床扑 ②蒲菩 ③仆普谱浦捕朴甫脯 ④铺店~埠曝瀑

m ①目没~有木~材穆 ②模~子谋 ③亩牡母拇某 ④牧暮墓慕募幕

f ①夫肤麸福服~装幅蝠腹复~习妇覆 ②伏服~气阜符扶芙浮佛 ③府腑俯斧敷俘抚釜腐辅否 ④赴附父付赋傅瓠复重~富负

v ①无巫诬勿物 ③武舞鹉 ④务雾

t ①都~城督笃□光~子:裸体 ②毒独犊读牍 ③堵赌肚鱼~ ④妒肚~子杜度渡镀

t^h ①突秃 ②徒途涂图屠 ③吐吞~土 ④兔唾~沫

n ②奴 ③努 ④怒

l ①陆六文录橹鹿禄 ②炉庐芦鸬 ③卢鲁虏卤 ④路赂露鹭

ts ①足新 ②卒族 ③组祖租阻 ④做文

ts^h ①粗促 ②猝 ④醋

s ①苏酥速粟 ④素诉戍嗉塑

tʂ ①竹筑烛祝粥白,腊八~ ②轴逐 ③触

$tʂ^h$ ①初缩白舒白束白 ②础雏殊 ③杵楚 ④畜~牲

ʂ ①梳蔬疏束文 ②熟赎属 ③蜀叔淑数~不清 ④数~字

ʐ ①辱褥

k ①姑孤谷箍骨 ③古估股鼓 ④故固雇顾锢

k^h ①哭枯窟 ③苦 ④库裤酷

x ①呼乎忽糊眵目~ ②浒壶胡湖葫核杏~斛 ③虎狐 ④户沪互护

ø ①乌污坞侮杌屋 ③梧五吴蜈吾伍午戊 ④误悟恶厌~

y

l ①绿律率 ②驴 ③捋吕旅缕屡履 ④虑滤

ts ①足老 ④聚

ts^h ①趋蛆黢 ③取娶 ④趣

s ①须需恤戌宿$_{住\sim}$肃 ②俗徐 ④序絮叙绪续婿

tɕ ①菊掬居车$_{\sim马炮}$驹桔橘锔$_{\sim碗}$拘 ②局巨剧 ③举 ④据锯拒距俱矩句具惧

$tɕ^h$ ①曲$_{\sim调}$曲$_{酒\sim}$区屈驱 ②渠瞿 ④去

ȵ ③女

ɕ ①墟虚嘘蓄畜$_{\sim牧}$ ③许

∅ ①狱淤逾愉 ②鱼渔余馀与于盂榆虞愚 ③雨语宇禹羽 ④郁育玉欲御浴誉预豫娱遇吁芋愈喻裕寓域

ʮ

tʂ ①诸猪箸诛蛛株朱珠诸 ③阻拄嘱主煮 ④著住柱驻注蛀铸助

$tʂ^h$ ①出 ②除厨储 ③褚 ④处$_{\sim理}$处$_{到\sim}$

ʂ ①书舒$_{文}$枢输$_{运\sim}$ ②术$_{白\sim}$术$_{技\sim}$述秫熟$_{又}$ ③暑鼠黍薯署 ④恕庶戍竖树漱帚

ʐ ①输$_{\sim赢}$入 ②如 ③汝儒乳擩$_{\sim进去}$

ɭ

∅ ②儿 ③而尔耳饵 ④二贰

ɯ

x ①黑

a

p ①巴疤八扒 ②拔 ③芭把$_{\sim握}$ ④爸把$_{\sim子}$霸坝耙罢

p^h ①趴 ②爬钯耙 ④怕帕琶杷

m ①妈抹 ②麻 ③蚂马码 ④蟆骂

f ①发$_{\sim展}$法发$_{头\sim}$ ②乏伐筏罚

v ①袜

t ①答搭 ②大$_{叔}$达沓 ③打 ④大$_{\sim小}$大$_{父亲}$

t^h ①獭塌踏塔榻溻 ③他它

n ①纳衲 ②拿 ③哪 ④那捺

l ①拉腊蜡辣 ③喇邋~乎:脏,不讲究

ts ①扎札渣喳 ②杂砸闸炸油~铡 ③咋眨 ④诈榨炸~弹栅

ts^h ①擦叉插差~别 ②茶查察茬 ③搽 ④杈岔

s ①仨杀沙纱砂煞 ③洒撒萨 ④厦大~

ʂ ③傻

k ①嘎鸭叫 ③尬

k^h ③卡又

x ①哈

ø ①啊腌

ia

tɕ ①家加痂夹胛甲稼嘉佳 ③假真~假放~贾 ④架驾价嫁

$tɕ^h$ ①掐 ③卡恰 ④洽

ɕ ①虾瞎 ②霞瑕遐暇狭峡辖匣 ④厦~门下夏吓

ø ①鸭压丫押鸦乌~ ②牙芽衙伢涯崖鸦又,~片 ③哑雅 ④砑椏亚轧

ua

tʂ ①抓 ③爪

$tʂ^h$ ②□猛夺

ʂ ①刷 ③耍

k ①瓜呱刮 ③寡剐 ④挂褂卦

k^h ①夸 ③侉垮胯 ④跨

x ①花 ②华铧划~船桦猾滑 ④划计~画话化

ø ①蛙哇挖 ②娃 ③瓦砖~ ④凹洼瓦~刀

ɛ

p ①掰百柏伯 ②白别又 ③摆 ④败稗拜

p^h ①迫拍魄 ②排牌簰 ④派

m ①陌麦脉 ②埋 ③买 ④卖迈

t ①德得 ③呆歹逮 ④带戴贷怠殆待代袋大~夫

t^h ①忒胎态特 ②台抬苔 ④太泰

n ③乃奶 ④耐奈

l ①裂列猎烈肋勒 ②来 ③擞手~草 ④赖癞

ts ①灾栽则窄摘斋 ②宰择泽宅责 ③载年~侧~歪 ④在载~重再债寨

ts^h ①猜差出~策册测侧又拆 ②才材财裁豺柴 ③彩采睬 ④蔡菜

s ①筛腮鳃塞瑟色涩虱 ④赛晒

k ①该格革隔 ③改 ④概盖丐溉

k^h ①开客刻时~刻刀~ ③凯楷□在，你~哪：你在哪 ④慨

x ②孩还~有骇亥核审~ ③海 ④害

Ø ①哀挨~着 ②挨~打 ③埃蔼矮额~头 ④爱艾碍隘

iɛ

p ①鳖憋 ②别分~ ④别~扭

p^h ①撇

m ①灭

t ①爹跌 ②叠碟牒蝶谍 ③嗲~啦：撒娇

t^h ①铁帖贴 ②□有才能

ts ①接节 ②捷截 ③姐 ④借

ts^h ①且切 ④妾

s ①楔 ②邪斜 ③些写 ④泻卸谢泄

tɕ ①皆阶秸街揭结 ②劫杰洁 ③解~放 ④介

$tɕ^h$ ①怯 ②茄

ȵ ①聂镊蹑捏孽

ɕ ①血歇蝎 ②谐鞋胁协

Ø ①噎页叶业 ②爷 ③耶也野 ④夜腋

uɛ

tʂ ①跩显摆 ④拽

$tʂ^h$ ①揣怀~ ③揣~摩 ④踹

ʂ ①衰摔 ④帅蟀率~领

k ①乖 ③拐 ④怪

k^h ④快筷会~计块刽~子手

x ②或惑获白怀槐淮 ④坏

ø ①歪 ③崴~脚 ④外

yɛ

l ①劣

ts ②绝

s ①雪薛

tɕ ①蹶决诀 ②橛

$tɕ^h$ ①缺 ②瘸

ɕ ①靴 ②穴

ø ①月悦阅越曰粤 ③哕干~

ʮɛ

tʂ ①拙

ʂ ①说

ɔ

p ①褒包□赔胞雹 ③饱保堡宝 ④报抱暴菢曝豹爆鲍刨~子

p^h ①抛剖泡尿~:撒尿 ②胞又袍刨~地 ③跑 ④炮泡~沫

m ②毛茅猫矛锚 ③卯 ④冒帽茂贸貌

t ①刀叨□□菜:用筷子夹菜 ③岛捣祷倒摔~导 ④倒~退到稻道盗掇

t^h ①掏滔涛 ②淘桃陶讨逃萄 ④套

n ①孬 ②挠铙 ③脑恼 ④闹

l ①捞拉 ②捞打~牢劳唠 ③老 ④涝

ts ①糟遭 ③枣早澡蚤找 ④躁灶皂造罩笊

ts^h ①操抄钞剿又 ②曹槽巢 ③草吵炒 ④造又

s ①骚梢捎 ③扫~地嫂稍 ④臊扫~帚潲~雨,~食

tʂ ①招召诏昭沼朝~夕 ④赵兆照

$tʂ^h$ ①超 ②朝潮

ʂ ①烧 ②绍韶 ③少多~ ④少~年邵

ʐ ②饶 ③扰绕围~ ④耀又，~眼绕~线

k ①高膏~脂篙羔糕 ③稿搞 ④告膏~油

kʰ ③考烤 ④靠犒

x ①薅蒿 ②豪嚎毫 ③好~坏 ④好爱~耗号浩郝

ø ①熝~白菜 ②熬鳌 ③袄 ④傲鏊烙饼用具懊奥澳坳

iɔ

p ①标膘彪 ③表 ④摽绑一起

pʰ ①漂~浮飘 ②瓢嫖瞟 ④漂~亮票

m ①喵 ②苗描 ③藐渺秒 ④庙妙

t ①刁貂雕钓 ③屌 ④吊掉调~查

tʰ ①挑~担 ②条挑~事：引起矛盾调~和 ④跳粜

l ②疗聊撩辽 ③燎了~结 ④瞭~望料廖尥

ts ①焦蕉椒 ③剿

tsʰ ①锹悄缲 ②瞧樵 ④俏

s ①消宵霄萧潇箫销硝屑 ③小 ④笑鞘

tɕ ①交郊胶浇缴教~书娇骄矫 ②侥 ③搅铰狡 ④教~师校~正窖觉睡~酵叫轿

tɕʰ ①敲 ②乔侨桥荞 ③巧 ④翘撬窍

ȵ ③鸟 ④尿

ɕ ①嚣 ③晓 ④校学~孝效校上~

ø ①杳肴腰邀要~求吆幺~二三妖 ②遥摇谣窑姚尧淆 ③咬舀 ④要~不~鹞跃耀

ɤ

tʂ ①蔗遮折~腾褶哲浙蜇 ②辙 ③者 ④这

tʂʰ ①撤车彻 ③扯奢

ʂ ①赊涉 ②舌折~本蛇佘 ③舍设 ④赦摄涉射麝社

ʐ ①热 ③惹

k ①各胳阁搁歌戈新鸽割葛佮合伙嗝 ②□小孩斗架 ③哥 ④个

kʰ ①渴壳磕 ③可

x ①喝鹤 ②河何合盒 ④荷贺

ø ①恶~心屙~尿 ②蛾鹅俄讹阿~胶 ④饿鄂

o

p ①拨菠钵钹博泊梁山~剥驳 ②薄簿勃脖 ③簸~一~玻 ④簸~箕

pʰ ①泊血~泼活~波跛 ②婆 ③坡颇 ④破

m ①摸莫末沫 ②摩魔馍磨~刀模~范摹膜寞 ③抹 ④磨~面

uo

t ①多 ②夺铎 ③朵躲 ④剁惰跺垛

tʰ ①脱托拖 ②舵驮驼 ③妥椭

n ①搦 ②挪 ④糯诺

l ①啰洛烙落乐快~骆络 ②罗锣箩萝骡螺腡裸 ④摞

ts ①作 ②凿~子嚼爵 ③左撮昨佐 ④坐座

tsʰ ①搓错 ②戳矬 ④挫措

s ①梭唆莎~~草 ③索锁琐

tʂ ①桌捉 ②着~火着穿~酌卓啄涿浊镯

tʂʰ ①绰焯 ②戳

ʂ ①缩文 ②勺芍 ③所 ④朔

ʐ ①弱若

k ①戈老郭锅国文 ③果裹括~弧:括号 ④过

kʰ ①棵科颗窠廓扩阔 ④课

x ①霍豁藿劐 ②和~气活禾获文和~面□棺材 ③火伙 ④货祸

ø ①窝倭踒崴脚蜗握沃 ③我 ④卧

yo

l ①略掠

tsʰ ③撧 ④雀鹊

s ①削

tɕ ①脚镬~头觉知~角菜~子 ②掘倔又 ③角~落 ④倔

tɕʰ ①却确搉~蒜□骗人

ɕ ②学

Ø ①药虐谑疟约钥乐音~岳姓岳山~

iai

tɕ ④界芥届戒械机~厂疥

ɕ ④懈蟹解明白

ei

p ①杯碑卑北悲笔背~着，动词 ③彼 ④贝辈背~上，名词臂倍焙被避~雨备

pʰ ①坯披 ②赔陪裴 ③胚丕培 ④沛配佩辔

m ①墨默 ②梅煤枚媒眉楣媚 ③每美 ④妹昧寐

v ③维惟唯

n ④内

ts ②贼

s ②谁

k ①给

uei

t ①堆 ④队碓兑对

tʰ ①推 ③腿 ④退蜕褪~色

l ②雷 ③儡垒磊累积~ ④累连~泪类

ts ①堆又 ③嘴 ④罪最醉

tsʰ ①催崔 ④脆翠粹

s ①虽尿又，猪~泡 ②随髓绥遂 ④碎岁穗隧

tʂ ①追锥 ④缀赘坠

tʂʰ ①吹炊 ②垂槌锤

ʂ ③水 ④税睡

ʐ ③芮蕊 ④瑞锐

k ①归龟圭闺规轨国白 ③诡鬼 ④鳜桂跪贵柜

kʰ ①亏盔 ②葵奎魁傀逵葵溃~疡 ④愧溃崩~

x ①灰恢辉挥徽 ②回茴 ③毁 ④贿汇悔晦溃~脓会开~会~不~绘惠慧

秽讳汇

ø ①威偎煨 ②围为人~ ③危桅伪委尾文违苇伟 ④卫为~何位魏慰畏谓纬胃

ou

t ①都全~兜 ③斗—~陡 ④斗~争豆逗

tʰ ①偷 ②头投 ④透

l ①搂~取 ②楼耧 ③搂~抱篓 ④漏陋

ts ①邹 ③走 ④奏骤皱绉做白

tsʰ ①搊扶起 ②愁 ③瞅 ④凑侍又

s ①搜飕馊 ③叟 ④瘦

tʂ ①周舟州洲粥文 ③肘 ④宙纣昼咒

tʂʰ ①抽 ②绸稠仇筹酬 ③丑 ④臭

ʂ ①收 ③守手首 ④兽受寿授售

ʐ ①诌胡~ ②柔揉 ④肉

k ①钩勾购沟 ③狗苟 ④够构

kʰ ①抠 ③口□性格乖戾 ④叩寇扣

x ①吼 ②猴喉瘊侯 ④后厚候

ø ①呕抠又欧瓯 ②牛老 ③偶藕 ④沤怄

iou

t ①丢

l ②刘流留硫琉馏 ③柳 ④六榴馏重新加热

ts ①揪 ③酒 ④就

tsʰ ①秋 ②囚泅

s ①修羞 ④宿星~秀绣袖锈

tɕ ①鸠纠灸咎阄 ③九韭久 ④救舅臼旧究柩

tɕʰ ①丘 ②求球仇姓

ȵ ①妞 ②牛新 ③扭

ɕ ①休 ③朽 ④嗅

ø ①忧优悠幽 ②邮尤由油游酉 ③有友 ④又右佑莠诱柚釉幼

an

p ①扳班斑颁般搬 ③拌扔版板 ④拌搅~瓣扮办伴半绊

p^h ①潘攀 ②爿盘 ④盼襻判叛

m ②蛮瞒馒 ③满 ④慢幔漫

f ①翻番 ②凡帆烦繁 ③反 ④范泛犯饭贩嬔~蛋:鸡下蛋

v ③晚挽 ④万蔓瓜~子

t ①担动丹单 ③胆掸诞 ④担名但旦蛋淡弹~药

t^h ①贪坍滩瘫摊 ②谭潭弹~琴谈痰檀坛 ③毯坦 ④探炭叹

n ②男难~处南 ④难受~

l ②蓝篮兰拦栏 ③婪懒览揽缆榄 ④滥烂

ts ①簪 ②咱 ③斩攒盏 ④站赞暂绽栈蘸

ts^h ①参~加惨搀掺餐 ②蚕惭馋谗 ③产铲残 ④灿

s ①三珊山删杉衫 ③散松~伞 ④散~布疝

ʈʂ ①沾粘动毡瞻 ③展 ④占战颤寒~

$ʈʂ^h$ ②缠蝉禅 ④颤~抖

ʂ ①煽搧羶 ③陕闪 ④善扇禅苫单姓

ʐ ③染冉然燃

k ①甘柑泔蛆肝竿干~旱 ③赶擀敢感橄秆 ④干~活

k^h ①堪 ③龛坎砍刊 ④看~守看~见

x ①憨鼾酣罕 ②含韩函涵寒 ③喊 ④撼憾旱汉汗悍焊翰

ø ①庵安鞍 ③俺 ④按暗岸案

iɛn

p ①编鞭边 ③贬扁匾 ④便方~辨辩变遍辫汴

p^h ①偏篇 ②便~宜 ④骗片

m ②棉绵眠 ③免勉娩渑 ④面缅

t ①掂颠 ③点典 ④店电殿奠佃垫

t^h ①添天 ②甜田填 ③舔腆

l ②连廉镰帘莲 ③敛脸 ④殓练炼楝怜

ts ①尖煎 ③剪践溅~一身水 ④渐贱箭饯笺荐

ts^h　①歼迁千签 ②前钱 ③浅潜

s　①仙先 ②涎 ④线羡

tɕ　①监艰兼肩间奸坚监 ③减拣简柬茧俭检 ④剑舰涧锏犍件建键健腱见

tɕ^h　①谦牵铅虔 ②钳 ③乾遣 ④嵌欠歉

ȵ　②黏~稠年粘鲇 ③拈碾辇撚以指~碎撵追赶 ④念

ɕ　①掀 ②咸衔闲贤弦嫌 ③险显 ④陷馅限苋宪献现县

ø　①烟淹腌阉 ②岩盐闫严炎俨阎酽颜延沿言 ③掩魇眼焉演研究 ④谚验厌焰艳砚宴雁燕晏筵堰

uan

t　①端 ③短 ④断段锻缎椴

t^h　②团

n　③暖

l　②鸾峦栾卵 ④乱

ts　①钻~研 ④钻~石

ts^h　①窜氽 ④篡

s　①酸 ④算蒜

tʂ　①砖专 ③转~达 ④赚转~圈传~记篆纂撰

tʂ^h　①穿川 ②传~达船椽 ③喘 ④串

ʂ　①拴闩 ④涮

ʐ　③软

k　①关观~看棺官 ③管馆 ④贯惯观道~冠~军灌罐冠鸡~子

k^h　①宽 ③款

x　①欢 ②还~账环桓 ③缓 ④唤换焕幻患宦

ø　①弯湾豌剜腕 ②完丸玩顽 ③皖碗宛

yɛn

l　②联 ④□汤浓稠恋

ts^h　②全泉

s　①鲜 ②旋~风 ③癣选宣 ④旋~吃~做镟

tɕ ①捐绢娟 ③卷~烟 ④眷倦圈猪~
tɕʰ ①圈圆~ ②权拳颧 ③犬 ④劝券
ɕ ①轩喧 ②玄悬眩 ④楦
ø ①冤渊 ②圆员缘元原源阮袁辕援园 ③远 ④院愿怨

ən

p ①奔锛 ③本 ④笨
pʰ ①喷~水 ②盆 ④喷~香
m ①闷焖 ②门
f ①分 ②坟 ③芬纷焚粉 ④粪奋愤忿份
v ②闻文蚊纹 ③吻刎 ④问璺
tʰ ①吞
n ③恁第二人称 ④恁那么
ts ①榛臻
tsʰ ②岑 ④衬
s ①森参人~
tʂ ①针真 ③珍疹诊斟枕 ④镇阵振震
tʂʰ ①伸深 ②沉尘陈辰晨臣 ④趁称~心
ʂ ①身申 ②神 ③沈审婶 ④葚甚渗慎肾
ʐ ②人任姓壬仁 ③忍 ④任~务饪纴刃认妊
k ①根跟 ④艮
kʰ ③啃肯垦恳
x ③很 ④痕恨
ø ①恩 ④摁

in

p ①彬宾槟 ④殡鬓
pʰ ①拼 ②贫频 ③品 ④聘姘
m ②民 ③闽悯敏抿
l ①拎 ②林淋临邻鳞磷 ③檩 ④赁吝
ts ①津浸 ④尽进晋

tsʰ ①侵亲亲人 ②寝秦 ④亲~家吣
s ①心辛新薪 ②寻~媳妇 ④信
tɕ ①今金襟巾斤筋 ③紧锦仅谨 ④禁妗近劲
tɕʰ ①钦 ②琴禽擒勤芹
ɕ ①馨欣
Ø ①阴荫音因洇姻殷 ②银淫寅 ③吟饮~食引隐尹 ④饮~马印

uən

t ①敦墩蹲 ④顿囤盾遁饨
tʰ ①吞又 ②屯豚臀 ④褪~袖子□倒着走
l ②仑伦沦轮 ④嫩论
ts ①尊遵
tsʰ ①村皴 ②存 ③忖 ④寸
s ①孙
tʂ ③准
tʂʰ ①椿春 ②纯唇莼醇蠢
ʂ ④顺舜
k ③滚 ④棍
kʰ ①昆坤 ③捆 ④困
x ①婚昏荤 ②魂混馄浑
Ø ①温瘟 ③稳

yn

ts ④俊骏
s ②旬循巡 ③荀损榫 ④讯逊殉迅
tɕ ①钧均君军 ③菌 ④郡
tɕʰ ②群裙
ɕ ①熏薰 ②寻~找 ④训
Ø ①晕 ②匀云 ④闰润孕熨韵运

aŋ

p ①邦帮浜 ③榜绑 ④谤傍棒蚌

p^h ①滂胮$_{\text{肿}}$乒 ②旁螃庞 ④胖

m ①牤 ②忙芒$_{\text{～种}}$茫盲 ③莽蟒

f ①方 ②房肪防芳妨 ③纺仿访 ④放

v ②亡芒$_{\text{麦～}}$ ③网往 ④妄忘望

t ①耽$_{\text{～误}}$当$_{\text{～时}}$ ③党挡 ④当$_{\text{～铺}}$荡宕

t^h ①汤倘 ②堂棠螳唐糖塘 ③淌 ④烫趟

n ②馕 ③攮囊

l ①狼$_{\text{黄鼠～}}$ ②朗郎狼$_{\text{野～}}$廊 ④浪

ts ①脏$_{\text{肮～}}$赃 ④藏$_{\text{西～}}$脏$_{\text{心～}}$葬

ts^h ①苍仓跄 ②藏$_{\text{躲～}}$

s ①桑丧 ③嗓搡

tʂ ①张章樟 ②□$_{\text{放人作料}}$ ③长$_{\text{生～}}$涨掌 ④胀丈杖仗账帐障瘴

$tʂ^h$ ①昌 ②长$_{\text{～短}}$常肠场$_{\text{打麦～}}$尝偿 ③场$_{\text{～地}}$厂 ④畅唱倡

ʂ ①伤商 ③裳晌赏 ④上尚

ʐ ①秧殃 ②瓤□$_{\text{示弱}}$穰 ③攘壤嚷酿 ④让

k ①刚钢纲缸 ③冈岗港 ④钢$_{\text{磨刀}}$杠

k^h ①康糠 ③扛慷 ④炕抗

x ①夯 ②行$_{\text{银～}}$航杭

ø ①肮 ②昂

iaŋ

l ②量$_{\text{动}}$凉良粮梁粱 ③两 ④量$_{\text{重～}}$晾$_{\text{～一～}}$亮辆谅

ts ①将$_{\text{～来}}$浆 ③蒋奖 ④将$_{\text{～士}}$匠酱桨

ts^h ①枪呛$_{\text{～水}}$锵 ②墙 ③抢呛$_{\text{烟～人}}$

s ①箱厢湘襄镶 ②翔祥详 ③想 ④相$_{\text{～貌}}$象像橡

tɕ ①疆姜江僵缰豇 ③讲耩$_{\text{～地}}$ ④虹降$_{\text{～落}}$

$tɕ^h$ ①羌腔 ②强$_{\text{～大}}$ ③强$_{\text{勉～}}$

ȵ ②娘

ɕ ①香乡 ②降$_{\text{投～}}$ ③享响饷 ④向项巷相$_{\text{～互}}$

ø ①央映 ②仰羊洋杨扬阳疡 ③养痒 ④样

uaŋ

tʂ ①装庄 ④壮状撞

tʂʰ ①疮窗 ②床 ③闯 ④创

ʂ ①霜双量词孀 ③爽 ④双~生：双胞胎

k ①光 ③广 ④桄逛

kʰ ①筐诓 ④旷矿况眶匡框

x ①荒慌谎 ②黄簧皇蝗 ③晃

ø ①汪 ②王枉 ④旺

əŋ

p ①崩迸绷~紧 ③绷~嘴：闭嘴 ④蹦

pʰ ①烹□溅水 ②朋蓬篷彭膨棚 ③捧 ④碰

m ①懵 ②盟蒙 ③猛蠓~虫萌 ④孟梦

f ①疯枫丰封讽风 ②逢冯锋峰缝动 ④缝名奉俸凤

t ①登灯 ③等 ④邓凳镫瞪澄~水

tʰ ①熥小火烤 ②腾疼滕藤

n ②能~够能精明

l ③冷 ④愣楞棱

ts ①曾姓赠争欠争~夺筝睁 ④憎增

tsʰ ①撑铛 ②曾~经层 ④蹭榜

s ①僧生牲笙甥 ③省河南~省节~

tʂ ①贞征蒸侦正~月 ③整 ④证症郑正~在政

tʂʰ ①称~呼 ②橙拯乘承丞成城诚塍程呈逞盛盛饭 ③惩宠~小孩：溺爱孩子 ④秤

ʂ ①升声 ②绳 ④盛旺~剩胜圣

ʐ ①扔 ③仍

k ①更五~耕庚粳绠哽 ③梗耿 ④更~加

kʰ ①坑

x ①哼亨 ②恒恒衡 ④杏

ø ④硬

iŋ

p ①冰兵 ③禀丙秉柄饼 ④病并
p^h ①乒 ②瓶凭平苹萍评屏坪
m ②明名铭鸣 ④命
t ①丁钉~子 ③顶鼎 ④钉动定锭订
t^h ①听厅汀庭蜓艇廷 ②亭停挺 ③侹躺
l ②凌陵菱灵零铃伶翎 ③岭领 ④令另
ts ①精晶 ③井 ④净睛静靖
ts^h ①清青蜻 ②情晴睛不经过努力就得到 ③请
s ①星腥 ③省反~醒擤 ④姓性
tɕ ①京荆经鲸惊 ③境警 ④茎径颈竟竞競敬镜
$tɕ^h$ ①卿轻 ②擎 ③顷 ④罄庆
ȵ ②拧 ④佞宁
ɕ ①兴时~ ②行~为刑邢型荥 ④幸兴高~
ø ①鹰婴樱莺鹦英缨 ②凝迎蝇营茔赢盈颖萤 ③影 ④应

uəŋ

ø ①翁瓮嗡

iuŋ

ts ①踪 ②纵 ④粽
ts^h ②从~容从跟~丛
s ①松~树嵩 ④诵颂讼
tɕ ③迥炯窘 ④纵又
$tɕ^h$ ①倾 ②穷琼
ɕ ①胸凶兄 ②雄熊
ø ①泳咏冗雍 ②融涌容 ③永拥勇 ④用

uŋ

t ①东冬 ③董懂 ④冻栋洞动

t^h ①捅通 ②童同桐铜曈 ③桶筒统 ④痛

n ②浓脓农 ④弄

l ②隆聋笼龙 ③拢陇垄

ts ①鬃宗综 ③总

ts^h ①聪葱匆囱 ③崇

s ①松~紧 ④送宋

tʂ ①终钟盅中~间忠冢 ③种~子肿 ④重轻~中打~种~地众仲

$tʂ^h$ ①充冲~锋春 ②重~复虫 ③宠 ④冲说话~

ʐ ②荣镕蓉绒戎茸 ③氄细毛

k ①工公蚣功攻弓宫恭躬供~不起 ③汞拱巩 ④贡共供~神

k^h ①空~气 ③恐孔 ④空~缺控

x ①轰烘 ②弘红宏洪鸿 ③哄~骗 ④横~竖横蛮~哄起~

参考文献：

贺巍：《中原官话分区（稿）》，《方言》2005 年第 2 期。

张启焕、陈天福、程仪：《河南方言研究》，河南大学出版社 1993 年版。

登封方言音系

登封市位于河南省中部，嵩山南麓，是郑州市下辖的一个县级市。东北与郑州市的巩义、新密相邻，南接平顶山市的禹州和汝州，西靠洛阳市的偃师和伊川。辖 8 镇 4 乡 3 个街道办事处 1 个工业区 1 个矿区，人口 71 万，是全国驰名的武术之乡，风景名胜以少林寺最为著名。登封方言有内部差别，大致以县城为界，县城以东的方言与郑州、平顶山话接近，县城以西的方言与洛阳话相似。

据贺巍（2005）：登封方言属中原官话洛嵩片，语音上以知庄章二分、儿化韵收 ɯ 尾与中原官话其他片相区别；《河南方言研究》（张启焕等 1993：58）把登封划归以洛阳话为代表的第三片，洛阳话的特点之一就是“儿耳二”读 ɯ。调查对象的情况如下：①张鑫，男，汉族，1963 年 6 月出生，登封市嵩阳办事处人。高中毕业，市民，一直生活在登封，讲纯正的登封话；②宋秀娟，女，汉族，1963 年 6 月出生，登封市城关镇新店村人。高中毕业，工人，一直在登封生活，说登封话；③张文舟，男，汉族，1967 年 9 月出生，登封市徐庄镇祁沟村人。高中毕业，乡镇干部，一直在登封生活，讲登封话；④张玉红，女，汉族，1981 年 9 月出生，登封市少林街道办事处十里铺村人。初中毕业，酒店经理，一直生活在登封，讲登封话。

一　声韵调系统

2.1　声母

声母 23 个，包括零声母。

p	班抱八薄	p^h	瓢爬批怕	m	门米幕忙	f	飞发房饭		
t	店大到答	t^h	太同踢堂	n	难农拿暖			l	兰路连辣

ts	早嘴精争	tsʰ	粗齐茶愁			s	三写山师		
tʂ	知赵竹周	tʂʰ	宠吃迟潮			ʂ	熟顺书胜	ʐ	惹入让柔
tɕ	居捐姜军	tɕʰ	去起旗气	ȵ	女年你捏	ɕ	许戏孝休		
k	贵格谷刚	kʰ	课愧哭看			x	话寒孩坏		
∅	鹅而暗闰牛$_{\text{老}}$硬望唯								

说明：

（1）中古的精、清、从、心、邪五母拼细音时，舌头前部上抬，在上齿背处形成阻碍。舌尖的位置因人而异，或在上齿背，或在下齿背。

（2）古影、疑母开口今读零声母的字，如：鹅ɤ^{53}、沤ou^{31}、熬ɔ^{53}、牛ou^{53}、硬əŋ^{31}等，发音时带有轻微摩擦，但语图显示已无浊擦音声母ɣ，现在一律记为零声母。

2.2 韵母

方言韵母42个，不包括儿化韵。

ɿ	资四时事	i	地西提鸡	u	胡古初竹	y	雨徐居女
ʅ	世滞质石					ʯ	猪书儒朱
ɭ	二而耳儿						
a	爸怕纳大	ia	家亚恰下	ua	挖挂画花		
		iɛ	爷接茄血	uɛ	惑快怪帅	yɛ	穴绝越雪
						ʯɛ	说拙
ɔ	刀包高早	iɔ	标孝刁笑				
ɤ	鸽车河热						
o	剥菠摸婆			uo	多坐火郭	yo	脚学药确
æɛ	客列开柴	iæɛ	介疥解$_{\text{明白}}$戒				
ei	北每妹美			uei	岁嘴锤水		
ou	豆楼周牛$_{\text{老}}$	iou	丢刘秋又				
an	办单砍蓝	iɛn	编电连炎	uan	团暖官船	yɛn	员劝宣选
ən	门分吞根	in	民心林品	uən	盾村困嫩	yn	匀军韵训
aŋ	邦防秧康	iaŋ	辆强央向	uaŋ	王黄床窗		
əŋ	朋灯生郑	iŋ	兵名京杏	uəŋ	翁瓮嗡		
		iuŋ	穷胸用嵩	uŋ	红横宋同		

说明：

（1）ʮ 是一个典型的舌尖后圆唇元音。

（2）ɭ 是个声化韵，发音时舌尖抵齿龈后、硬腭前，气流从舌两边通过。

（3）iɛ、uɛ、yɛ 中的 ɛ 实际音值是ᴇ。

（4）零声母的uəŋ韵实际发音是 wəŋ。

2.3　声调　登封方言 4 个声调，不包括轻声。

①阴平 24　天三安猪麦月笔　②阳平 53　平人鹅头敌食十

③上声 44　走闪手口碗远体　④去声 41　柱是汉盖四大树

二　语音特点

2.1　声母特点

（1）古全浊声母今读清音，按平送仄不送的规律分别读相应的塞音、塞擦音，如：

爬p^ha^{53}　步pu^{41}　徒t^hu^{53}　杜tu^{41}　才 $ʦ^hæɛ^{53}$　在 $ʦæɛ^{41}$

茶 $ʦ^ha^{53}$　住 $ʈʂ^hʮ^{41}$　葵k^huei^{53}　柜$kuei^{41}$　寺 $sɿ^{41}$

（2）中古知、庄、章今在今登封方言中分为两组：一组读 ʈʂ、$ʈʂ^h$、ʂ，与精组相对立；一组读 ʦ、$ʦ^h$、s，与精组合并。具体情况如下：

止摄开口三等章组读 ʦ、$ʦ^h$、s，与精组合并：

枝＝资 $ʦɿ^{24}$、是＝四 $sɿ^{41}$、师＝私 $sɿ^{24}$、志＝字 $ʦɿ^{41}$

知组二等与庄组的开口字读 ʦ、$ʦ^h$、s，与精组合并：

茶 $ʦ^ha^{53}$、沙 sa^{24}、柴 $ʦ^hæɛ^{53}$、吵 $ʦ^hɔ^{44}$、眨 $ʦa^{44}$、生 $səŋ^{24}$、争 $ʦəŋ^{24}$、愁 $ʦ^hou^{53}$

知组二等与庄组的合口字、知组三等与章组字（止开三章组以外）读音一致，读 ʈʂ、$ʈʂ^h$、ʂ，与精组对立：

耍$ʂua^{44}$、猪 $ʈʂʮ^{24}$、书$ʂʮ^{24}$、世$ʂʅ^{41}$、抓 $ʈʂua^{24}$、拴$ʂuan^{24}$、庄 $ʈʂuaŋ^{24}$、赵 $ʈʂɔ^{41}$、持 $ʈʂ^hʅ^{41}$、十$ʂʅ^{53}$

（3）分尖团，中古精组与见组各声组的字在细音前的读法保持对立而不混淆。如：

精 tsiŋ^{24}≠经tɕiŋ^{24}　秋 tsʰiou^{24}≠丘tɕʰiou^{24}　清 tsʰiŋ^{24}≠轻tɕʰiŋ^{24}　焦 tsiɔ^{24}≠娇tɕiɔ^{24}　修 siou^{24}≠休ɕiou^{24}　七 tsʰi^{24}≠期tɕʰi^{24}　墙 tsʰiaŋ^{53}≠强 tɕʰiaŋ^{53}　千 tsʰiɛn^{53}≠牵tɕʰiɛn^{53}

2.2　韵母特点

（1）果摄合口一等见系各声纽的字，今保留古合口读法，如：

锅kuo^{24}　科kʰuo^{24}　棵kʰuo^{24}　课kʰuo^{41}　禾 xuo^{53}

（2）蟹摄合口一等和止摄合口三等的来母字都有开合两读，如：

堆tuei^{24}/tei^{24}　推tʰuei^{24}/ tʰei^{24}　队tuei^{41}/tei^{41}　腿tʰuei^{44}/tʰei^{44}

雷 luei^{53}/lei^{53}　累$_{困}$luei^{41}/lei^{41}　垒 luei^{44}/lei^{44}　泪 luei^{41}/lei^{41}

（3）止摄合口三等非组韵母有i/ei两读，如：

非飞fi^{24}/fei^{24}　肥fi^{53}/fei^{53}　匪fi^{44}/fei^{44}　痱费fi^{41}/fei^{41}　尾i^{44}/uei^{44}

（4）遇摄知、章组及日母字读 ʮ，庄组字读u，二者对立。如：

猪 tʂʰʮ^{24}　书ʂʮ^{24}　如 ʐʮ^{53}　柱 tʂʮ^{41}　朱 tʂʮ^{24}　树ʂʮ^{41}

初 tʂʰu^{24}　锄 tʂʰu^{53}　梳ʂu^{24}　助 tʂu^{41}　数ʂu^{41}

普通话今读u韵古入声知系字在登封方言中的今读分为两类：

术韵入声字读同知章组：术$_{白术}$tʂʮ^{24}　出 tʂʰʮ^{24}　术述秫ʂʮ^{53}

通摄入声字读同庄组：竹 tʂu^{24}　筑 tʂu^{24}　叔ʂu^{44}　熟ʂu^{53}　烛 tʂu^{24}　束ʂu^{24}　辱 ʐu^{24}

（5）来自中古德韵、陌韵、麦韵的字今天读 æɛ 韵，与蟹摄相混，如：

开=刻=客kʰæɛ^{24}　特=胎tʰæɛ^{24}

海 xæɛ^{44}　排pʰæɛ^{53}　百pæɛ^{24}　摘 tsæɛ^{24}　责 tsæɛ^{53}　策 tsʰæɛ^{24}

2.3　声调特点

在入声分派上，登封方言与中原官话的特点一致，都是清入字、次浊入字归阴平，全浊入字归阳平，如：

积 tsi^{24}　惜 si^{24}　麦mɛ^{24}　北pei^{24}　笔pei^{24}　石ʂʅ^{53}　极tɕi^{53}　学 ɕyo^{53}　绝 tsyɛ^{53}　力 li^{24}

2.4 儿化闪音和儿化韵

登封方言既有儿化闪音，也有像普通话一样的儿化韵，或者说只是有一部分儿化韵出现了闪音现象，另一部分仍读正常的儿化韵。闪音后的韵母也会儿化，即韵母总是伴随有卷舌动作。下面是登封方言中常用的儿化词，闪音用 ɾ 表示，音节末尾的 r 表示卷舌动作。

ɿ / ʅ

带闪音：瓜子儿 kua^{24} tsɾər^{44}、孙子儿 suən^{24} tsɾər^{0}、写字儿 siɛ^{44} tsɾər^{41}、铁丝儿tʰiɛ^{24}sɾər^{24}、肉丝儿 ʐou^{41}sɾər^{24}、树枝儿ʂʯ^{41}tsɾər^{24}

无闪音：水池儿ʂuei^{44}tʂʰər^{53}、鸡翅儿 tɕi^{24}tsʰər^{41}、小吃儿 siɔ^{44}tʂʰər^{24}

ʅ / ʯ / ʯə

带闪音：无

无闪音：无

i

带闪音：理儿 liɾər^{44}、粉皮儿pʰiɾər^{53}

无闪音：锅箅儿kuo^{24}piər^{41}、鼻儿piər^{53}、梨儿 liər^{53}、茶几儿 tsʰa^{53} tɕiər^{24}、作揖儿 tsuo^{24}iər^{24}、竹篾儿 tʂu^{24}miər^{53}

u

带闪音：记录儿tɕi^{41}ɾur^{24}、十里铺儿ʂʅ^{53}li^{44}pʰɾur^{41}、赤么□$_{\text{裸体}}$tʂʰʅ^{24} ma^{0}tɾur^{24}、兔儿tʰɾur、牛犊儿ou^{53}tɾur^{53}

无闪音：裤儿kʰur^{41}

y

带闪音：无

无闪音：锯儿 tɕyər^{41}、小鱼儿 siɔ^{44}yər^{53}、毛驴儿mɔ^{53}lyər^{53}

a/ia/ua

带闪音：煤渣儿mei^{53}tsɾʌr^{24}、树柯杈儿ʂʯ^{41}kʰɤ^{44}tsʰɾʌr^{0}、麦茬儿mæɛ^{24}tsʰɾʌr^{53}、一沓儿 i^{24}tɾʌr^{53}、腊八儿 la^{24}pɾʌr^{24}、伤疤儿ʂaŋ^{24}pɾʌr^{24}、没法儿mu^{24}fɾʌr^{24}、那□儿$_{\text{那边}}$na^{41}tʰɾʌr^{24}、刀把儿tɔ^{24}pɾʌr^{41}、哪儿nɾʌr^{44}、芽儿iɾʌr^{53}、家儿tɕiɾʌr^{24}

无闪音：开花儿kʰæɛ^{24}xuʌr^{24}、鸡娃儿 tɕi^{24}uʌr^{53}

ɔ/iɔ

带闪音：口哨儿k^{h}ou^{44}sɾɔr^{41}、小刀儿 siɔ^{44}tɾɔr^{24}、毛儿mɾɔr^{53}、套儿t^{h}ɾɔr、口罩儿k^{h}ou^{44}tsɾɔr^{41}、桃儿t^{h}ɾɔr^{53}、包儿 pɾɔr^{24}、豆腐脑儿tou^{41}fu^{0} nɾɔr^{44}、酒糟儿 tsiou^{44}tsɾɔr^{24}、猪槽儿 tʂʮ^{24}ts^{h}ɾɔr^{53}、枣儿 tsɾɔr^{44}、洗澡儿 si^{44} tsɾɔr^{44}、小草儿 siɔ^{44}ts^{h}ɾɔr^{44}、肥皂儿fi^{53}tsɾɔr^{41}、树梢儿ʂʮ^{41}sɾɔr^{24}、肥膘儿fi^{53}piɾɔr^{24}、麦苗儿mæɛ^{24}miɾɔr^{53}、几秒儿 tɕ i^{44}miɾɔr^{24}、饲料儿 sɿ^{53}ɾɔr^{41}、欠条儿 tɕ^{h}iɛn^{41}t^{h}ɾɔr^{53}、面条儿miɛn^{41}t^{h}ɾɔr^{53}、蚂知了儿$_{\text{蝉}}$ma^{44}tɕi^{0}ɾɔr^{24}

无闪音：羊羔儿iaŋ^{53}kɔr^{24}、几号儿 tɕi^{44}xɔr^{41}、不高儿pu^{44}kɔr^{24}、小鸟儿 siɔ^{44}ȵiɔr^{44}

ɤ

带闪音：无

无闪音：个儿kər^{41}、盒儿 xər^{53}、车儿 tʂ^{h}ər^{24}

o/uo/yo

带闪音：上坡儿ʂaŋ^{41}p^{h}ɾor^{24}、一朵儿i^{24}tɾuor^{44}、一撮儿i^{24}tsɾuo^{44}、一陀儿$_{\text{一块}}$i^{24}t^{h}ɾuor^{53}

无闪音：勺儿ʂuor^{53}、豁儿 xuor^{24}、小脚儿 siɔr^{44}tɕyor^{24}

iɛ/uɛ/yɛ

带闪音：一撇儿i^{44}p^{h}iɾɜr^{24}、一碟儿i^{24}tɾɜr^{53}、一节儿i^{44}tsiɾɜr^{24}、锅贴儿kuo^{24}t^{h}ɾɜr^{24}、树叶儿ʂʮ^{41}iɾɜr^{24}、一块儿 i^{44}k^{h}uɜr^{41}

无闪音：小靴儿 siɔ^{44}ɕyɜr^{24}

æɛ/iæɛ

带闪音：布袋儿pu^{41}tɾɜr^{0}

无闪音：盖儿kɜr^{41}、牌儿p^{h}ɜr^{53}

ei/uei

带闪音：一堆儿i^{44}tuɾər^{24}

无闪音：占个位儿 tʂan^{41}kə^{0}uər^{41}、辈儿pər^{41}、宝贝儿pɔ^{44}pər^{41}、汽水儿 tɕ^{h}i^{41}ʂuər^{44}、一会儿i^{44}xuər^{41}

ou/iou

带闪音：兜儿tɾour、一斗儿i^{24}tɾour^{44}、线头儿 siɛn^{41}t^{h}ɾour^{53}、豆儿tɾour^{41}、头儿t^{h}ɾour^{53}、衣袖儿i^{24}sɾour^{41}、球儿 tɕ^{h}iɾour^{53}、小酒儿 siɔ^{44}tsiɾour^{44}

无闪音：水沟儿ʂuei^{44}kour^{24}、耍猴儿ʂua^{44}xour^{53}

an/iɛn/uan/yɛn

带闪音：床单儿 tʂʰuaŋ^{53}trɐr^{24}

无闪音：竹篮儿 tʂu^{24}lɐr^{53}、脸儿 liɐr^{44}、茅庵儿mɔ^{53}ɐr^{24}、一点儿 i^{24}tiɐr^{44}、竹竿儿 tʂu^{24}kɐr^{24}、猪肝儿 tʂʯ^{24}kɐr^{24}、面儿miɐr^{41}、一件儿 i^{44}tɕiɐr^{41}、板儿pɐr^{44}、盘儿 pʰɐr^{53}、尖儿 tsiɐr^{24}、烟儿 iɐr^{24}、官儿kuɐr^{24}、碗儿uɐr^{44}、圈儿 tɕʰyɐr^{24}

ən/in/uən/yn

带闪音：树林儿ʂʯ^{41}liɾər^{53}、今儿 tɕiɾər^{24}、衣襟儿i^{24}tɕiɾər^{24}、一本儿i^{24}pɾər^{44}、墩儿tuɾər^{24}

无闪音：婶儿ʂər^{44}、棍儿kuər^{41}、盆儿pʰər^{53}、有门儿iou^{44}mər^{53}、脚印儿 tɕyo^{24}iər^{41}、脚跟儿 tɕyo^{24}kər^{24}、没准儿mei^{24}tʂuər^{44}、一群儿 i^{24}tɕʰyər^{53}、连衣裙儿 liɛn^{53}i^{24}tɕʰyər^{53}、儿斤儿 tɕi^{44}tɕiər^{24}

aŋ/iaŋ/uaŋ

带闪音：河蚌儿 xæɛ^{44}pʰɾɐr^{53}、喝汤儿xɤ^{24}tʰɾɐr^{24}、药方儿yo^{24}fɾɐr^{24}、胖胖儿哩 pʰaŋ^{41}pʰɾɐr^{24}li^{0}

无闪音：瓜瓤儿kua^{24}ʐɐr^{53}、样儿 iɐr^{41}、箱儿 siɐr^{24}

əŋ/iŋ/uŋ/iuŋ

带闪音：饼儿piɾɐr^{44}、姓儿 siɾɐr^{41}、名儿 miɾɐr^{53}、没影儿 mu^{24}iɾɐr^{44}、明儿 miɾɐr^{53}、油星儿 iou^{53}sɾɐr^{24}、屋顶儿 u^{24}tɾɐr^{44}、窟窿儿 kʰu^{24}ɾuɐr^{0}、水桶儿ʂuei^{44}tʰɾuɐr^{44}、铁钉儿 tʰiɛ^{24}tɾɐr^{24}

无闪音：蠓虫儿məŋ^{44}tʂʰuɐr^{0}、绳儿ʂɐr^{53}、棚儿pʰɐr^{53}、有空儿iou^{44}kʰuɐr^{41}

登封方言的41个韵母中，ʅ、ʯ、ʯə、iæɛ 4个韵没有儿化韵，其余37个韵母中23个存在儿化闪音现象、14个有儿化韵但没有儿化闪音。登封方言儿化闪音的读音特点可以概括如下：

（1）闪音是儿化过程中增生出来的新音素，与儿化韵共存共生，没有单独的、不儿化的闪音存在。

（2）闪音的出现与声母发音部位相关，主要出现在 p pʰ m f、t tʰ n l、ts tsʰ s、tɕ tɕʰ ɕ四组声母中，部分零声母字也会读闪音。舌头音声母的字最容易出现闪音，依次是舌尖前音、双唇音、舌面音，舌尖后音、舌根音声母的字没有闪音出现。

（3）闪音主要施加在主元音上面。

（4）有闪音的齐齿呼韵母，部分音节韵头有丢失的现象，如袖儿 sɾour^{41}、钉儿tɾɐr、饲料儿 sɿ^{53}ɾɔr^{0}，但不是全部；

（5）边音声母的个别音节出现闪音之后，闪音代替边音成为声母，如“录儿”ɾur^{24}。

三 同音字汇

本同音字表收字依据中国社会科学院语言研究所《方言调查字表》，又根据方言用字有所增减。按照韵母表的顺序依次排列各韵的单字，同一韵的字按照前面所列声母和声调顺序排列。①②③④⑤等数字表示声调，对应的调类和调值在前面声调部分的内容中有说明。本字未明的用“□”代替，后加小字注释。举例时用“~”代替该字，文白异读、新老或老中青异读、又读等现象在该字后用小字标明，有特殊意义的字也在字后用小号字体进行举例、解释或说明。

ɿ

ts ①资咨姿滋支枝肢栀只~有脂芝之 ③子梓姊紫纸旨指滓止趾址 ④自字至志痣

tsʰ ①疵眵呲嗤 ②兹瓷慈磁辞词祠 ③雌此齿 ④刺次侍伺翅赐侈

s ①斯厮撕私司思丝施师狮尸诗 ②时鲥匙 ③死厕茅~:厕所屎始使史驶 ④四寺肆似祀巳饲恃俟嗣是氏示视嗜市士式饰仕柿事试

ʅ

tʂ ①知智蜘只_ _ ~鸟稚汁质织职执掷滞植殖 ②置侄直值 ④制治炙致痔

tʂʰ ①尺吃痴赤 ②池驰弛迟 ③耻 ④持秩斥

ʂ ①湿失适矢释室 ②石食蚀实十什家~拾动拾数 ④世势誓逝

ʐ ①日□詈词

i

p ①屄 ②鼻逼荸 ③彼文比秕鄙庇 ④蔽蓖闭箅敝弊碧滗币鐾毙婢

弼壁璧痹毕必臂$_{文}$避$_{文}$

p^h ①批僻辟劈披$_{文}$ ②皮疲琵匹痞 ③脾□$_{分开}$④譬屁

m ①密蜜觅 ②迷糜弥靡篾 ③米 ④谜

f ①飞$_{白}$非$_{白}$ ②肥$_{白}$ ③匪$_{白}$妃$_{白}$ ④肺$_{白}$痱$_{白}$费$_{白}$吠$_{白}$废$_{白}$

t ①低滴堤 ②敌笛嫡荻迪籴涤 ③底的$_{目\sim}$抵 ④帝弟第递地

t^h ①踢梯剔 ②提蹄啼题体 ④替剃涕嚏

l ①力立笠粒栗 ②犁黎离$_{距\sim}$篱璃梨 ③礼狸李里理鲤 ④例厉历励离$_{\sim开}$荔利痢吏丽隶

ts ①疾积迹鲫即脊绩 ②集辑籍藉 ③挤 ④祭际剂济荠寂

ts^h ①妻缉$_{\sim鞋口}$七戚漆沏 ②齐脐 ④砌

s ①西犀悉膝息熄昔惜夕锡析 ②习媳席 ③徙洗玺袭 ④细

tɕ ①机鸡稽吉肌饥几$_{茶\sim}$基几$_{\sim乎}$讥级戟击激给$_{供\sim}$及髻极 ②急缉$_{通\sim}$ ③虮几$_{\sim个}$己 ④计继系$_{\sim鞋带}$妓寄技冀纪记忌既季

$tɕ^h$ ①欺期乞蹊 ②畦奇骑岐麒棋旗其 ③启祈祁起杞岂 ④企契器弃气汽泣讫

ȵ ①妮 ②泥倪尼 ③你 ④溺匿腻

ɕ ①溪牺嬉熙希稀吸 ③喜 ④隙戏系$_{联\sim}$

ø ①衣一医依揖 ②移逸姨疑饴毅遗役疫译夷沂姨液逆伊刈拟 ③椅倚乙已以尾$_{白}$矣蚁 ④宜仪艺缢谊义议易肄意异忆亿翼亦易益

u

p ①不卜 ②□$_{面\sim,面粉屑}$醭殕 ③补 ④布怖部步抱$_{又,\sim小孩}$

p^h ①铺$_{\sim床}$扑 ②蒲菩脯 ③仆普谱浦捕朴甫 ④铺$_{店\sim}$埠曝瀑

m ①目没$_{\sim有}$穆木 ②模$_{\sim子}$谋 ③亩牡母拇某 ④牧暮墓慕募幕

f ①夫肤麸福服$_{\sim装}$幅蝠腹复$_{\sim习}$妇覆 ②伏服$_{\sim气}$阜符扶芙浮佛 ③府腑俯斧敷俘抚釜腐辅否 ④赴附父付赋傅瓠复$_{重\sim}$富负

t ①都$_{\sim城}$督笃□$_{光\sim子:裸体}$②毒独犊读牍 ③堵赌肚$_{鱼\sim}$ ④妒肚$_{\sim子}$杜度渡镀

t^h ①突秃 ②徒途涂图屠 ③吐$_{吞\sim}$土 ④兔唾$_{\sim沫}$

n ③努 ④怒

l ①陆六$_{又}$录橹鹿禄褥 ②炉庐芦鸬 ③卢鲁虏卤 ④路赂露鹭

ʦ ①足新 ②卒族 ③组祖租阻

ʦʰ ①粗促猝 ④醋

s ①苏酥速粟 ④素诉戍嗉塑

ʈʂ ①竹筑烛祝触 ②轴逐

ʈʂʰ ①初缩白束又 ②础雏殊 ③杵楚 ④畜~牲

ʂ ①梳蔬疏束 ②熟赎属 ③蜀叔淑数~不清 ④数~字

ʐ ①辱

k ①孤谷箍骨 ③古估股鼓姑 ④故固雇顾锢

kʰ ①哭枯窟 ③苦 ④库裤酷

x ①呼乎忽糊糨~ ②浒壶胡湖葫核杏核斛糊~涂 ③虎狐 ④户沪互护

ø ①乌污坞侮杌屋无巫诬勿物 ③梧五吴蜈吾伍午戊武舞鹉 ④误悟恶厌~务雾

y

l ①绿律率 ②驴 ③捋吕旅缕屡履 ④虑滤

ʦ ①足老 ④聚

ʦʰ ①趋蛆黢 ③取娶 ④趣

s ①须需恤戌宿住~ ②俗徐 ④序絮叙绪续婿肃

ʨ ①菊掬居车~马炮驹桔橘锔~碗拘 ②局巨剧拒距 ③举 ④据锯俱矩句具惧

ʨʰ ①曲~调曲酒~区屈驱 ②渠瞿 ④去

ȵ ③女

ɕ ①墟虚嘘蓄畜~牧 ③许

ø ①狱淤 ②鱼渔余馀迂与于盂榆虞愚 ③雨语宇禹羽 ④郁育玉欲御浴誉预豫娱遇吁芋逾愉愈喻裕寓域

ɥ

ʈʂ ①诸猪箸诛蛛株朱珠诸 ③拄嘱主煮 ④著住柱驻注蛀铸助

ʈʂʰ ①出舒白 ②除厨储 ③褚 ④处~理处到~

ʂ ①书舒文枢输运~ ②术白~术技~述秫 ③暑鼠黍薯署 ④恕庶戍竖树漱帚

ʐ ①输~赢入 ②如 ③汝儒乳擩~进去：插进去

ɭ

Ø ②儿 ③而尔耳饵 ④二贰

a

p ①巴疤八扒 ②拔 ③芭把~握 ④爸把~子霸坝耙罢

p^h ①趴 ②爬钯耙 ④怕帕琶杷

m ①妈抹 ②麻 ③蚂马码 ④蟆骂

f ①发~展法发头~ ②乏伐筏罚

t ①答搭 ②大叔达沓 ③打 ④大~小大父亲

t^h ①獭塌踏塔榻溻 ③他它

n ①纳衲 ②拿 ③哪 ④那捺

l ①拉腊蜡辣 ③喇邋~乎：脏、不讲究

ts ①扎札渣喳 ②杂砸闸炸油~铡 ③咋眨 ④诈榨炸~弹栅

ts^h ①擦叉插差~别 ②茶查察茬 ③搽 ④杈岔

s ①仨杀沙纱砂煞 ③洒撒萨 ④厦房~

ʂ ③傻蛇白

k ①嘎鸭叫 ③尬

k^h ③卡又

x ①哈

Ø ①啊腌

ia

tɕ ①家加痂夹胛甲稼嘉佳 ③假真~假放~贾 ④架驾价嫁

$tɕ^h$ ①掐 ③卡恰 ④洽

ɕ ①虾瞎 ②霞瑕遐暇狭峡辖匣 ④厦~门下夏吓

Ø ①鸭压丫押鸦乌~ ②牙芽衙伢涯崖雅鸦又，~片 ③哑 ④砑椏亚轧

ua

tʂ ①抓 ③爪

ʈʂʰ ②□猛夺

ʂ ①刷 ③耍

k ①瓜呱刮蜗 ③寡剐 ④挂褂卦

kʰ ①夸 ③侉垮胯 ④跨

x ①花 ②华铧划~船桦猾滑 ④划计~画话化

ø ①蛙哇挖袜 ②娃 ③瓦砖~ ④凹洼瓦~刀

iɛ

p ①鳖憋②别分~ ④别~扭

pʰ ①撇

m ①灭

t ①爹跌 ②叠碟牒蝶谍 ③嗲~啦:撒娇

tʰ ①铁帖贴 ②□有才能

ts ①接节 ②捷截 ③姐 ④借

tsʰ ①且切 ④妾

s ①楔 ②邪斜 ③些写 ④泻卸谢泄

tɕ ①皆文阶文秸街文揭结 ②劫杰洁 ③解~放

tɕʰ ①怯 ②茄

ȵ ①聂镊蹑捏孽文

ɕ ①血歇蝎 ②谐胁协 ④解姓蟹文

ø ①噎页叶业孽白 ②爷 ③耶也野 ④夜腋

uɛ

ʈʂ ①跩显摆 ④拽

ʈʂʰ ①揣怀~ ③揣~摩 ④踹

ʂ ①衰摔 ④帅蟀率~领

k ①乖国白 ③拐 ④怪

kʰ ③块一~块 ④快筷会~计块刽~子手

x ②或惑获白怀槐淮 ④坏

ø ①歪 ③崴~脚 ④外

yɛ

l ①劣

ts ②绝

s ①雪薛

tɕ ①蹶决诀 ②橛

$tɕ^h$ ①缺 ②瘸

ɕ ①靴 ②穴

ø ①月悦阅越曰粤 ③哕干~:呕吐

ʮɛ

tʂ ①拙

ʂ ①说

ɔ

p ①褒包□赔胞雹 ③饱保堡宝 ④报抱暴曝豹爆鲍刨~子

p^h ①抛剖泡水~ ②胞又袍刨~地 ③跑 ④炮泡~沫

m ②毛茅猫矛锚 ③卯 ④冒帽茂贸貌

t ①刀叨□~菜:用筷子夹菜 ③岛捣祷倒摔~导 ④倒~退到稻道盗掇

t^h ①掏滔涛 ②淘桃陶讨逃萄 ④套

n ①孬 ②挠铙 ③脑恼 ④闹

l ①捞拉 ②捞打~牢劳唠 ③老 ④涝

ts ①糟遭 ③枣早澡蚤找 ④躁灶皂造罩笊

ts^h ①操抄钞 ②曹槽巢 ③草吵炒 ④造又

s ①骚梢捎 ③扫~地嫂 ④臊扫~帚潲~雨,~食

tʂ ①招召诏昭沼朝~夕 ④赵兆照

$tʂ^h$ ①超剿又 ②朝潮

ʂ ①烧 ②绍韶 ③少多~ ④少~年邵

ʐ ②饶 ③扰绕围~ ④耀又,~眼绕~线

k ①高篙羔糕 ③稿搞膏~脂 ④告膏~油

k^h ③考烤 ④靠犒

x ①薅蒿 ②豪嚎毫 ③好~坏 ④好爱~耗号浩郝

Ø ①爊~白菜 ②熬鳌 ③袄 ④傲鏊烙饼用具懊奥澳坳

iɔ

p ①标膘彪 ③表 ④摽绑一起

pʰ ①漂~浮飘 ②瓢嫖 ④漂~亮票

m ①喵 ②苗描 ③藐渺秒 ④庙妙

t ①刁貂雕钓 ③屌 ④吊掉调~查

tʰ ①挑~担 ②条挑~事:引起矛盾调~和 ④跳粜

l ②疗聊撩辽 ③燎了~结 ④瞭~望料廖尥

ts ①焦蕉椒 ③剿

tsʰ ①锹悄 ②瞧樵 ④俏

s ①消宵霄萧潇箫销硝屑 ③小 ④笑

tɕ ①交郊胶浇缴教~书娇骄矫 ②侥 ③搅铰狡绞 ④教~师校~正窖觉睡~酵叫轿

tɕʰ ①敲 ②乔侨桥荞 ③巧 ④翘撬窍

ȵ ③鸟 ④尿

ɕ ①嚣 ③晓 ④校学~孝效校上~鞘

Ø ①杳肴腰邀要~求吆幺~二三妖 ②遥摇谣窑姚尧淆 ③咬舀 ④要~不~鹞跃耀

ɤ

tʂ ①蔗遮折~腾褶哲浙蜇 ②辙 ③者 ④这

tʂʰ ①撤车彻奢 ③扯

ʂ ①赊涉设 ②舌折~本佘 ③舍蛇文 ④赦摄涉射麝社

ʐ ①热 ③惹

k ①各胳阁搁歌戈鸽割葛佮合伙嗝 ②□小孩斗架 ③哥 ④个

kʰ ①渴壳磕科新棵新颗新 ③可 ④课新

x ①喝鹤黑白 ②河何合盒禾新 ④荷贺

Ø ①恶~心屙~尿 ②蛾鹅俄讹阿~胶 ④饿鄂

o

p ①拨菠钵钹博泊梁山~剥驳 ②薄簿勃脖 ③簸~一~玻 ④簸~箕

p^h ①泊血~泼活~波跛 ②婆 ③坡颇 ④破

m ①摸莫末沫陌墨文默文 ②摩魔馍磨~刀模~范摹膜寞 ③抹 ④磨~面

uo

t ①多 ②夺铎 ③朵躲 ④剁惰跺垛

t^h ①脱托拖 ②舵驮驼 ③妥椭

n ①搦 ②挪 ④糯诺

l ①啰洛烙落乐快~骆络 ②罗锣箩萝漯骡螺脶裸 ④摞

ts ①作 ②凿~子 ③左撮昨佐 ④坐座

ts^h ①搓 ②戳矬 ④挫措错

s ①梭缩文唆莎~~草 ③索锁琐

tʂ ①桌 ②着~火着穿~酌卓啄涿浊镯捉

$tʂ^h$ ①绰焯 ②戳

ʂ ②勺芍 ③所 ④朔

ʐ ①弱若

k ①郭锅国文 ③果裹括~弧;~号 ④过

k^h ①棵老科老颗老窠廓扩阔 ④课老

x ①霍豁藿劐 ②和~气活禾老获文和~面□棺材 ③火伙 ④货祸

ø ①窝倭踒~脚握沃 ③我 ④卧

yo

l ①略掠

ts ②嚼爵

ts^h ③撧 ④雀鹊

s ①削

tɕ ①脚镢~头觉知~角菜~子 ②掘倔又 ③角~落 ④倔

$tɕ^h$ ①却确搉~蒜□骗人

ɕ ②学

ø ①药虐谑疟约钥乐$_{音\sim}$岳$_{姓}$岳$_{山\sim}$

æɛ

p ①掰百柏伯 ②白别$_{又}$ ③摆 ④败稗拜

p^h ①迫拍魄 ②排牌簰 ④派

m ①麦脉 ②埋 ③买 ④卖迈

t ①德得 ③呆歹逮 ④带戴贷怠殆待代袋大$_{\sim夫}$

t^h ①忒胎态特 ②台抬苔 ④太泰

n ③乃奶 ④耐奈

l ①裂列猎烈肋勒 ②来 ③擞$_{手\sim草}$ ④赖癞

ts ①灾栽则窄摘斋 ②宰择泽宅责 ③载$_{年\sim}$侧$_{\sim歪}$ ④在载$_{\sim重}$再债寨

ts^h ①猜差$_{出\sim}$策册测侧$_{又}$拆 ②才材财裁豺柴 ③彩采睬 ④蔡菜

s ①筛腮鳃塞瑟色涩虱 ④赛晒

k ①该格革隔 ③改 ④概盖丐溉

k^h ①开客刻$_{时\sim}$刻$_{刀\sim}$③凯楷□$_{在,你\sim哪儿:你在哪儿}$ ④慨

x ②孩还$_{\sim有}$骇亥核$_{审\sim}$ ③海 ④害

ø ①哀挨$_{\sim着}$ ②挨$_{\sim打}$ ③埃蔼矮额$_{\sim头}$ ④爱艾碍隘

iæɛ

tɕ ①皆$_{白}$阶$_{白}$街$_{白}$ ④介界芥届戒械$_{机\sim厂,老}$疥

ɕ ②鞋 ④械$_{机\sim厂,新}$懈蟹$_{白}$解$_{明白,白}$

ei

p ①杯碑卑北悲笔背$_{\sim着}$ ③彼$_{白}$ ④贝辈背$_{\sim上}$臂$_{白}$倍焙被避$_{白}$备

p^h ①坯披$_{白}$ ②赔陪裴培 ③胚丕 ④沛配佩辔

m ①墨$_{白}$默$_{白}$ ②梅煤枚媒眉楣媚 ③每美 ④妹昧寐

f ①飞$_{文}$非$_{文}$ ②肥$_{文}$ ③匪$_{文}$妃$_{文}$翡 ④肺$_{文}$痱$_{文}$费$_{文}$吠$_{文}$废$_{文}$

t ①堆$_{又}$ ④队$_{又}$碓$_{又}$兑$_{又}$对$_{又}$

t^h ①推$_{又}$ ③腿$_{又}$ ④退$_{又}$蜕$_{又}$褪$_{\sim色,又}$

l ②雷$_{又}$ ③儡$_{又}$垒$_{又}$磊$_{又}$累$_{积\sim,又}$ ④累$_{连\sim,又}$泪$_{又}$类$_{又}$

n ④内

ts ②贼

s ②谁

ʂ ④睡

k ①给

x ①黑$_{文}$嘿

uei

t ①堆 ④队碓兑对

t^h ①推 ③腿 ④退蜕褪$_{\sim色}$

l ②雷 ③儡垒磊累$_{积\sim}$ ④累$_{连\sim}$泪类

ts ①堆$_{又}$ ③嘴 ④罪最醉

ts^h ①催崔 ④脆翠粹

s ①虽尿$_{又,猪\sim泡}$ ②随髓绥遂 ④碎岁穗隧

tʂ ①追锥 ④缀赘坠

$tʂ^h$ ①吹炊 ②垂槌锤

ʂ ③水 ④税

ʐ ③芮蕊 ④瑞锐

k ①归龟圭闺规轨 ③诡鬼 ④鳜桂跪贵柜

k^h ①亏盔 ②癸奎魁傀逵葵溃$_{\sim疡}$ ④愧溃$_{崩\sim}$

x ①灰恢辉挥徽 ②回茴 ③毁 ④贿汇悔晦溃$_{\sim脓}$会$_{开\sim}$会$_{\sim不\sim}$绘惠慧秽讳汇

ø ①威偎煨 ②围为$_{人\sim}$ ③危桅伪委微尾$_{文}$违苇伟维惟唯 ④卫为$_{\sim何}$位未味魏慰畏谓纬胃

ou

t ①都$_{全\sim}$兜 ③斗$_{一\sim}$陡 ④斗$_{\sim争}$豆逗

t^h ①偷 ②头投 ④透

l ①搂$_{\sim取}$ ②楼耧 ③搂$_{\sim抱}$篓 ④漏陋

ts ①邹 ③走 ④奏骤做皱绉

ts^h ①搊$_{扶起}$ ②愁 ③瞅 ④凑侍$_{又}$

s ①搜飕馊 ③叟 ④瘦

tʂ ①周舟州洲粥 ③肘 ④宙纣昼咒

tʂʰ ①抽 ②绸稠仇筹酬 ③丑 ④臭

ʂ ①收 ③守手首 ④兽受寿授售

ʐ ①诌胡~：胡扯 ②柔揉 ④肉

k ①钩勾购沟 ③狗苟 ④够构

kʰ ①抠 ③口□性格乖戾 ④叩寇扣

x ①吼 ②猴喉瘊侯 ④后厚候

Ø ①呕抠又欧瓯 ②牛老 ③偶藕 ④沤怄

iou

t ①丢

l ②刘流留硫琉馏 ③柳 ④六榴馏重新加热

ts ①揪 ③酒 ④就

tsʰ ①秋 ②囚泅

s ①修羞 ④宿星~秀绣袖锈

tɕ ①鸠纠灸咎阄 ③九韭久 ④救舅臼旧究柩

tɕʰ ①丘 ②求球仇姓

ȵ ①妞 ②牛新 ③扭

ɕ ①休 ④朽

Ø ①忧优悠幽 ②邮尤由油游酉 ③有友 ④又右佑莠诱柚釉幼

an

p ①扳班斑颁般搬 ③拌扔版板 ④拌搅~瓣扮办伴半绊

pʰ ①潘攀 ②爿盘 ④盼襻判叛

m ②蛮瞒馒 ③满 ④慢幔漫

f ①翻番 ②凡帆烦繁 ③反 ④范泛犯饭贩嬔鸡下蛋

t ①担动丹单 ③胆掸诞 ④担名但旦蛋淡弹~药

tʰ ①贪坍滩瘫摊 ②谭潭弹~琴谈痰檀坛 ③毯坦 ④探炭叹

n ②男难~处南 ④难受~

l ②蓝篮兰拦栏 ③婪懒览揽缆榄 ④滥烂

ts ①簪 ②咱 ③斩攒盏 ④站赞暂栈

tsʰ ①搀掺参$_{\sim\text{加}}$惨餐 ②蚕惭谗馋 ③产铲残 ④灿

s ①三珊山杉衫 ③散$_{\text{松}\sim}$伞 ④散$_{\sim\text{布}}$

tʂ ①沾粘$_{\text{动}}$毡瞻 ③展 ④蘸占战颤$_{\text{寒}\sim}$绽

tʂʰ ②缠蝉禅 ④颤$_{\sim\text{抖}}$

ʂ ①煽搧羶删 ③陕闪 ④善扇禅苫疝单$_{\text{姓}}$

ʐ ③染冉然燃

k ①甘柑泔蚶肝竿干$_{\sim\text{旱}}$ ③赶擀敢感橄秆 ④干$_{\sim\text{活}}$

kʰ ①堪 ③龛坎砍刊 ④看$_{\sim\text{守}}$看$_{\sim\text{见}}$

x ①憨鼾酣罕 ②含韩函涵寒 ③喊 ④撼憾旱汉汗悍焊翰

Ø ①庵安鞍 ③俺 ④按暗岸案

iɛn

p ①编鞭边 ③贬扁匾 ④便$_{\text{方}\sim}$辨辩变遍辫汴

pʰ ①偏篇 ②便$_{\sim\text{宜}}$ ④骗片

m ②棉绵眠 ③免勉娩渑 ④面缅

t ①掂颠 ③点典 ④店电殿奠佃垫

tʰ ①添天 ②甜田填 ③舔腆

l ②连廉镰帘莲 ③敛脸 ④殓练炼楝怜□$_{\text{汤浓稠}}$

ts ①尖煎 ③剪践溅$_{\sim\text{一身水}}$ ④渐贱箭饯笺荐

tsʰ ①歼迁千签 ②前钱 ③浅潜

s ①仙先 ②涎 ④线羡

tɕ ①监艰兼肩间奸坚监 ②钳 ③减拣简柬茧俭检 ④剑舰涧锏犍件建键健腱见

tɕʰ ①谦牵铅虔 ③乾遣 ④嵌欠歉

ȵ ②黏$_{\sim\text{稠}}$年粘鲇 ③拈碾辇撚$_{\text{以指}\sim\text{碎}}$撵$_{\text{追赶}}$ ④念

ɕ ①掀 ②咸衔闲贤弦嫌 ③险显 ④陷馅限苋宪献现县

Ø ①烟淹腌阉 ②岩盐闫严炎俨阎酽颜延沿言 ③掩魇眼焉演研究 ④谚验厌焰艳砚宴雁燕晏筵堰

uan

t ①端 ③短 ④断段锻缎椴

tʰ ②团

n ③暖

l ②鸾峦栾卵 ④乱

ts ①钻~研 ④钻~石

tsʰ ①窜 ④篡

s ①酸 ④算蒜

tʂ ①砖专 ③转~达 ④赚转~圈传~记篆纂撰

tʂʰ ①穿川 ②传~达船椽 ③喘 ④串

ʂ ①拴闩 ④涮

ʐ ③软

k ①关观~看棺官 ③管馆 ④贯惯观道~冠~军灌罐冠鸡~

kʰ ①宽 ③款

x ①欢 ②还~账环桓 ③缓 ④唤换焕幻患宦

Ø ①弯湾豌剜腕 ②完丸玩顽 ③皖碗宛晚挽 ④万蔓瓜~子

yɛn

tsʰ ②全泉

s ①宣鲜新~,~少 ②旋~风 ③癣选 ④旋~吃~做镟

l ②联 ④恋

tɕ ①捐绢娟 ③卷~烟 ④眷倦圈猪~

tɕʰ ①圈圆~ ②权拳颧 ③犬 ④劝券

ɕ ①轩喧 ②玄悬眩 ④楦

Ø ①冤渊 ②圆员缘元原源阮袁辕援园 ③远 ④院愿怨

ən

p ①奔锛 ③本 ④笨

pʰ ①喷~水 ②盆 ④喷~香

m ①闷焖 ②门

f ①分 ②坟 ③芬纷焚粉 ④粪奋愤忿份

tʰ ①吞

n ③恁你 ④恁那么

ts ①榛臻

ts^h ②岑 ④衬

s ①森参人~

tʂ ①针真 ③珍疹诊斟枕 ④镇阵振震

$tʂ^h$ ①伸深 ②沉尘陈辰晨臣 ④趁称~心

ʂ ①身申 ②神 ③沈审婶省河南~ ④葚甚渗慎肾

ʐ ②人任姓壬仁 ③忍 ④任~务饪纴刃认妊

k ①根跟 ④艮

k^h ③啃肯垦恳

x ③很 ④痕恨

ø ①恩 ④摁

in

p ①彬宾槟 ④殡鬓

p^h ①拼 ②贫频 ③品 ④聘姘

m ②民 ③闽悯敏抿

l ①拎 ②林淋临邻鳞磷 ③檩 ④赁吝

ts ①津浸 ④尽进晋

ts^h ①侵亲~人 ②寝秦 ④亲~家吣

s ①心辛新薪 ②寻~媳妇 ④信

tɕ ①今金襟巾斤筋 ③紧锦仅谨 ④禁妗近劲

$tɕ^h$ ①钦 ②琴禽擒勤芹

ɕ ①馨欣

ø ①阴荫音因洇姻殷 ②银淫寅 ③吟饮~食引隐尹 ④饮~马印

uən

t ①敦墩蹲 ④顿囤盾遁饨

t^h ①吞又 ②屯豚臀 ④褪~袖子□倒着走

l ②仑伦沦轮 ③嫩 ④论

ts ①尊遵

ts^h ①村皴 ②存 ③忖 ④寸

s ①孙

tʂ ③准

$tʂ^h$ ①椿春 ②纯唇莼醇蠢

ʂ ④顺舜

k ③滚 ④棍

k^h ①昆坤 ③捆 ④困

x ①婚昏荤 ②魂混馄浑

ø ①温瘟 ②闻文蚊纹 ③稳吻刎 ④问璺

yn

ts ④俊骏

s ②旬循巡寻~找 ③荀损榫 ④讯逊殉迅

tɕ ①钧均君军 ③菌 ④郡

$tɕ^h$ ②群裙

ɕ ①熏薰 ④训

ø ①晕 ②匀云 ③允 ④闰润孕熨韵运

aŋ

p ①邦帮浜 ③榜绑 ④谤傍棒蚌

p^h ①滂胖肿乓 ②旁螃庞 ④胖

m ①牤 ②忙芒~种茫盲 ③莽蟒

f ①方 ②房肪防 ③纺仿芳妨访 ④放

t ①耽~误当~时 ③党挡 ④当~铺荡宕

t^h ①汤倘 ②堂棠螳唐糖塘 ③淌躺 ④烫趟

n ②馕 ③攮囊

l ①狼黄鼠~ ②朗郎狼豺~廊 ④浪

ts ①脏肮~赃 ④藏西~脏心~葬

ts^h ①苍仓跄 ②藏躲~

s ①桑丧 ③嗓搡

tʂ ①张章樟 ②□放入作料 ③长生~涨掌 ④胀丈杖仗账帐障瘴

$tʂ^h$ ①昌 ②长~短常肠场打麦~尝偿 ③场~地厂 ④畅唱倡

ʂ ①伤商 ③裳晌赏 ④上尚

ʐ ①秧 ②瓤□$_{\text{示弱}}$穰 ③攘壤嚷酿 ④让

k ①刚钢纲缸 ③冈岗港 ④钢$_{\text{磨刀}}$杠

k^h ①康糠 ③扛慷 ④炕抗

x ①夯 ②行$_{\text{银～}}$航杭

ø ①肮 ②昂

iaŋ

l ②量$_{\text{动}}$凉良粮梁粱 ③两 ④量$_{\text{重量}}$晾$_{\text{～—～}}$亮辆谅

ts ①将$_{\text{～来}}$浆 ③蒋奖 ④将$_{\text{～士}}$匠酱桨

ts^h ①枪呛$_{\text{～水}}$锵 ②墙 ③抢呛$_{\text{烟～人}}$

s ①箱厢湘襄镶 ②翔祥详 ③想 ④相$_{\text{～互}}$相$_{\text{～貌}}$象像橡

tɕ ①疆姜江僵缰豇 ③讲耩$_{\text{～地}}$ ④虹降$_{\text{～落}}$

$tɕ^h$ ①羌腔 ②强$_{\text{～大}}$ ③强$_{\text{勉～}}$

ȵ ②娘

ɕ ①香乡 ②降$_{\text{投～}}$ ③亨响饷 ④向项巷

ø ①央映殃 ②仰羊洋杨扬阳疡 ③养痒 ④样

uaŋ

tʂ ①装庄 ④壮状撞

$tʂ^h$ ①疮窗 ②床 ③闯 ④创

ʂ ①霜双$_{\text{量词}}$孀 ③爽 ④双$_{\text{～生}}$

k ①光 ③广 ④桄逛

k^h ①筐诓 ②狂 ④旷矿况眶匡框

x ①荒慌谎 ②黄簧皇蝗 ④晃

ø ①汪 ②王枉亡芒$_{\text{麦～}}$ ③往网 ④旺妄忘望

əŋ

p ①崩迸绷$_{\text{～紧}}$ ③绷$_{\text{～嘴,闭嘴}}$ ④蹦

p^h ①烹□$_{\text{溅水}}$ ②朋蓬篷彭膨棚 ③捧 ④碰

m ①懵 ②盟蒙 ③猛蠓$_{\text{～虫:一种小飞虫}}$萌 ④孟梦

f ①疯枫丰封讽风 ②逢冯锋峰缝动 ④缝名奉俸凤

t ①登灯 ③等 ④邓凳镫瞪澄~清

tʰ ①熥小火烤 ②腾疼滕藤

n ②能~够能精明

l ③冷 ④愣楞棱

ts ①曾姓赠争欠争~夺筝睁 ④憎增

tsʰ ①撑铛 ②曾~经层 ④蹭锃樽

s ①僧生牲笙甥 ③省河南~省节~

tʂ ①贞征蒸侦正~月 ③整 ④证症郑正~在政

tʂʰ ①称~呼 ②橙拯乘承丞成城诚塍程呈逞盛~饭 ③惩宠~小孩;娇惯小孩 ④秤

ʂ ①升声 ②绳 ④盛旺~剩胜圣

ʐ ①扔 ③仍

k ①更五~耕庚粳绠哽 ③梗耿 ④更~加

kʰ ①坑

x ①哼亨 ②恒恒衡 ④杏

ø ④硬

iŋ

p ①冰兵 ③禀丙秉柄饼 ④病并

pʰ ①乒 ②瓶凭平苹萍评屏坪

m ②明名铭鸣 ④命

t ①丁钉~子 ③顶鼎 ④钉动定锭订

tʰ ①听厅汀庭蜓艇廷 ②亭停挺 ③侹躺

l ②凌陵菱灵零铃伶翎 ③岭领 ④令另

ts ①精晶 ③井 ④净睛静靖

tsʰ ①清青蜻 ②情晴 ③请赗不经过努力就得到

s ①星腥 ③省反~醒 ④姓性

tɕ ①京荆经鲸惊 ③境警 ④茎径颈竟竞競敬镜

tɕʰ ①卿轻擎 ③顷 ④罄庆

ȵ ②拧 ④佞宁

ɕ ①兴时~ ②行~为刑邢型荥 ④幸兴高~

ø ①鹰婴樱莺鹦英缨 ②凝迎蝇营茔赢盈颖萤 ③影 ④应

uəŋ

ø ①翁嗡 ④瓮

iuŋ

l ②龙白 ③垄白

s ①嵩松~树

tɕ ③迥炯窘 ④纵又粽

tɕʰ ①倾 ②穷琼

ɕ ①胸凶兄 ②雄熊

ø ①泳咏冗雍 ②融白涌容白 ③永拥勇 ④用

uŋ

t ①东冬 ③董懂 ④冻栋洞动

tʰ ①捅通 ②童同桐铜瞳 ③桶筒统 ④痛

n ②浓脓农 ④弄

l ②隆聋笼龙文 ③拢陇垄文

ts ①鬃宗综 ③总 ④纵

tsʰ ①聪葱匆囱 ②丛从 ③崇

s ①松~紧 ④送宋诵颂讼

tʂ ①终钟盅中中~忠冢 ③种~子肿 ④重轻~中打~种~地众仲

tʂʰ ①充冲~锋春 ②重~复虫 ③宠 ④冲说话~

ʂ ③怂~恿

ʐ ②荣镕茸融文绒戎蓉容文④氄细毛

k ①工公蚣功攻弓宫恭躬供~养 ③汞拱巩 ④贡共供~神

kʰ ①空~气 ③恐孔 ④空~缺控

x ①轰烘 ②弘红宏洪鸿 ③哄~骗 ④横~竖横蛮~哄起~

参考文献：

贺巍：《中原官话分区（稿）》，《方言》2005 年第 2 期。

张启焕、陈天福、程仪：《河南方言研究》，河南大学出版社 1993 年版。

禹州方言音系

禹州市地处河南省中部，是许昌市下辖的一个县级市。全市辖26个乡镇（办），面积1461平方千米，总人口130万。北部与郑州市下辖的新郑、新密和登封相邻，东临许昌县与长葛市，南接襄城县，西靠平顶山的汝州市和郏县。禹州历史文化厚重，是中华民族的发祥地之一，以夏禹文化、钧瓷文化、中药文化著名。禹州市是中国“五大名瓷”之一——钧瓷的唯一产地，同时也是明清时期全国四大中药材集散地之一，素有“夏都”“钧都”“药都”之称。

禹州方言属中原官话南鲁片（贺巍2005），方言内部差别主要表现在：北部的浅井镇、无梁镇古假开三章组字（如车 tʂh^{h}ɛ^{23}、社ʂɛ^{51}、蔗tʂɛ^{23}）、入声德陌麦三韵的字（如得tɛ^{23}、泽 tsɛ^{53}、革kɛ^{23}）合并成一个韵，只有一读，与城关一带的ɤ、æɛ 两读有别；西部的方山镇、花石镇和苌庄乡等地，靠近登封，古知庄章三组声母的读音在更早时候，应与登封一样是知二庄、知三章二分的，现在已有混乱现象，部分字的读音向古精组靠近，读 ts、ts^{h}、s 的越来越多；南部的鸿畅镇、神垕镇部分村庄，有 ɯ 韵母，如黑 xɯ^{23}、胳kɯ^{23}等。其余乡镇语音基本一致。

方言调查发音人：①马天福，男，1943年9月生，禹州市郭连镇大墙园村人。高中毕业，许昌市地质队退休职工。②罗照俊，男，1951年7月生，禹州市顺店镇高槐刘村人。小学毕业，工人。调查中，记音以马先生的发音为主。

一　声韵调系统

1.1　声母（共23个，含零声母）

p　班布步别　p^{h}　飘爬批怕　m　门米幕忙　f　飞法房饭

t	店大到答	tʰ	太同蹋堂	n	难怒纳拿			l	兰路吕连
ts	精节糟焦	tsʰ	秋全仓枪			s	三修酸旋		
tʂ	招知支抓	tʂʰ	昌巢潮张			ʂ	山师税扇	ʐ	日让软绕
tɕ	鸡杰经结	tɕʰ	丘旗权去	ȵ	娘你女年	ɕ	休稀闲鞋		
k	贵格谷刚	kʰ	课开哭看			x	海火孩河		
ø	岸午而远运闻玩硬牛熬								

说明：

（1）n、ȵ互补分布，n拼开口呼和合口呼；ȵ拼齐齿呼和撮口呼。

（2）零声母的开口呼音节发音起始时喉部有轻微摩擦。

1.2 韵母 41个

ɿ	资四刺寺	i	地第里急	u	胡古不铺	y	雨女吕区
ʅ	知直日支						
ɭ	二而耳儿						
a	爸怕纳拉	ia	家亚下恰	ua	抓挂画花		
		iɛ	姐野铁血			yɛ	靴月缺决
						ʮɛ	说$_{白}$拙□$_{堵}$
ɤ	鸽各河渴						
o	薄破婆摸			uo	郭多课国$_{新}$	yo	脚学嚼药
æɛ	买开麦客	iæɛ	介鞋蟹界	uæɛ	国$_{老}$或帅怪		
ei	倍每妹谁			uei	岁嘴税威		
ao	刀包高早	iao	标孝刁笑				
ou	豆楼收周	iou	丢刘秋又				
an	办单惭砍	iɛn	编电连炎	uan	团官船算	yɛn	员劝宣鲜
ən	门分吞盆	in	进民心品	uən	盾村困嫩	yn	俊军韵训
aŋ	邦防张让	iaŋ	辆强央向	uaŋ	黄床窗慌		
əŋ	朋灯生杏	iŋ	兵名京英	uŋ	红横同公		
		ioŋ	龙松倾容	uoŋ	翁揄嗡瓮		

说明：

（1）单元音的u实际音值是 ʊ。

（2）ɭ在单字音中有一个较短复位衍音 ə，实际音值可以记为 ɭə。

（3）iɛ、yɛ、ɥɛ 的实际音值是iᴇ、yᴇ、ɥᴇ。

（4）ɤ的发音不是个单纯的单元音，发音时舌尖先在硬腭前部形成较强摩擦，然后阻碍点后移，有动程存在，实际音值可以记为ʅɤ。

1.3 声调

①阴平 23　天三安麦竹　②阳平 53　平人鹅敌食

③上声 44　走闪手碗远　④去声 51　布烤抱柱玉

说明：

（1）阴平调为低升调，起始阶段有持续的低平时段，严格记音为 223。

（2）阳平为高降调，起始阶段也有持续的高平时段，发音结尾处没有降到最低，与去声有别，严格记音为 553。

二　音韵特点

2.1 声母特点

（1）古全浊声母今读清音，按平送仄不送的规律分别读相应的塞音、塞擦音，如：

婆pʰo^{53}　部pu^{51}　徒tʰu^{53}　才 tsʰæɛ^{53}　道tao^{51}　字 tsɿ^{51}

茶 tʂʰa^{53}　住 tʂu^{51}　奇tɕʰi^{53}　柜kuei^{51}

（2）中古知、庄、章今合并为一组，读 tʂ、tʂʰ、ʂ，与精组相对立，如：

师=诗ʂʅ^{23} ≠私 sɿ^{23}　知=支 tʂʅ^{23} ≠资 tsɿ^{23}　贞=争=征 tʂəŋ^{23} ≠ 增 tsəŋ^{23}

（3）分尖团音，中古精组与见组各声纽的字在细音前的读法保持对立而不混淆。如：

精 tsiŋ^{23}≠经tɕiŋ^{23}　清 tsʰiŋ^{23}≠轻tɕʰiŋ^{23}　焦 tsiao^{23}≠娇tɕiao^{23}

墙 tsʰiaŋ^{53}≠强 tɕʰiaŋ^{53}　秋 tsʰiou^{23}≠丘tɕʰiou^{23}　千 tsʰiɛn^{23}≠牵 tɕʰiɛn^{23}　修 siou^{23}≠休ɕiou^{23}　七 tsʰi^{23}≠期tɕʰi^{23}

2.2 韵母特点

（1）果摄合口一等见系各声纽的字，今保留古合口读法，如：

过kuo^{51}　锅kuo^{23}　戈kuo^{23}　科k^{h}uo^{23}　棵k^{h}uo^{23}　禾 xuo^{53}

（2）蟹摄合口一等和止摄合口三等的来母字都读合口呼，如：

雷 luei^{53}　累$_{\text{困}}$luei^{51}　垒 luei^{44}　泪 luei^{51}

（3）止摄合口三等非组韵母有文白两读，文读同普通话，白读音为 i，如：

非飞 fi^{23}　肥 fi^{53}　匪 fi^{44}　痱费 fi^{51}　尾 i^{44}

（4）蟹摄开口二等韵见、晓两组的字大部分读三合元音iæɛ，与假摄字不混，如：

阶街tɕiæɛ^{23}　介械界tɕiæɛ^{51}　蟹ɕiæɛ^{51}

（5）中古入声铎、药、觉三韵今读的主元音为 o，且无文白异读，与普通话不同，如：

铎韵：落烙骆酪洛乐$_{\text{高兴}}$络 luo^{23}

药韵：略掠 lyo^{23}　爵嚼 tsyo^{53}　雀鹊 ts^{h}yo^{23}　削 syo^{23}　着$_{\text{~衣}}$酌 tʂuo^{53}

绰$_{\text{宽~}}$焯 tʂ^{h}uo^{23}　勺芍ʂu o^{53}　脚tɕyo^{23}　虐疟药钥yo23

觉韵：觉$_{\text{知~}}$角tɕyo^{23}　确tɕ^{h}yo^{23}　岳乐$_{\text{音~}}$yo^{23}　学ɕyo^{53}

（6）中古入声“薛、德、职、陌、麦”等韵入声字主元音今白读为 æɛ，与蟹摄字合，如：

薛韵：列烈 læɛ^{23}　哲 tʂæɛ^{53}　彻 tʂ^{h} æɛ^{23}　浙 tʂæɛ^{23}　舌 ʂæɛ^{53} 热 ʐæɛ^{23}

德韵：得德tæɛ^{23}　特t^{h}æɛ^{23}　肋勒 læɛ^{23}　则 tsæɛ^{23}　塞 sæɛ^{23}　刻克 k^{h}æɛ^{23}　黑 xæɛ^{23}

职韵：测恻 ts^{h}æɛ^{23}　色ʂæɛ^{23}

麦韵：责 tʂæɛ^{53}　策 ts^{h}æɛ^{23}　革隔kæɛ^{23}

2.3 声调特点

在入声分派上，禹州方言与中原官话的特点一致，都是清入字、次浊入字归阴平，全浊入字归阳平，如：

积 tsi^{23}　惜 si^{23}　麦mæɛ^{23}　北 pei^{23}　笔 pei^{23}

石ʂʅ^{53}　极tɕi^{53}　学ɕyo^{53}　绝 ʦyɛ^{53}　力 li^{23}

三　同音字汇

本同音字表收字依据中国社会科学院语言研究所《方言调查字表》，又根据方言用字有所增减。按照韵母表的顺序依次排列各韵的单字，同一韵的字按照前面所列声母和声调顺序排列。①②③④⑤等数字表示声调，对应的调类和调值在前面声调部分的内容中有说明。本字未明的用“□”代替，后加小字注释。举例时用“~”代替该字，文白异读、新老或老中青异读、又读等现象在该字后用小字标明，有特殊意义的字也在字后用小号字体进行举例、解释或说明。

ɿ

ʦ　①资咨姿滋 ③紫姊子梓④字自牸

ʦʰ　②瓷糍慈磁辞词祠 ③雌此 ④赐刺次翅$_{白}$侍

s　①斯厮撕私思丝 ②饲 ③死 ④四肆似祀巳寺嗣伺

ʅ

ʈʂ　①知蜘支枝肢栀之芝脂只执汁秩殖植 ②侄直值 ③纸只$_{~有}$旨指止趾址 ④智滞$_{停~}$制致稚$_{幼~}$至痔治置志痣质

ʈʂʰ　①痴眵$_{眼~}$赤斥尺豉 ②池驰迟 ③耻齿 ④翅$_{文}$持

ʂ　①施匙汤匙誓师狮尸诗始失适释湿识 ②鲥时石十实室食蚀什$_{~物}$拾$_{~起来}$ ③屎使史驶 ④是试势逝世氏示视嗜市士饰仕事式

ʐ　①日□$_{骂词}$

i

p　②逼鐾鼻毕必 ③彼鄙比秕 ④壁碧璧蔽敝弊币毙蓖闭箅婢臂篦庇痹弼

pʰ　①劈批 ②疲皮脾琵枇匹 ③□$_{用手分开}$ ④僻辟屁

m　①密蜜觅 ②迷靡篾 ③米 ④谜

f　①非$_{白}$飞$_{白}$ ②肥$_{白}$ ③匪$_{白}$ ④痱$_{白}$废$_{白}$费$_{白}$肺$_{白}$吠$_{白}$

t ①滴嫡低 ②笛敌狄籴 ③底抵 ④弟帝第递地

t^h ①踢剔堤梯 ②题提啼蹄 ③体 ④替涕剃屉

l ①力历璃栗笠粒立 ②犁黎离~别梨狸 ③李礼里理鲤 ④例厉励丽隶荔离~开利痢吏

ts ①即鲫绩积迹脊籍藉济疾 ②集 ③寂挤 ④祭际穄剂系~鞋带

ts^h ①妻缉~鞋口七漆膝 ②戚齐脐 ④砌

s ①息熄媳锡析惜昔夕西悉 ②席习 ③洗袭 ④细

tɕ ①击激戟鸡稽饥肌几茶~几~乎基机讥吉给级及 ②急极 ③己几~个 ④计继髻技妓寄冀纪记忌既季

$tɕ^h$ ①欺其期时~泣□湿后晾干乞 ②奇骑歧祁鳍棋旗 ③启企起杞岂 ④器弃气汽迄契

ȵ ②倪文泥尼拟 ③你 ④匿腻

ɕ ①溪熙希稀吸玺徙牺 ②畦菜~ ③嬉喜嬉 ④系连~戏

Ø ①伊医衣依揖作~一 ②逆疫役倪白宜移姨夷疑饴毅逸 ③乙倚椅尾白 ④益亦译易交~艺仪蚁谊义意议异忆抑翼液

u

p ①不 ②□面~,细碎面粉 ③补捕卜 ④部布怖恐~步埠抱白,~小孩

p^h ①铺~设 ②蒲菩脯殕食上生白毛醭 ③谱普浦朴扑仆赴曝 ④铺店~瀑

m ①没~有木目穆 ②模~子谋 ③某亩牡母拇 ④暮慕墓募幕牧

f ①夫肤俘麸妇佛仿~福幅蝠复~习腹覆 ②敷孵符扶浮佛伏栿复服~气 ③府腑俯甫斧脯果~釜腐附否 ④父付赋负富副复缚

t ①都~城督 ②独读牍犊毒 ③堵赌肚鱼~ ④杜肚腹肚妒度渡镀踱

t^h ①突秃 ②徒涂途图 ③屠土吐~痰 ④兔唾~沫:唾液

n ②奴努 ④怒

l ①鹿禄六白,~指:六个手指陆录褥 ②炉 ③庐~山鲁橹卤卢芦 ④路露~水鹭

ts ①租足文 ②卒族 ③祖组 ④做

ts^h ①粗猝仓~促 ④醋

s ①苏酥速 ④诉素嗉~子粟

tʂ ①猪诸诛蛛株朱硃珠竹筑烛嘱 ②术白~逐轴 ③阻煮拄主注注意

祝触 ④著显~助柱驻注~解住蛀

tʂʰ　①初出畜~牲缩白 ②除锄厨殊 ③储褚楚础杵帚 ④处~所

ʂ　①梳疏~远蔬疏注~书舒枢输文叔表~淑束 ②熟术述秫 ③暑鼠黍署专~薯白~叔大~蜀属 ④庶恕树戍竖漱

ʐ　①输白辱入 ②如~意 ③汝儒乳擩~进去

k　①孤箍骨谷 ②锢~露锅 ③姑古估股鼓 ④故固雇顾

kʰ　①枯窟~窿哭 ③苦 ④裤库酷

x　①呼互忽 ②胡湖狐壶乎葫~芦浒核杏~斛 ③虎 ④户沪护瓠~子

ø　①梧乌污巫诬物屋 ②吴蜈无 ③吾五伍午武舞侮鹉 ④误悟恶可~务雾勿

y

l　①律率速~绿捋~袖子 ②驴 ③吕旅屡 ④虑滤

ts　①足白 ④聚

tsʰ　①蛆趋焌黢 ③取娶 ④趣

s　①须需肃宿 ②徐续俗 ④序绪叙絮续

tɕ　①居车~马炮铸拘橘菊掬锔 ②拒巨距矩剧局 ③举 ④据锯句具惧

tɕʰ　①区驱屈曲酒~曲~折 ②渠 ④去

ȵ　③女

ɕ　①墟虚嘘吁畜~牧蓄储~ ③许

ø　①淤迂于盂域狱 ②鱼渔余愚虞娱榆 ③语雨宇禹羽 ④御誉预豫遇寓愈病愈玉欲浴逾愉

ɭ

ø　②儿 ③而尔耳饵 ④二贰

a

p　①巴芭疤八 ②拔 ③把~握 ④爸霸把~柄坝堤~耙~地罢

pʰ　①趴 ②爬琶杷枇~钯 ④怕帕

m　①妈抹~布 ②麻痳蟆虾~ ③马码 ④骂

f　①法方~发~展发头~ ②乏伐筏罚

t　①答搭 ②沓一~纸达 ③打 ④大

t^h　①踏塔榻塌溻~湿了獭 ③他它

n　①纳捺 ②拿 ③哪 ④那

l　①拉腊蜡辣镴瘌

ʦ　②杂 ③咋

$ʦ^h$　①擦

s　①□漏掉仨 ③洒散开撒~手萨

tʂ　①渣扎札楂 ②炸用油~铡~刀 ③眨闸 ④诈榨~油炸~弹乍

$tʂ^h$　①叉差~别插 ②茬查~阅察茶搽 ④杈树~岔三~路

ʂ　①纱沙杀 ③傻 ④厦偏~

ø　①啊腌

ia

tɕ　①家加痂佳甲挟胛肩~夹嘉 ③假真~贾姓假放~袷~衣 ④假~期架驾嫁稼价

$tɕ^h$　①掐 ③恰卡

ɕ　①瞎虾 ②霞瑕遐暇峡狭匣箱~辖管~ ④下底~夏姓厦~门吓下~降夏春~

ø　①鸦丫~头桠枝~鸭押压 ②牙芽衙伢涯崖 ③雅哑 ④砑亚轧~花

ua

tʂ　①抓 ③爪~子

$tʂ^h$　③□猛夺

ʂ　①刷 ③耍

k　①瓜刮 ③寡剐 ④卦挂褂

k^h　①夸 ③侉垮胯 ④跨

x　①花华中~华~山 ②铧划~船滑猾 ④化画话划计~

ø　①蛙挖袜 ②娃 ③瓦名词 ④瓦动词洼

iɛ

p　①憋鳖 ②别区~别~离

p^h　①撇~开

m ①灭

t ①跌爹 ②叠碟牒蝶谍

t^h ①帖碑~贴铁

ts ①接节 ②捷截 ③姐 ④借

ts^h ①妾切 ③且

s ①些楔~子 ②邪斜 ③写 ④泄~露

tɕ ①皆阶秸街揭结 ②劫杰洁 ③解~开

$tɕ^h$ ①怯 ②茄

ȵ ①聂镊蹑孽捏摄

ɕ ①歇蝎血 ②谐胁协 ④泻卸谢

ø ①页叶业噎~住了 ②爷 ③耶也野 ④夜

yɛ

ts ②绝

s ①雪 ③薛

tɕ ①厥掘倔决诀 ②橛 ④蹶

$tɕ^h$ ①缺 ②瘸

ɕ ①靴 ②穴

ø ①悦阅月越曰粤 ③哕

ʮɛ

tʂ ①拙□堵塞

ʂ ①说白

ɤ

tʂ ①遮文蔗文褶文摺文哲文蜇文折文浙文 ②辙文 ③者文 ④这

$tʂ^h$ ①车文 ③扯文 ④撤文彻文

ʂ ①赊文涉文设文②蛇文舌文折文 ③奢文佘文舍文 ④社文射文麝文赦文舍文摄文

ʐ ①热文若弱 ③惹文

k ①歌鸽割葛各阁搁胳 ③哥 ④个

k^h ①磕渴 ②咳 ③可

x ①喝~彩 喝~酒 鹤 ②河何荷荷花虾~蟆 合盒 ④贺荷薄荷

Ø ①恶 ②鹅蛾俄讹 ③阿~胶 ④饿

o

p ①菠玻钵拨博泊停~剥驳 ②勃薄 ③簸~一~ ④簸~箕 薄~荷

p^h ①泼坡颇波钹 ②婆 ④破

m ①末沫摸 ②魔磨~刀 摩馍膜寞莫模~范 摹~本 ③抹 ④磨石~

uo

t ①多 ②夺铎 ③躲朵 ④垛剁惰

t^h ①拖脱托 ②驼驮舵 ③妥椭

n ①诺搦 ②挪 ④糯

l ①啰~嗦 落烙骆酪洛络乐略掠 ②罗箩锣骡螺脶 ③裸 ④摞

ts ①作 ②凿 ③左佐昨撮 ④坐座

ts^h ①搓错 ④锉措

s ①蓑梭唆莎~子草 塑 ③锁琐~碎

ʈʂ ①桌捉捉 ②着~火,穿~ 酌卓琢啄浊镯

$ʈʂ^h$ ①绰焯 ②戳

ʂ ①说文 缩文 ②勺芍朔 ③所数动词 ④数名词

k ①过走~了 锅郭国新 ③果裹馃聒戈 ④过~去

k^h ①科棵廓扩窠阔颗~~珠 ③括 ④课

x ①霍藿劐 ②和~气 禾和~面 活 ③火伙 ④祸货豁和~泥

Ø ①倭踒~脚 窝蜗 ③我 ④卧沃

yo

l ①劣

ts ②嚼爵

ts^h ①雀鹊

s ①削

tɕ ①脚觉

$tɕ^h$ ①却确推□欺骗

ɕ ②学

Ø ①虐疟约药钥跃乐音~岳姓岳山~

æɛ

p ①百柏伯擘 ②白 ③摆 ④拜败

p^h ①迫拍魄 ②排牌簰 ④派

m ①麦脉 ②埋 ③买 ④卖迈

t ①得德 ③掸鸡毛~子呆 ④待怠殆带贷戴代袋大~夫

t^h ①胎苔特 ②台抬 ④太态泰

n ③乃奶 ④耐奈

l ①肋勒猎列裂烈 ②来 ③濑 ④癞赖

ts ①灾栽则 ③宰载年~ ④在再载~重

ts^h ②才财材裁 ③猜彩采睬棌 ④菜蔡

s ①腮鳃塞 ④赛

tʂ ①斋遮白蔗白褶白摺白哲白蜇白折白浙白窄摘 ②责泽择宅辙白 ③者白侧又,~歪 ④寨债

$tʂ^h$ ①差车白,~马拆策册侧测彻白 ②柴豺 ③扯白 ④撤白

ʂ ①筛赊白涉白设白涩色啬虱 ②蛇白舌白折白 ③奢白佘白舍白 ④晒社白射白麝白赦白舍白摄白

ʐ ①热白 ③惹白

k ①该格革隔 ③改 ④概溉盖丐

k^h ①开客刻克 ②搭捕捉 ③凯楷 ④慨

x ①赫吓~唬 ②孩还还有核 ③海 ④亥害骇

Ø ①挨~着额 ②挨~打 ③哀埃蔼矮隘 ④碍爱艾

iæɛ

tɕ ④介界芥尬疥戒届

$tɕ^h$ ③□"起来"的合音

ɕ ②鞋 ④械懈解明白蟹

Ø ②崖~头,地名

uæɛ

tʂ　④拽

tʂ^{h}　①揣

ʂ　①摔衰 ④帅率蟀

k　①乖国$_{\text{老}}$ ③拐 ④怪

k^{h}　④块快筷会$_{\text{~计}}$刽$_{\text{~子手}}$

x　②怀槐淮获或惑 ④坏

ø　①歪 ③崴$_{\text{~脚}}$ ④外

ei

p　①北杯背$_{\text{动词}}$卑碑悲笔 ④倍辈背$_{\text{~诵}}$贝被$_{\text{~子}}$备避$_{\text{~雨}}$臂

p^{h}　①披胚$_{\text{~胎}}$坯$_{\text{土~}}$ ②培陪裴赔 ③丕 ④配佩沛

m　①墨默 ②梅煤眉媒媚楣枚 ③每 ④妹昧寐

f　①飞$_{\text{文}}$非$_{\text{文}}$妃$_{\text{文}}$ ②肥$_{\text{文}}$ ③匪$_{\text{文}}$翡 ④肺$_{\text{文}}$废$_{\text{文}}$痱$_{\text{文}}$费$_{\text{文}}$

n　④内

ts　②贼

ʂ　②谁 ④睡

k　①给

x　①黑

uei

t　①堆 ④对队碓

t^{h}　①推 ③腿兑 ④退蜕$_{\text{~皮}}$兑

l　②雷 ③儡累$_{\text{~积}}$垒 ④累$_{\text{连~}}$类泪

ts　③嘴 ④最醉罪

ts^{h}　①催崔 ④脆翠

s　②隋髓虽遂 ④碎岁隧穗

tʂ　①追锥 ④坠缀赘

tʂ^{h}　①吹炊 ②垂锤槌

ʂ　③水 ④税

ʐ ③蕊 ④锐瑞

k ①归龟圭规轨闺 ③诡鬼 ④贵鳜桂柜贵跪

k^h ①窥盔亏傀 ②魁奎逵葵癸 ④溃愧

x ①灰恢悔挥辉徽 ②回茴 ③毁 ④贿汇晦会惠慧讳

ø ①桅~杆煨威 ②为~了围 ③危伪萎维惟唯尾文微违伟苇 ④卫为~什么位未胃味魏畏慰纬谓

ao

p ①褒包胞雹鲍~鱼 ③保堡宝饱 ④报抱暴豹爆刨

p^h ①泡~沫抛剖 ②袍胞刨 ③跑 ④泡~水里炮

m ②毛猫矛茅锚 ③卯 ④冒帽貌茂贸

t ①刀叨掇拾~ ③祷岛倒导 ④道盗稻到倒~水

t^h ①淘掏搯涛 ②桃逃淘洮陶萄讨 ④套

n ②挠铙 ③脑恼 ④闹

l ②劳捞牢唠~叨 ③老 ④涝

ts ①遭糟 ③早枣澡蚤 ④皂造躁灶

ts^h ①操~作 ②曹槽 ③草 ④糙粗~

s ①骚 ③扫~地嫂 ④臊~气扫~帚

tʂ ①朝今~召昭招沼~气 ③找 ④照赵罩笊兆诏

$tʂ^h$ ①抄~写钞超 ②巢朝~代潮 ③吵炒

ʂ ①捎梢烧少多~ ②韶绍 ④潲~雨少~年邵

ʐ ②桡饶 ③扰绕围~绕~线 ④耀

k ①高膏篙羔糕 ③稿搞 ④告膏~油

k^h ③考烤 ④靠

x ①蒿 ②薅豪壕毫号浩 ③好~坏 ④好喜~耗号

ø ①熝~白菜 ②熬 ③袄 ④傲鳌奥懊~悔

iao

p ①膘标彪 ③表裱

p^h ①飘漂~浮 ②瓢嫖 ④票车~漂~亮

m ②苗描 ③藐渺 ④庙妙

t ①貂雕刁 ④钓吊掉调

tʰ ①挑 ②条调~和 ④跳粜

l ②燎疗聊辽撩~起来廖瞭 ③燎火~眉毛 ④料廖尥

ʦ ①焦蕉椒 ③剿

ʦʰ ①锹缲~边 ②樵瞧 ③悄 ④俏

s ①消宵霄硝销萧箫 ③小 ④笑鞘

ʨ ①交郊胶教~书骄浇娇 ②侥 ③绞狡铰搅缴饺 ④教~育校~对较窖觉睡~轿叫

ʨʰ ①敲 ②乔侨桥荞 ③巧 ④窍翘撬

ȵ ③鸟 ④尿

ɕ ①枵嚣 ③晓 ④酵孝效校

ø ①妖邀腰要~求幺~二三吆~喝杳 ②肴摇谣窑姚尧 ③咬淆舀 ④勒要耀鹞

ou

t ①兜 ③斗一~抖陡都~是 ④斗~争豆逗

tʰ ①偷 ②头投 ④透

l ①搂~取 ②楼耧 ③篓搂~抱虏 ④漏陋露~头

ʦ ③走

ʦʰ ④凑奏嗽

ʈʂ ①邹周舟州洲粥 ③肘掫 ④纣昼宙皱绉骤咒

ʈʂʰ ①抽搊 ②稠绸愁畴筹仇 ③丑瞅 ④臭

ʂ ①搜馊飕收 ③手首守 ④瘦受兽寿授售

ʐ ②柔揉 ④肉

k ①沟勾钩 ③狗苟 ④够购构勾~当

kʰ ①抠眍 ③口 ④叩~头扣~住寇

x ①吼 ②侯喉猴瘊 ④后厚候

ø ①欧瓯呕~吐殴 ②牛 ③怄藕偶配~偶~然 ④怄沤

iou

t ①丢

l ①溜 ②刘留流榴硫琉 ③柳 ④六$_{文}$馏

ts ①揪鬏 ③酒 ④就

tsʰ ①秋 ②囚

s ①修羞 ②囚$_{又}$ ④锈宿$_{星\sim}$秀绣袖

tɕ ①鸠阄纠柩 ③九久韭灸$_{针\sim}$ ④臼舅救究旧

tɕʰ ①丘柩 ②求球仇$_{姓}$

ȵ ③扭纽 ④谬

ɕ ①休 ③朽

Ø ①尤优忧邮悠幽 ②油游犹由 ③友有酉 ④莠诱又右佑柚鼬釉幼

an

p ①班搬般斑颁扳 ③扳版 ④扮半瓣办伴拌绊

pʰ ①攀扳潘 ②爿盘 ④盼襻判叛

m ②蛮瞒馒 ③满 ④慢漫幔蔓

f ①藩翻番 ②烦凡帆范$_{模\sim}$藩繁 ③反 ④范犯泛贩饭嬔

t ①担单丹 ③胆 ④淡担诞旦但弹蛋

tʰ ①贪坍滩摊 ②潭谭谈檀坛弹痰 ③毯坦 ④探炭叹

n ②难男南 ④难$_{患\sim}$

l ②蓝篮览揽榄缆兰拦栏 ③懒漤 ④烂滥

ts ①簪 ②咱 ③攒 ④暂錾赞

tsʰ ①餐惨 ②惭残蚕 ④灿

s ①三珊 ③散$_{\sim了}$伞 ④散$_{分\sim}$

tʂ ①沾粘瞻占$_{\sim卜}$ ③斩盏展 ④站蘸占绽栈战颤$_{寒\sim}$

tʂʰ ①搀 ②馋谗蟾蝉禅缠 ③铲产

ʂ ①杉衫山删膻搧扇$_{动词}$ ③陕闪 ④疝善扇$_{名词}$膳单禅$_{\sim让}$

ʐ ③然染燃冉

k ①甘柑干肝竿乾 ③感敢橄杆秆擀赶 ④干

kʰ ③堪坎砍勘刊 ④看$_{\sim守}$看$_{\sim见}$

x ①憨酣鼾 ②涵含韩寒 ③喊罕 ④憾旱汉汗焊翰撼

Ø ①安庵鞍 ④暗案按岸

iɛn

p　①边编鞭蝙扁匾 ③贬 ④便遍辨辩汴辫变

pʰ　①篇偏 ②便~宜 ④骗片

m　②眠绵棉 ③免勉娩缅渑 ④面

t　①颠掂 ③点典 ④店电殿奠垫佃

tʰ　①天添 ②填田甜 ③舔掭

l　②簾廉镰怜莲连联 ③敛脸 ④殓练炼楝

ʦ　①尖煎 ③剪笺 ④渐践箭溅贱饯荐

ʦʰ　①歼签迁千 ②钱前 ③浅

s　①仙先 ②涎 ③癣 ④羡线

ʨ　①监兼搛艰间奸犍肩 ③减检俭简裥柬拣谏茧笕趼 ④监国子~剑件键建健腱见

ʨʰ　①谦牵铅 ②钳乾虔 ③潜遣 ④嵌欠歉

ȵ　①蔫 ②黏~米年鲇 ③拈辇撚撵 ④念碾

ɕ　①掀 ②咸衔嫌闲贤弦 ③险显 ④陷馅限苋宪献现县

Ø　①淹阉厌蔫焉烟燕~京腌 ②岩炎盐阎严颜延筵言沿 ③掩魇眼演研究 ④验艳焰雁谚堰砚燕~子宴

uan

t　③短端 ④断锻缎段椴

tʰ　②团

n　③暖

l　②鸾卵 ④乱

ʦ　①钻动 ④纂钻名

ʦʰ　②全泉 ④氽篡窜

s　①酸 ④算蒜

ʈʂ　①专砖 ③转 ④赚撰篆转传

ʈʂʰ　①穿川 ②传椽船 ③喘 ④串

ʂ　①拴闩

ʐ　③软

k ①关官棺冠鳏观 ③管馆 ④惯贯灌罐观道~冠

k^h ①宽 ③款

x ①欢 ②桓还~原环 ③缓 ④唤焕换幻患宦

ø ①豌剜弯湾 ②丸完玩顽 ③皖碗腕晚挽宛 ④万

yɛn

s ①宣选鲜新~ ②旋~风 ③癣又 ④旋~吃~做

tɕ ①捐 ③卷~起来眷绢 ④券倦卷试~

$tɕ^h$ ①圈 ②拳权颧 ③犬 ④劝

ɕ ①轩喧 ②眩玄悬 ③喧 ④楦

ø ①冤渊 ②员圆缘元原源阮袁辕园援 ③远 ④愿院

ən

p ①奔~跑锛 ③本 ④笨奔投~

p^h ①喷 ②盆 ④喷~香

m ②门 ④闷

f ①分纷 ②坟粉 ③芬焚 ④愤忿份粪奋

t^h ①吞

n ③恁你 ④恁那么

ʈʂ ①针真榛臻 ③斟枕珍诊疹 ④振阵震镇

$ʈʂ^h$ ①深伸 ②沉娠辰晨臣尘陈 ④称趁衬

ʂ ①参身申森 ②神 ③沈审婶 ④葚慎渗肾甚

ʐ ②人仁任姓 ③忍 ④壬认任纴刃

k ①跟根

k^h ③啃恳垦

x ③很 ④痕恨

ø ①恩

in

p ①彬宾槟 ④殡鬓

p^h ①拼 ②贫频 ③聘品 ④姘~头

m ②民 ③闵敏闽抿

l ②林淋鳞磷临邻 ③檩 ④赁吝

ts ①津 ③尽~前 ④尽~量进晋

tsʰ ①侵亲 ②秦 ③浸 ④吣亲~家

s ①心辛新薪 ②寻又 ④信

tɕ ①金今襟锦筋巾斤 ③紧仅谨 ④禁~不住禁~止妗近劲

tɕʰ ①钦 ②琴禽擒勤芹 ③寝

ɕ ①欣馨 ④衅

ø ①吟音阴淫殷因姻洇 ②银寅 ③饮~酒引隐尹 ④饮~马印

uən

t ①敦蹲墩 ④囤沌盾顿钝遁扽

tʰ ②屯豚饨臀 ④褪

l ②伦沦轮 ④嫩论

ts ①尊遵

tsʰ ①村皴 ②存 ③忖 ④寸

s ①孙

tʂ ③准

tʂʰ ①春椿 ②纯唇醇莼 ③蠢

ʂ ④舜顺

k ③滚 ④棍

kʰ ①昆坤 ③捆 ④困

x ①昏婚荤 ②魂馄浑混

ø ①瘟温 ②文蚊纹闻 ③稳吻刎 ④问璺裂~

yn

ts ④俊

s ②讯荀旬巡循 ③损榫殉 ④迅浚

tɕ ①均钧菌军君 ④郡

tɕʰ ②群裙

ɕ ①熏勋薰 ③寻 ④训

ø ②云匀 ③允 ④润闰熨韵运孕晕

aŋ

p ①邦帮 ③榜绑膀 ④棒傍蚌谤

p^h ①膀 ②滂乓螃庞 ④胖

m ②芒茫忙盲 ③莽蟒

f ①方芳妨肪 ②防房 ③仿纺访 ④放

t ①耽当~时 ③挡党 ④荡当典~

t^h ①汤 ②唐糖堂塘棠螳 ③躺淌 ④烫趟

n ②囊 ③攮

l ②狼郎廊螂 ③朗 ④浪

ts ①脏赃 ④葬藏西~脏内~

ts^h ①仓苍 ③藏隐~

s ①桑丧婚~ ③磉嗓搡 ④丧~失

ʈʂ ①章樟张 ③长涨掌 ④仗账胀丈障帐杖瘴

$ʈʂ^h$ ①昌 ②长肠场常尝偿 ③厂 ④畅唱倡

ʂ ①伤商裳 ③赏晌 ④上~山尚上~面

ʐ ①酿 ②瓤穰 ③壤攘嚷 ④让

k ①冈刚岗钢缸纲 ③港 ④钢杠

k^h ①康糠 ③慷扛 ④抗炕囥藏

x ②行航杭 ③夯

ø ①肮 ③昂

iaŋ

ȵ ②娘

l ②良量测~凉梁粮粱 ③两 ④亮辆谅量质~

ts ①将~来蒋奖桨豇 ④将~领匠酱

ts^h ①枪 ②墙 ③抢

s ①相~亲箱厢湘襄镶 ②详祥 ③想 ④象橡像相~貌

tɕ ①疆僵缰礓薑姜江 ③讲耩 ④降虹犟

$tɕ^h$ ①羌腔 ②强~大强勉~

ç ①香乡 ②降 ③享饷响 ④向项巷

Ø ①秧殃央 ②仰阳杨扬羊洋烊疡 ③养痒 ④样

uaŋ

tʂ ①庄装 ④状壮撞

tʂʰ ①窗疮 ②床 ③闯创

ʂ ①双霜孀 ③爽 ④双~生

k ①光 ③广 ④桄逛

kʰ ①眶筐匡 ②狂 ④旷况矿

x ①荒慌 ②黄簧皇蝗 ③谎 ④晃

Ø ①汪—~水 ②亡王芒 ③网往辋枉 ④忘望妄旺

əŋ

p ①崩迸 ④蚌

pʰ ①烹 ②朋棚蓬篷彭膨 ③捧 ④碰

m ①虻懵 ②萌盟蒙 ③猛 ④梦孟

f ①风封疯丰枫讽 ②冯峰锋蜂逢缝~补 ④凤奉俸缝~隙

t ①灯登 ③等 ④瞪凳镫邓澄~水

tʰ ②腾藤滕疼

n ②能

l ③冷 ④楞

ts ①曾增憎 ④赠

tsʰ ②层曾 ④蹭

s ①僧

tʂ ①征争蒸筝睁正~月征 ③贞侦整拯 ④证症郑正政

tʂʰ ①称撑 ②澄惩橙乘承丞呈程成城诚盛~满 ③逞 ④秤牚

ʂ ①生升胜~任牲甥笙声 ②绳塍田~ ③省 ④剩圣盛兴~胜~败

ʐ ①扔仍

k ①更~换羹耕庚粳 ③哽埂梗耿颈 ④更~加

kʰ ①坑 ③肯

x ①亨 ②恒衡 ④杏

ø ④硬

iŋ

p ①冰兵 ③饼丙柄秉禀 ④病并

p^h ②平评坪瓶屏萍凭

m ②鸣明名铭 ③皿 ④命

t ①丁钉疔 ③顶鼎 ④锭钉订~约定

t^h ①听~见厅 ②停廷亭挺庭艇 ③蜓听~任

n ②宁安~凝 ④宁~可

l ②凌陵菱灵零铃伶拎翎 ③领岭 ④另令

ts ①精晶睛 ③井 ④静净靖

ts^h ①清青蜻 ②情晴赡~受 ③请

s ①星腥 ③醒 ④性姓省反~

tɕ ①京荆惊鲸经~过 ③擎境景警 ④敬竟镜竞径经~纬

$tɕ^h$ ①轻卿 ③顷 ④庆

ɕ ①兴~旺 ②行形型陉荥刑 ④兴高~幸

ø ①鹰莺鹦樱英婴缨 ②凝蝇迎盈赢萤营 ③影颖 ④应映

uŋ

t ①东冬 ③懂董 ④动冻洞栋

t^h ①通统熥 ②同铜童桐筒瞳 ③桶捅 ④痛

n ①齉 ②农脓浓 ④弄

l ②笼隆聋 ③拢

ts ①棕鬃宗 ③总

ts^h ①聪葱匆囱 ②从丛

s ①松~紧 ④送宋颂诵讼

tʂ ①中~不~,行不行忠终钟盅 ③塚种~类肿 ④中射~冢众重轻~种~树

$tʂ^h$ ①充冲 ②虫重~复 ③崇宠 ④铳

ʐ ②荣绒戎茸 ③氄

k ①工公宫供~给弓功攻躬蚣贡恭 ③汞巩 ④贡供~养共拱~手

k^h ①空~虚 ③孔控空~缺恐

x ①轰掏烘 ②宏红弘洪鸿虹 ③哄~骗 ④横~直哄起~

ioŋ

l ①龙 ②垅陇

s ①嵩松~树

tɕ ③炯迥 ④粽

tɕʰ ①倾琼 ②穷

ɕ ①兄胸凶 ②熊雄

∅ ①雍痈 ②融容蓉镕庸 ③永泳詠拥甬勇涌 ④用

uoŋ

∅ ①翁嗡揄 ④瓮

参考文献：

贺巍：《中原官话分区（稿）》，《方言》2005 年第 2 期。

开封方言音系

开封市位于河南省中东部，古称汴梁、东京。地处中原腹地、黄河之滨，是著名的古都和历史文化名城，素有“七朝都会”之称。它北依黄河，南接许昌市和周口市，东与商丘市相连，西和省会郑州市毗邻。1954 年河南省省会从开封迁至郑州，开封改为省直辖市。现辖杞县、通许县、尉氏县、兰考县四县，龙亭区、顺河回族区、鼓楼区、禹王台区、开封新区（金明区）、祥符区共六区，总面积 6266 平方千米，总人口 550 余万。张启焕、陈天福、程仪（1993）分河南的方言为五片，把开封方言归入第一片；贺巍（1985）把开封方言划归中原官话郑曹片，最新的分区（贺巍 2005）又把开封方言划入中原官话郑开片。

本书发音人：①王美荣，女，汉族，1946 年 10 月出生，开封市顺河回族区人。1966 年高中毕业，1969 年参加工作，小学高级教师。世居开封，方音纯正，能讲普通话。②张美菊，女，汉族，1950 年 5 月出生，开封禹王台区人。初中毕业，开封市水产公司工人，世居开封，方音纯正，偶尔讲一点普通话。③苏雨洪，男，汉族，1946 年 2 月出生，开封市顺河回族区人。高中毕业，开封市空分设备厂退休工人。世居开封，方音纯正，能讲普通话。④邓云林，男，汉族，1956 年 7 月出生，开封市龙亭区人。高中毕业，银行退休职工，世居开封，能讲普通话。⑤叶欣，女，汉族，1947 年 4 月出生，开封市龙亭区人。中专毕业，开封市针织厂退休职工。世居开封，方音纯正，能讲普通话。⑥王文胜，男，汉族，1981 年 5 月出生，开封市顺河回族区人。专科毕业，开封市交通局干部，世居开封，能讲普通话。调查中记音以苏雨洪先生的发音作为老年发音代表，其他人做参考，青年以王文胜先生的发音为代表。

一 声韵调系统

1.1 声母

声母 23 个，包括零声母。

p	班病兵八	p^{h}	瓢爬批怕	m	门米麦忙	f	飞发房饭
t	低大店答	t^{h}	太同踢堂	n	难农拿暖	l	兰路连辣
ts	字早嘴走	ts^{h}	次蚕粗寸	s	三嫂思算		
tʂ	知抓照争	tʂ^{h}	茶吃吵愁	ʂ	山师顺书	ʐ	扔人让热
tɕ	居姜精足$_{老}$	tɕ^{h}	去气齐娶	ȵ	女年你捏	ɕ	许休修徐
k	贵格谷刚	k^{h}	课愧哭看	x	话寒孩坏		
ø	闻而暗闰牛硬用永						

说明：

（1）尖团音总体上已经合流，个别字有尖团两种读法，但已无区别音义作用。

（2）舌尖后音 tʂ、tʂ^{h}、ʂ、ʐ 的被动调音部位在齿龈—硬腭之间。

（3）影、疑母开口字中今读零声母的字，如：鹅ɤ^{53}、沤ou^{312}、熬ɔo^{53}、牛ou^{53}、硬 əŋ^{312}等，发音时略带摩擦，强调重读时带浊擦音声母 ɣ，但正常读音及语流中都没有浊音声母存在，现在一律记为零声母。

1.2 韵母

韵母 40 个，不包括儿化韵。

ɿ	资次四字	i	地七席飞$_{老}$	u	胡古不书	y	雨女徐区
ʅ	知师失是						
ər	二而耳儿						
a	爸怕纳大	ia	家亚恰下	ua	挖挂画花		
ɛ	车蛇麦客$_{老1}$	iɛ	爷叶街客$_{老2}$	uɛ	国$_{老}$或惑获$_{老}$	yɛ	靴穴绝雪
ɤ	河哥鸽客$_{新1}$			uo	科$_{老}$摸多勺	yo	脚药嚼学$_{老}$
ai	开挨太败			uai	乖怀快外		
ei	北每赔飞$_{新}$			uei	岁嘴威桂		

ɔo 刀包高早　　iɔo 标刁晓笑
ou 豆楼周牛$_{老}$　　iou 丢刘秋又
an 办单砍蓝　　iɛn 编电连炎　　uan 团暖官拴　　yɛn 员劝宣选
ən 门分吞根　　in 民心林品　　uən 盾村困嫩　　yn 匀军韵训
aŋ 邦防糖放　　iaŋ 辆强央向　　uaŋ 狂庄旺往
əŋ 朋灯生郑　　iŋ 兵名京杏　　uəŋ 翁瓮嗡揄
　　　　　　　iuŋ 穷雄迥用　　uŋ 东红龙众

说明：

（1）a、ia、ua 的实际音值是ᴀ、iᴀ、uᴀ。

（2）ɛ（拼 tʂ、tʂ^{h}、ʂ、ʐ 以外的声母）、iɛ、uɛ、yɛ 中的 ɛ 发音时开口度稍小，实际音值是ᴇ；ɛ 与 tʂ、tʂ^{h}、ʂ、ʐ 相拼时，不仅舌尖与前硬腭的摩擦性增强、有弱的舌尖介音，而且舌面的高点会后移，出现央化现象，实际音值为 ɜ。这类字限于中古的入声字，如“摘择拆测色”，实际读音是 tʂ^{ʅ}ɜ、tʂh^{ʅ}ɜ、ʂ^{ʅ}ɜ。

（3）ai 的实际音值为 æe，有动程但较小；ei 的实际音值为 eɪ。

（4）韵母ou和uo中的o都不太圆，介于ɤ和o之间。

（5）aŋ、iaŋ、uaŋ 的实际音值是 ɑŋ、iɑŋ、uɑŋ。

（6）零声母的 uəŋ 实际音值是 wəŋ。

1.3　声调

开封方言 4 个声调，不包括轻声。

①阴平 24　天三安麦竹　②阳平 53　平人鹅敌食

③上声 44　走闪手碗远　④去声 312　布步抱柱玉

说明：

（1）阳平是高降调，起点为声调最高点，收音处略低于 3，不到 2。

（2）去声有一个自由变体 31 调，312 和 31 不具有区别意义作用，但自然口语中单字去声多读为 312 调，语流中读为 31 调。

二　语音特点

2.1　声母特点

（1）古全浊声母今读清音，按平送仄不送的规律分别读相应的塞音、塞擦音，如：

皮 pʰi^{53}　迟 ʈʂʰʅ^{53}　徒 tʰu^{53}　字 ʦɿ^{312}　奇 ʨʰi^{53}　站 ʈʂan^{312}

舅 ʨiou^{312}　球 ʨʰiou^{53}　船 ʈʂʰuan^{53}　昨 ʦuo^{44}　净 ʨiŋ^{312}

（2）中古知、庄、章三组声母今合并为一组，读 ʈʂ、ʈʂʰ、ʂ，如：

师＝诗ʂʅ^{44}　知＝支 ʈʂʅ^{44}　书＝梳ʂu^{44}　绸＝愁＝仇 ʈʂʰou^{53}　征$_{\text{征求}}$＝争＝蒸 ʈʂəŋ^{44}

和普通话不同的是，来自曾梗摄的入声字在开封方言中也读舌尖后音：

侧 ʈʂɛ^{44}/ʈʂʰɛ^{24}、测册拆策 ʈʂʰɛ^{24}、色啬ʂɛ^{24}、泽择宅责 ʈʂɛ^{53}、窄 ʈʂɛ^{24}

（3）不分尖团，精组细音和见组细音都读ʨ、ʨʰ、ɕ，如：

妻＝欺ʨʰi^{24}　西＝溪ɕi^{24}　须＝虚ɕy^{24}　秋＝丘ʨʰiou^{24}　酒＝九ʨiou^{44}　箭＝见ʨian^{312}

（4）老派读音中，见组声母今可以和齐齿呼相拼，这类字大部分为中古的入声字，主要存在以下小韵中：

宕摄开口一等入声铎韵：胳 kiɛ^{24}

曾摄开口一等入声德韵：刻$_{\text{时～}}$克 kʰiɛ^{24}、黑 x iɛ^{24}

梗摄开口二等入声陌韵：格 kiɛ^{24}、客 kʰiɛ^{24}、额 iɛ^{24}、吓$_{\text{～唬}}$xiɛ^{24}

梗摄开口二等入声麦韵：革隔 kiɛ^{24}

2.2　韵母特点

（1）果摄合口一等见组字，老派大部分保留古合口读音特征，如：

戈$_{\text{老}}$kuo^{24}　科$_{\text{老}}$棵$_{\text{老}}$kʰuo^{24}　课$_{\text{老}}$kʰuo^{312}

（2）蟹止摄合口的来母字今读保留合口介音，如

雷 luei^{53}、儡垒磊累$_{\text{积～}}$luei^{44}、累$_{\text{连～}}$泪类 luei^{312}

（3）止摄合口三等非组韵母读 i，如：

非飞 fi^{24}　肥 fi^{53}　匪 fi^{44}　痱费 fi^{312}　尾 i^{44}

（4）入声“薛、德、职、陌、麦”等韵入声字主元音今读 ε，和假摄开口三等麻韵章组字相同，如：

麻韵：遮 tʂε^{24}、车 tʂ^{h}ε^{24}、扯 tʂ^{h}ε^{44}、蛇ʂε^{53}、社射ʂε^{312}、舍$_{～得}$ʂε^{44}

薛韵：别pε^{53}、哲 tʂε^{53}、彻 tʂ^{h}ε^{24}、浙 tʂε^{24}、舌ʂε^{53}、热 ʐε^{24}

德韵：得德tε^{24}、特t^{h}ε^{24}、肋勒 lε^{24}、则 tsε^{24}、塞 sε^{24}、刻克k^{h}iε^{24}、黑 xiε^{24}

职韵：测恻 tʂ^{h}ε^{24}、色ʂε^{24}

麦韵：责 tʂε^{53}、策 tʂ^{h}ε^{24}、革隔kiε^{24}

（5）入声铎、药、觉三韵今读的主元音为o，如：

铎韵：落烙骆酪洛乐$_{高兴}$络 luo^{24}

药韵：爵嚼tɕyo^{53} 削ɕyo^{24} 着$_{～衣}$酌 tʂuo^{53}

绰$_{宽～}$ tʂ^{h}uo^{53} 焯 tʂ^{h}uo^{24} 勺芍ʂuo^{53}脚tɕyo^{24} 虐疟药钥yo^{24}

觉韵：觉$_{知～}$角tɕyo^{24} 确tɕ^{h}yo^{24} 岳乐$_{音～}$ yo^{24} 学ɕyo^{53}

2.3　声调特点

（1）古平声按清浊分为阴平和阳平，如：

刚 kaŋ^{24}天 t^{h}ian^{24}家tɕia^{24}难 nan^{53}陈 tʂ^{h}ən^{53}牙ia^{53}来 lai^{53}

（2）浊上归去，如：

步 pu^{312}待 tai^{312}在 tsai^{312}技tɕi^{312} 柱 tʂu^{312}坐 tsuo^{312}

（3）古入声消失，入声字基本上二分，清入、次浊入归阴平，全浊入归阳平，但有少数例外，如：

笔 pei^{24}职 tʂʅ^{24}福 fu^{24}入 ʐu^{24}麦 mε^{24}药yo^{24}

局tɕy^{53} 独tu^{53} 择 tʂε^{53}席ɕi^{53}

玉 y^{312}祝 tʂu^{312}划 xua^{312}忆亿抑 i^{312}夕ɕi^{24} 释ʂʅ^{312}

2.4　儿化音变

开封方言有儿化现象，可以通过儿化表示“小”或“喜爱”之意。40 个韵母中，除了 ər、uε 和 uəŋ 没有儿化韵外，其他韵母的儿化音变规律如下：

儿化韵	原韵	例词
ʌr	a	刀把儿、没法儿、煤渣儿
iʌr	ia	夹儿、芽儿、衣架儿
uʌr	ua	大褂儿、牙刷儿、袜儿
ɐr	an	一半儿、盘儿、床单儿
	ɛ	擦黑儿、色儿
	ai	门牌儿、小孩儿、口袋儿
iɐr	iɛn	面儿、鞭儿、尖儿
	iɛ	一节儿、树叶儿
uɐr	uan	一段儿、当官儿、玩儿
	uai	一块儿、筷儿
yɐr	yɛn	试卷儿、圈儿、小院儿
	yɛ	小雪儿、树橛儿
ər	ɿ	写字儿、刺儿、草籽儿
	ʅ	侄儿、事儿、齿儿
	ei	一辈儿、小妹儿
	ən	盆儿、门儿、根儿
iər	i	皮儿、提儿、小鸡儿
	in	围巾儿、音儿、芯儿
uər	uei	一对儿、水儿、耳坠儿
	uən	车轮儿、村儿、孙儿
yər	y	小鱼儿、马驹儿
	yn	连衣裙儿、竹笋儿
ɤr	ɤ	唱歌儿、小车儿
uor	uo	一朵儿、桌儿、老婆儿
yor	yo	小脚儿、药儿
ur	u	布儿、肚儿、猪儿、
ɔor	ɔo	包儿、刀儿、不高儿
iɔor	iɔo	表儿、树苗儿、小鸟儿
our	ou	狗儿、扣儿、当头儿
iour	iou	皮球儿、一绺儿

ãr	aŋ	喝汤儿、缸儿、瓜瓤儿
iãr	iaŋ	娘儿俩、鞋样儿
uãŋ	uaŋ	庄儿、床儿、网儿
ə̃r	əŋ	小缝儿、小坑儿、小声儿
iə̃r	iŋ	小瓶儿、有名儿、没影儿
uə̃r	uŋ	小桶儿、没空儿、小虫儿
yə̃r	iuŋ	包粽儿

2.5 Z 变韵

开封方言中有 Z 变韵现象：普通名词及部分量词可以变韵，变韵后虽仍是一个音节，但语法功能相当于普通话中带“子”后缀的合成词。这种现象从市区周边到市区中心逐渐衰减，越到郊区越多，越往市中心越少。一般认为这种音变与明清以来黄河以北等地的移民有关。本文记录的是开封鼓楼区和顺河区一带老派居民的子变韵，只有 14 个 Z 变韵母，个别词有两种以上读法。

Z 变韵	基本韵	例子
ɿou	ɿ	铁丝^{Z}t^{h}iɛ^{24}sɿou^{24}
ʅou	ʅ	柿^{Z}ʂʅou^{312}、树枝^{Z}ʂu^{31}tʂʅou^{24}
iou	i	鼻^{Z}piou^{53}、鸡^{Z}tɕiou^{24}、李^{Z}liou^{44}
	ei	老妹^{Z}lɔo^{44}miou^{312}、痱^{Z}fiou^{312}
ɔo	a	一沓^{Z}i^{24}tɔo^{53}、沙^{Z}ʂɔo^{24}
	ɔo	帽^{Z}mɔo^{312}、刀^{Z}tɔo^{24}
	ɤ	鸽^{Z}kɔo^{24}、洋车^{Z}iaŋ^{53}tʂ^{h}ɔo^{24}
iɔo	ia	夹^{Z}tɕiɔo^{24}、鸭^{Z}iɔo^{24}
	iɛ	叶^{Z}iɔo^{24}、茄^{Z}tɕ^{h}iɔo^{53}
	ai	搐腰带^{Z}ts^{h}u^{24}iɔo^{24}tiɔo^{312}、
uɔo	ua	袜^{Z}uɔo^{24}、刷^{Z}ʂuɔo^{24}
	uo	桌^{Z}tʂuɔo^{24}、一窝^{Z}i^{44}uɔo^{24}

yɔo　　uai　　筷^{Z}kʰyɔo^{312}

　　　　yɛ　　坐月^{Z}tsuo^{31}yɔo^{24}、瘸^{Z}tɕʰyɔo^{53}

三　同音字汇

本同音字表收字依据中国社会科学院语言研究所《方言调查字表》，又根据方言用字有所增减。按照韵母表的顺序依次排列各韵的单字，同一韵的字按照前面所列声母和声调顺序排列。①②③④⑤等数字表示声调，对应的调类和调值在前面声调部分的内容中有说明。本字未明的用“□”代替，后加小字注释。举例时用“~”代替该字，文白异读、新老或老中青异读、又读等现象在该字后用小字标明，有特殊意义的字也在字后用小号字体进行举例、解释或说明。有些字老派、新派又分别有两个层次的读音，则在字右下角分别加注老$_{1}$、老$_{2}$、新$_{1}$、新$_{2}$。

ɿ

ts　①资咨姿滋辎 ③子梓姊紫滓 ④自字

tsʰ　①疵泚$_{水冲}$呲 ②瓷慈磁辞词祠雌 ③此跐$_{用脚~}$ ④刺次伺赐饲

s　①斯厮撕私司思丝□$_{~气:饭菜馊了}$厕$_{茅~}$饲 ③死 ④四寺肆似祀巳恃俟嗣

ʅ

tʂ　①知蜘枝肢栀只$_{一~鸟}$只$_{~有}$稚支芝汁质织职之执掷置脂趾 ②侄直值植殖 ③纸旨指止址 ④制至痔治志痣炙致智滞

tʂʰ　①尺吃痴赤眵$_{~目糊}$ ②池驰弛迟 ③齿耻使$_{又,~劲}$嗤 ④翅持秩斥

ʂ　①失师狮尸诗湿适矢施虱 ②石匙食蚀实时十什$_{家~}$拾$_{动}$拾$_{数}$室 ③屎始使史驶 ④试势誓逝世是氏示视嗜市士式饰仕柿事释

ʐ　①日□$_{詈词}$

i

p　①屄 ②毕鼻逼荸必 ③比秕鄙 ④蔽蓖闭箅敝弊碧滗币鐾毙婢弼壁璧臂

pʰ ①批僻辟劈庀□用手分开 ②皮疲琵匹脾 ③痞 ④譬屁痹

m ①密蜜觅雇佣 ②迷糜弥靡篾 ③米 ④谜

f ①飞老非老 ②肥老 ③匪老 ④肺老痱老费老废老

t ①低滴堤 ②敌笛嫡荻迪籴涤 ③底的目~抵 ④帝弟第递地

tʰ ①踢梯剔堤又 ②提蹄啼题 ③体 ④替剃涕嚏

l ①力立笠粒栗 ②犁黎离距~篱璃梨 ③礼狸李里理鲤 ④例厉历励离~开荔利痢吏丽隶

tɕ ①机鸡稽给~予吉肌饥几茶~基几~乎讥级戟击激及疾积迹鲫即脊绩缉通~辑籍 ②急集极 ③虮几~个己挤 ④计继系~鞋带妓寄技冀纪记忌既季祭际剂济荠寂

tɕʰ ①漆欺期乞蹊□半干半湿的状态妻缉~鞋口七沏膝 ②奇骑岐歧麒棋旗其齐脐戚祈祁 ③启起杞岂 ④企契砌器弃气汽泣讫

ȵ ①妮 ②泥倪尼拟 ③你 ④溺匿腻

ɕ ①溪牺熙希稀吸西犀悉息熄昔惜夕锡析隙 ②习媳席畦袭 ③喜洗玺嬉 ④戏系联~细

ø ①衣依一医揖 ②移逸姨疑饴毅遗役疫译夷沂姨液逆异 ③椅倚乙已以尾老 ④宜仪艺缢谊义议易意忆亿翼亦易益蚁

u

p ①不卜萝~ ②饽面~醭□~拉:用手抹掉灰尘等 ③补捕又 ④布怖部步抱~小鸡埠

pʰ ①铺~床扑卜姓 ②蒲菩 ③仆普谱浦捕朴甫脯瀑 ④铺店~曝

m ①目没~有,又木穆 ②模~子 ③亩牡母拇 ④牧暮墓慕募幕

f ①夫肤麸福幅蝠腹复~习妇覆敷赴 ②伏服~气服~装符扶芙浮佛俘抚附 ③腑俯斧釜腐辅阜 ④父付赋傅复重~富负

t ①都~城督□光~:裸体 ②毒独犊读 ③堵赌肚~片 ④肚~子杜度渡镀

tʰ ①突秃 ②徒途涂图屠 ③吐吞~土 ④兔唾~沫

n ②奴努 ④怒

l ①陆录鹿禄 ②炉庐芦鸬卢 ③鲁卤橹 ④路赂露鹭

ts ①足新 ②卒族 ③组祖租阻 ④做

tsʰ ①粗猝 ④醋促

s ①苏酥速粟 ④素诉戍嗉肃新

tʂ ①诸竹筑猪箸烛诛蛛株朱珠逐触接~,又术白~ ③拄嘱主煮 ④著住柱驻注蛀铸助帚祝

tʂʰ ①舒白搐~腰带:腰带出缩白□~律:小动物等快速在地面爬行初文 ②除储厨殊锄文 ③褚杵竖立楚雏础 ④畜~牲处~理处到~触接~

ʂ ①书舒文枢输运~输~赢,新束 ②术技~述秫熟 ③暑鼠黍薯署蜀属叔淑赎 ④恕庶戍竖树漱

ʐ ①褥辱输~赢,老入 ②如 ③乳汝儒擩插入

k ①孤谷箍骨跍~堆:蹲下 ③古估股鼓姑 ④故固雇顾锢

kʰ ①哭枯窟 ③苦 ④库裤酷

x ①呼乎忽糊浆~□用手搧 ②浒壶胡湖葫核杏~斛糊烧焦 ③虎狐 ④户沪互护瓠

ø ①乌污坞巫诬侮屋物□~嘟水:半开的水 ②无吴蜈 ③梧五吾伍午武舞戊鹉 ④误悟务雾勿恶厌~

y

l ①绿律率捋 ②驴 ③吕旅缕屡履 ④虑滤

tɕ ①菊掬车~马炮驹桔橘锔~碗拘足~球,老 ②局 ③举 ④据锯拒距俱矩句具惧聚居巨剧

tɕʰ ①曲~调曲酒~区屈驱趋蛆黢瞿 ②渠 ③取娶 ④去趣

ȵ ③女

ɕ ①墟虚嘘蓄畜~牧须需恤戌宿住~ ②俗徐姓徐~顾:注意 ③许 ④序絮叙绪续婿肃老

ø ①狱淤□溢出 ②鱼渔余馀迂与于盂榆虞愚 ③雨语宇禹羽 ④郁育玉欲御浴誉预豫娱遇吁芋逾愉愈喻裕寓域

ər

ø ②儿 ③而尔耳饵 ④二贰

a

p ①巴疤八扒 ②拔 ③芭把~握 ④爸把刀~子霸坝耙罢琶杷

p^h ①趴 ②爬钯 ④怕帕

m ①妈新抹 ②麻蚂 ③马码 ④骂

f ①发~展法发头~ ②乏伐筏罚

t ①答搭 ②达沓 ③打 ④大~小

t^h ①獭塌踏塔榻溻 ③他它

n ①纳衲捺 ②拿 ③哪 ④那

l ①拉腊蜡辣 ③喇邋~乎:脏

ts ②杂砸 ③咋

ts^h ①擦

s ①仨 ③洒撒萨

tʂ ①扎札渣喳咋~乎:嚷嚷 ②炸油~铡 ③闸眨 ④诈榨炸~弹栅

$tʂ^h$ ①叉插差~别 ②茶查察茬搽 ④杈岔

ʂ ①杀沙纱砂煞 ③傻 ④厦房~

k ①嘎鸭叫 ③尬

k^h ③卡又

x ①哈

ø ①啊腌

ia

p ①□督促义□粘贴义 ②□拟声词,枪炮等的响声

p^h ②□拟声词,响声

tɕ ①家加痂夹胛甲嘉佳 ③假真~贾 ④架驾价嫁假放~稼

$tɕ^h$ ①掐 ③卡恰 ④洽

ɕ ①虾瞎 ②霞瑕遐暇狭峡辖匣 ④厦~门下夏吓

ø ①鸭压丫押鸦 ②牙芽衙伢(猪狗等)雄性的涯崖 ③哑雅 ④砑亚轧

ua

n ④□疑问词,"弄啥"的合音

tʂ ①抓 ②□疑问词,"做啥"的合音 ③爪

$tʂ^h$ ③□用手猛夺

ʂ ①刷 ③耍

k ①瓜呱刮 ③寡剐 ④挂褂卦

k^h ①夸 ③侉垮 ④跨

x ①花 ②华铧划~船桦猾滑 ④划计~画话化

ø ①蛙哇挖袜 ②娃 ③瓦砖~ ④凹洼瓦~刀

ε

p ①掰伯~父百柏 ②白别又 ③伯父亲

p ①迫拍魄

m ①麦脉默

t ①德老得老 ③嗲~啦:撒娇

t^h ①忒特

l ①裂老列老猎老烈老肋勒

ts ①则

s ①塞瑟

tʂ ①蔗遮折~腾褶浙窄摘蜇 ②辙择泽宅责哲 ③侧~歪者 ④这

$tʂ^h$ ①撤车彻策册测侧老拆赤~裸,裸体

ʂ ①赊色涩 ②舌折~本佘蛇 ③舍奢 ④赦摄涉射麝社设

ʐ ①热 ③惹

k ①格老1革老1隔老1胳老1

k^h ①客老1刻时~,老1刻刀~,老1克老1②咳

x ①黑老1 ②核审~

iε

p ①鳖憋 ②别分~ ④别性格执拗

p^h ①撇□挑食 ③□折断,如~树枝

m ①灭

t ①爹跌 ②叠碟牒蝶谍

t^h ①铁帖贴特又 ②□有才能

l ①裂新烈新列新猎新

tɕ ①皆阶秸街揭结接节 ②劫杰洁捷截 ③解~开姐 ④介界芥届戒械借

tɕʰ ①怯且切 ②茄 ③□“起来”的合音 ④妾

ȵ ①聂镊蹑捏 ④孽

ɕ ①血歇蝎□程度副词楔 ②谐鞋胁协邪斜 ③些写 ④懈蟹解姓泻卸谢泄械又屑

k ①格老2革老2隔老2□~囊:垃圾胳~膊,老2 ②□~赖,(人)挑剔

kʰ ①客老2克老2刻时~,老2刻刀~,老2 ②揢~鱼,捉鱼

x ①黑老2吓~唬 ②□~老,缝隙 ③蛤~蟆

Ø ①噎页叶业额老,~佬盖儿:额头耶 ②爷 ③也野 ④夜腋

uɛ

k ①国老

x ②或惑获老

yɛ

tɕ ①蹶决诀 ②绝橛噘骂,又 ④倔

tɕʰ ①缺却确新 ②瘸 ③撧用手折断树枝等物 ④雀鹊

ɕ ①薛靴雪 ②穴学新 ④□填塞

l ①劣略掠

Ø ①月粤悦阅越 ③哕干~:呕吐

ɤ

t ①德新1得新1 ②德新2得新2

tʂ ①□知道

k ①各胳新阁格新革新隔新搁歌戈鸽割葛佮合伙嗝 ②□小孩斗架 ③哥 ④个

kʰ ①客新1刻时~,新1刻刀~,新1渴壳磕可程度副词科新棵新颗新 ②克新 ③可~以 ④课新客新2刻时~,新2刻刀~,新2

x ①喝赫鹤 ②河何合盒 ④荷贺郝

Ø ①恶~心屙~尿阿~胶 ②蛾鹅俄讹额~头,新 ④饿鄂扼

uo

p ①拨菠钵钹博泊梁山~剥驳玻 ②薄簿勃脖□猪狗等产崽 ③簸~一~

④簸~箕

pʰ　①泊血~泼~水、~命波坡 ②婆 ③颇跛 ④破

m　①摸莫末沫墨又 ②摩魔馍磨~刀模~范摹膜 ③抹 ④磨~面蟆陌

t　①多 ②夺铎 ③朵躲 ④剁惰跺垛舵

tʰ　①脱托拖 ②驮驼 ③妥椭

n　①搦 ②挪 ④糯诺

l　①啰洛烙落乐快~骆络漯 ②罗锣箩萝骡螺裸 ③□刀割 ④摞

ts　①作 ②凿~子 ③左撮昨佐 ④坐座做又

tsʰ　①搓 ②矬 ④挫错措

s　①梭唆塑缩文 ③琐锁 ④朔

tʂ　①拙桌捉 ②着~火着穿~酌卓啄涿浊镯

tʂʰ　①初白绰焯 ②锄白戳

ʂ　①说梳蔬疏搠竖立 ②勺芍 ③所数~不清 ④数~字

ʐ　①弱若

k　①郭锅国新 ③果裹 ④过

kʰ　①棵老科老颗老括廓扩□敲击 ④阔课老

x　①霍豁藿劐泼~水 ②和~气活禾获新和~面□棺材 ③火伙 ④货祸

ø　①窝倭踒崴脚蜗握 ③我 ④卧沃

yo

tɕ　①脚镢~头觉知~角菜~子 ②嚼爵 ③角~落

tɕʰ　①确老推~蒜□骗人

ɕ　①削莎~~草:一种野草 ②学老

ø　①药虐疟约钥乐音~岳姓岳山~

ai

p　③摆 ④败稗拜

pʰ　②排牌簰 ④派

m　①妈老 ②埋 ③买 ④卖迈

t　③呆歹逮 ④带戴贷怠殆待代袋大~夫

tʰ　①胎态 ②台抬苔 ④太泰

n ③乃奶 ④耐奈

l ②来 ③擸手~草 ④赖癞

ts ①灾栽 ③载年~宰 ④在载~重再

ts^h ①猜 ②才材财裁 ③彩采睬 ④蔡菜

s ①腮鳃 ④赛

tʂ ①斋 ④债寨

$tʂ^h$ ①钗差出~ ②豺柴

ʂ ①筛 ③洒又 ④晒

k ①该 ③改 ④概盖丐溉

k^h ①开 ③凯楷 ④慨

x ②孩骇亥还~有 ③海 ④害

ø ①哀挨~着 ②挨~打 ③埃蔼矮 ④爱艾碍隘

uai

tʂ ③踋显摆 ④拽用力拉

$tʂ^h$ ①揣怀~ □"出来"的合音 ③揣~摩 ④踹

ʂ ①衰摔 ③甩 ④帅蟀率~领

k ①乖 ③拐 ④怪

k^h ③㧟侧挎竹篮 ④快筷会~计块刽~子手

x ②怀槐淮 ④坏

ø ①歪 ③崴~脚④外

ei

p ①杯碑卑北悲笔背~着 ③彼 ④贝辈背~上倍焙被避~雨备卜萝~,又

p^h ①坯披 ②赔培陪裴呸 ③胚 ④沛配佩辔

m ①墨没 ②梅煤枚媒眉楣媚 ③每美④妹昧寐

f ①飞新非新妃 ②肥新 ③匪新翡 ④肺老废新痱新费新

ts ②贼

ʂ ②谁 ④睡又

k ③给□介词,在

x ①黑新吓~唬

uei

t ①堆 ④队碓~~:捣物的用具兑对

tʰ ①推 ③腿 ④退蜕褪~色

l ②雷 ③儡垒磊累积~ ④累连~泪类

ts ①堆又 ③嘴 ④罪最醉

tsʰ ①催崔 ④脆翠

s ①虽尿又,猪~泡 ②随髓遂 ④碎岁穗隧

tʂ ①追锥 ④缀赘坠

tʂʰ ①炊吹 ②垂槌锤

ʂ ③水 ④税睡

ʐ ③蕊 ④瑞锐

k ①归龟圭闺规轨 ③诡鬼 ④鳜桂跪贵柜

kʰ ①亏盔 ②癸奎魁傀逵葵 ④愧溃崩~

x ①灰恢辉挥徽 ②回 ③毁悔 ④贿汇晦溃~脓会开~会~不~绘惠慧秽讳汇

ø ①威偎煨 ②围为人~ ③危桅伪委维惟唯微尾新违苇伟 ④卫为~何位未味魏慰畏谓纬胃

ɔo

p ①褒包书~包赔偿胞雹 ③饱保堡宝 ④报抱暴曝豹爆鲍刨~子

pʰ ①抛剖泡尿~ ②胞又袍刨~地 ③跑 ④炮泡~沫

m ①猫又 ②毛茅猫矛锚 ③卯□肉类等在开水中焯□剩余 ④冒帽茂贸貌

t ①刀叨□~菜:夹菜 ③岛捣祷倒摔~导 ④倒~退到稻道盗掇

tʰ ①掏滔涛 ②淘桃陶讨逃萄 ④套

n ①孬 ②挠 ③脑恼 ④闹

l ①捞拉 ②捞打~牢劳唠 ③老 ④涝

ts ①糟遭 ③枣早澡 ④躁灶皂造

tsʰ ①操 ②曹槽 ③草蚤

s ①骚 ③扫~地嫂 ④臊扫~帚

tʂ ①招召诏昭沼朝~夕 ③找 ④罩笊赵兆照

tʂʰ ①超抄钞 ②朝潮巢 ③吵炒

ʂ ①烧梢捎 ②绍韶 ③稍少多~ ④潲~雨,~食少~年邵

ʐ ②饶 ③扰绕围~ ④耀又照又绕~线

k ①高膏~脂篙羔糕 ③稿搞 ④告膏~油

kʰ ③考烤 ④靠犒

x ①薅蒿 ②豪嚎毫□风筝 ③好~坏 ④好爱~耗号浩

ø ①爊~白菜 ②熬鳌 ③袄 ④傲鏊烙饼用具懊奥澳坳

iɔo

p ①标膘彪 ③表 ④摽绑一起

pʰ ①漂~浮飘 ②瓢嫖 ④漂~亮票

m ①喵渺 ②苗描 ③藐秒 ④庙妙

t ①刁貂雕 ③屌 ④钓吊掉调~查

tʰ ①挑~担 ②条调~和 ③挑~事:挑起矛盾 ④跳粜

l ②疗聊撩辽 ③燎了~结 ④料廖尥

tɕ ①交郊胶浇缴教~书娇骄矫焦蕉椒 ③搅剿铰侥狡 ④教~师校~正窖觉睡~叫轿

tɕʰ ①敲锹悄 ②乔侨桥荞瞧樵 ③巧④俏

ȵ ③鸟 ④尿

ɕ ①嚣消宵霄萧潇箫销硝 ③晓小 ④校学~孝效校上~鞘笑酵

ø ①腰邀要~求吆幺~二三妖 ②遥摇谣肴窑姚尧淆 ③咬舀 ④要不~跃耀

ou

m ①有 ②谋 ③某

t ①都全~兜 ③斗一~陡 ④斗~争豆逗就~是

tʰ ①偷 ②头投 ④透

l ①搂捞取好处 ②楼耧 ③搂~抱篓虏 ④漏陋

ts ③走 ④奏

tsʰ ④凑侍又

s ①馊飕搜 ③叟

tʂ ①邹周舟州洲粥绉胡~:胡扯 ③肘 ④宙纣昼皱绉骤咒

tʂ^{h} ①抽搊扶起 ②绸稠愁仇筹酬 ③丑瞅 ④臭

ʂ ①收 ③守手首 ④瘦兽受寿授售

ʐ ①□转动 ②柔揉 ④肉

k ①钩勾购沟 ③狗苟 ④够构

k^{h} ①抠 ②□性格乖戾 ③口 ④叩寇扣

x ①吼齁打~齁程度副词 ②猴喉瘊 ④后厚候侯

ø ①呕抠又欧 ②牛老 ③偶藕熰烧焦 ④沤怄

iou

t ①丢

l ①蹓溜 ②刘流留硫琉馏 ③柳 ④六榴馏重新加热

tɕ ①鸠纠灸咎揪阄究 ③九韭久酒 ④救舅臼旧就

tɕ^{h} ①丘枢秋 ②求球仇姓囚泅 ③□液态物质凝固

ȵ ①妞 ②牛新 ③扭

ɕ ①休羞修 ③朽 ④宿星~秀绣袖锈

ø ①忧优悠幽 ②邮尤由油游酉 ③有友 ④又右佑莠诱柚釉幼

an

p ①扳班斑颁般搬 ③拌扔版板 ④拌搅~瓣扮办伴半绊

p^{h} ①潘攀 ②爿盘 ④盼襻判叛

m ②蛮瞒馒 ③满 ④慢幔漫蔓

f ①翻番 ②凡帆烦繁 ③反 ④范泛犯饭贩嬎鸡下蛋

t ①担动丹单 ③胆掸 ④担名但旦蛋淡弹~药诞

t^{h} ①贪坍滩瘫摊 ②谭潭弹~琴谈痰檀坛 ③毯坦 ④探炭叹

n ②男~性难~处南 ③□吞吃 ④□用手摁住难受~

l ②蓝篮兰拦栏 ③漤懒览揽缆榄 ④滥烂

ts ①簪 ②咱 ③攒 ④赞暂

ts^{h} ①餐参~加 ②残蚕惭 ③惨 ④灿

s ①三 ③散松~伞 ④散~布

tʂ ①沾粘动毡瞻 ③斩盏展 ④蘸占绽站栈战颤寒~

tʂʰ ①搀掺 ②馋谗缠蝉禅 ③产铲 ④颤~抖

ʂ ①杉衫山删煽搧羶珊 ③陕闪 ④疝善扇禅苫

ʐ ③染冉然燃

k ①甘柑泔蚶肝竿干~旱 ③赶擀敢感橄秆 ④干~活

kʰ ①堪龛 ③坎砍刊□碗盘等翻转 ④看~守看~见

x ①憨鼾酣 ②含韩函涵寒 ③喊罕 ④撼憾旱汉汗悍焊翰

ø ①庵安鞍 ③俺 ④按暗岸案

iɛn

p ①编鞭边 ③贬扁匾□~袖子 ④便方~辨辩变遍辫汴

pʰ ①偏篇 ②便~宜 ③谝显摆 ④骗片

m ②棉绵眠 ③免勉娩渑 ④面缅

t ①掂颠 ③点典 ④店电殿奠佃垫

tʰ ①添天 ②甜田填 ③舔腆

l ②连廉镰帘联莲怜 ③敛脸 ④殓练炼楝恋

tɕ ①监艰兼肩间奸坚监尖煎歼 ③减拣简柬茧俭检剪践 ④剑舰涧锏犍件建键健腱荐见渐贱箭溅饯笺

tɕʰ ①谦牵铅虔迁千签 ②钳前钱乾 ③遣潜浅 ④嵌欠歉

ȵ ②黏~稠年粘鲇 ③拈碾辇撚以指~碎撵追赶 ④念

ɕ ①掀仙鲜~见先 ②咸衔闲贤弦嫌涎 ③险显 ④陷馅限苋羡宪献现县线羡

ø ①烟淹腌阉 ②岩盐闫严炎俨阎酽颜延沿言研 ③掩眼演兖 ④谚验厌焰艳砚宴雁燕晏筵堰

uan

t ①端 ③短 ④断段锻缎椴

tʰ ②团

n ③暖

l ②鸾峦栾 ③卵 ④乱□汤浓稠

ts ①钻~研 ④钻~石

tsʰ ①窜 ④篡

s ①酸 ④算蒜
ʈʂ ①砖专 ③转~达 ④赚转~圈传~记篆纂撰
ʈʂʰ ①穿川 ②传~达船椽 ③喘 ④串
ʂ ①拴闩 ④涮
ʐ ③软
k ①关观~看棺官冠鸡~ ③管馆 ④贯惯观道~冠~军灌罐
kʰ ①宽③款
x ①欢 ②还~账环桓 ③缓 ④唤换焕幻患宦
ø ①弯湾豌剜 ②完丸玩顽 ③皖碗腕晚宛挽 ④万

yɛn

tɕ ①捐绢娟③卷~烟噘骂人，又 ④眷倦圈猪~
tɕʰ ①圈圆~ ②权拳颧全泉 ③犬 ④劝券
ɕ ①轩喧宣 ②玄悬眩旋~风 ③癣选 ④楦旋~吃~做镟
l ③□~雪，铲雪
ø ①冤渊 ②圆员缘元原源阮袁辕援园 ③远 ④院愿怨

ən

p ①奔锛 ③本 ④笨
pʰ ①喷聊天喷~水 ②盆 ④喷~香
m ①闷焖 ②门
f ①分 ②坟 ③芬纷焚粉 ④粪奋愤忿份
tʰ ①吞
n ③恁第二人称 ④恁那么
ʈʂ ①针真榛臻 ③珍疹诊斟枕 ④镇阵振震□程度副词
ʈʂʰ ①伸又深又 ②沉尘陈辰晨臣娠妊~ ④趁衬称~心
ʂ ①身森参人~申伸深 ②神 ③沈审婶 ④葚甚渗慎肾瘆使人害怕
ʐ ②人任姓壬仁 ③忍 ④任~务刃认饪妊纫
k ①根跟 ④艮
kʰ ③啃肯垦恳
x ③很 ④痕恨

ø ①恩 ④摁

in

p ①彬宾槟 ④殡鬓
p^h ①拼姘 ②贫频凭又 ③品 ④聘
m ②民 ③闽悯敏抿
l ②林淋临邻鳞磷 ③檩④赁吝
tɕ ①今金襟巾斤筋津锦浸 ③紧仅谨锦又 ④禁妗近劲尽进晋
$tɕ^h$ ①钦侵亲~人 ②琴禽擒勤芹秦 ③寝 ④沁吣亲~家
ɕ ①馨欣心辛新薪 ②寻又，如"~媳妇" ④信
ø ①阴荫音因洇姻吟 ②银淫寅 ③饮~食引隐尹殷 ④饮~马印

uən

t ①敦墩蹲 ④顿囤盾饨
t^h ②屯豚臀 ④褪又，如"~袖子"退倒着走
l ①□胡~，胡扯 ②轮 ④嫩论
ts ①尊遵
ts^h ①村皴 ②存忖 ④寸
s ①孙
tʂ ③准
$tʂ^h$ ①椿春 ②纯唇莼醇 ③蠢
ʂ ④顺舜
k ③滚 ④棍
k^h ①昆坤 ③捆 ④困
x ①婚昏荤 ②魂混馄浑茴~香 ④混又
ø ①温瘟 ②闻文蚊纹 ③稳吻 ④问璺

yn

tɕ ①钧均君军菌 ④郡俊骏
$tɕ^h$ ②群裙
ɕ ①熏薰 ②寻旬循巡 ③荀损榫 ④训讯逊殉迅

ø ①晕 ②匀云 ③允 ④闰润孕熨韵运

aŋ

p ①邦帮浜 ③榜绑 ④谤傍棒

pʰ ①胖肿乓 ②滂旁螃庞 ④胖

m ①牤～牛 ②忙芒～种茫盲 ③莽蟒

f ①方芳 ②房肪防 ③纺仿妨访 ④放

t ①耽～误当～时 ③党挡 ④当～铺荡

tʰ ①汤倘 ②堂棠螳唐糖塘 ③淌 ④烫趟

n ①囔～声～气：说话鼻子不通 ②囊□没～气，没志气 ③攮用锐器刺

l ②朗郎狼廊 ③□～利：整齐、利索 ④浪

ts ①脏肮～赃 ④藏西～脏心～葬

tsʰ ①苍仓跄 ②藏躲～

s ①桑丧 ③嗓搡

tʂ ①张章樟 ②□做饭放入作料 ③长生～涨～价掌 ④胀丈杖仗账帐障瘴涨膨～

tʂʰ ①昌 ②长～短常肠场打麦～尝偿 ③场～地厂 ④畅唱倡

ʂ ①伤商墒 ③裳晌赏 ④上尚

ʐ ②瓤穰□示弱 ③攘壤嚷酿 ④让

k ①刚钢纲缸 ③冈岗港 ④钢～刀：使刀锋利的加工方法杠

kʰ ①康糠 ③扛慷 ④炕抗

x ①夯 ②行银～航杭

ø ①肮 ②昂

iaŋ

l ②量动凉冷良粮梁粱 ③两 ④量重～晾～晒亮辆

tɕ ①浆疆姜江僵缰豇□猪狗等产仔将～来 ③讲耩～地蒋奖 ④犟倔～虹糨～子：面粉做的黏合剂降～落将～士匠酱浆

tɕʰ ①羌腔枪呛锵象声词 ②强～大墙 ③强勉～抢□铲除表面东西

ȵ ②娘

ɕ ①香乡箱厢湘襄镶 ②降投～翔祥详 ③享响饷想 ④向项巷相～互

相~貌象像橡

ø ①央秧殃映 ②仰羊洋杨扬阳 ③养痒疡 ④样

uaŋ

tʂ ①装庄 ④壮状撞

$tʂ^h$ ①疮窗 ②床 ③闯 ④创

ʂ ①霜双量词孀 ③爽 ④双~生

k ①光咣~当,象声词 ③广 ④桄~线逛

k^h ①筐诓 ②狂 ④旷矿况眶匡框

x ①荒慌 ②黄簧皇蝗 ③谎晃~~一眼:看一眼 ④晃~动

ø ①汪 ②亡芒麦~王枉 ③网往 ④妄忘望旺

əŋ

p ①崩迸绷~紧 ③绷~嘴,闭嘴 ④蹦蚌

p^h ①烹□溅水□~了:事办错 ②朋蓬篷彭膨棚 ③捧 ④碰

m ①懵 ②萌盟蒙 ③猛蠓 ④孟梦

f ①疯枫丰封讽风 ②逢冯锋峰缝动 ④缝名奉俸凤

t ①登灯 ③等 ④邓凳镫瞪澄~水

t^h ①熥小火烤 ②腾疼滕藤

n ②能~够能精明 ④弄

l ③冷 ④愣楞棱

ts ①曾姓增赠 ④憎

ts^h ②曾~经层 ④蹭

s ①僧

tʂ ①贞争~夺争欠、差,如:~几块不到一百元征蒸筝侦睁正~月铮~亮 ③整 ④证症郑正~在政

$tʂ^h$ ①撑称~呼 ②橙拯乘承丞成城诚程呈逞盛~饭惩 ③宠~小孩:宠爱孩子 ④秤樘

ʂ ①生升牲笙甥声 ②绳 ③省河南~省节~ ④盛旺~剩胜圣

ʐ ①扔 ③仍

k ①更五~耕庚粳绠哽 ③梗耿 ④更~加

k^h ①坑

x ①哼亨 ②恒衡 ④横蛮~

Ø ④硬老

iŋ

p ①冰兵 ③禀丙秉柄饼 ④病并

p^h ①乒 ②瓶凭平苹萍评屏坪

m ②明名铭鸣 ④命

t ①丁钉~子 ③顶鼎 ④钉动定锭订

t^h ①听厅汀庭蜓艇廷 ②亭停挺 ③侹躺 ④□~头，麻将用语□~热，吵架相让

l ②凌陵菱灵零铃伶翎 ③岭领 ④令另

tɕ ①京荆经鲸惊精晶津天~兢 ③境警井 ④茎径颈竟竞敬镜净睛静靖

$tɕ^h$ ①卿轻清青蜻倾又 ②情晴 ③顷请赙不经过努力就得到 ④罄庆亲~家，又

ȵ ②拧凝 ④宁

ɕ ①兴时~星腥 ②行~为刑邢型荥 ③擤~鼻子省反~醒 ④幸杏兴高~性姓

Ø ①鹰婴樱莺鹦英缨 ②凝又蝇营萤赢盈颖佞迎 ③影 ④应硬新

uəŋ

Ø ①翁瓮嗡搕

iuŋ

tɕ ③迥炯窘 ④粽纵又

$tɕ^h$ ①倾 ②穷琼

ɕ ①胸凶兄 ②雄熊

Ø ③泳咏冗雍涌永拥勇 ④用

uŋ

t ①东冬 ③董姓董浪费懂 ④冻栋洞动

t^h ①通 ②童同桐铜曈 ③桶筒统捅 ④痛

n ②浓脓农

l ②隆聋笼龙 ③拢陇垄

ts ①鬃宗综 ③总 ④纵

ts^h ①聪葱匆囱 ②丛从

s ①松嵩 ④送宋诵颂讼

tʂ ①中~间忠终冢钟盅 ③种~子肿 ④中打~种~地众重轻~仲

$tʂ^h$ ①充冲~洗 ②重~复虫 ③宠崇 ④冲说话火药味浓

ʐ ②荣绒戎融茸毴细毛容镕蓉 ③拥又

k ①工公蚣功攻弓宫恭躬供~不起 ③汞拱巩 ④贡共供~神

k^h ①空~气 ③恐孔 ④空~缺控

x ①轰烘 ②弘红宏洪鸿 ③哄~骗 ④横~竖哄起~

参考文献：

贺巍：《河南山东皖北苏北的官话（稿）》，《方言》1985 年第 3 期。

贺巍：《中原官话分区（稿）》，《方言》2005 年第 2 期。

张启焕、陈天福、程仪：《河南方言研究》，河南大学出版社 1993 年版。

杞县方言音系

杞县位于河南省东部，东邻商丘市的睢县，西与开封市的祥符区和通许县相连，北接兰考县，南部是周口市的太康县。杞县属开封市管辖，人口 105 万，辖 21 个乡镇。杞县话属于中原官话郑开片（贺巍 2005），方言的内部差别主要表现在：（1）北部靠近开封市祥符区的泥沟、平城和葛岗三个乡镇的部分村庄中古的精知庄章声母今读分为舌尖前音 ʦ、$ʦ^h$、s 和舌尖后音 ʈʂ、$ʈʂ^h$、ʂ两套。其他地方大都合并成了一套，读舌尖前音 ʦ、$ʦ^h$、s，但部分乡镇有 ʦ/ʈʂ、$ʦ^h$/$ʈʂ^h$、s/ʂ自由变读现象。（2）北部泥沟和阳堌两个乡镇邻近兰考县的部分村庄有一组舌叶音声母 ʧ、$ʧ^h$、ʃ，来源于中古的知庄章组。（3）沙沃、苏木和邢口以南的乡镇，f、x 声母不混，其他地方则已不能区分。但城关镇属例外，虽处在沙沃、苏木和邢口以北，f、x 区分十分清楚。不分f、x 的地区大多存在f/x 自由变读的现象。本书记录的是杞县城关镇音，以王新振的发音为主，其他人发音作为参考。

发音人：①王新振，男，汉族，1950 年 3 月出生。杞县城关镇人，初小毕业，务农，世居城关中山大街北段。无长年外出经历，不会讲普通话，方音纯正。②张保松，男，汉族，1956 年 9 月出生。杞县官庄乡常桥村人，初小毕业，务农。无长期外出经历，不会讲普通话，方言纯正。③杨世杰，男，汉族，1949 年 11 月出生。现居杞县城关镇蔡隅首北街，初中毕业，经商，会说地方普通话。④时献中，男，汉族，1945 年 6 月出生。杞县高阳镇曹李王村人，初中毕业，务农。不会讲普通话，无外出经历，方音纯正。

一　声韵调系统

1.1　声母

杞县方言声母 20 个，包括零声母。

p　班抱八薄　p^{h}　瓢爬批怕　m　门米幕忙　f　飞发翻房
t　店大到答　t^{h}　太同踢堂　n　难努纳拿　l　兰路连辣
ts　嘴知抓照　ts^{h}　粗吃吹张　s　山三嫂烧　z　人让日染
tɕ　局精秋姜　$tɕ^{h}$　齐旗戚气　ȵ　娘你女年　ɕ　戏锡西徐
k　贵格谷刚　k^{h}　课愧哭看　x　话寒孩换
ø　荣闻而衣暗闰牛$_{\text{白}}$熬

说明：

（1）声母f发音时上齿轻微接触下唇，气流也较弱。

（2）n、ȵ互补：前者拼开口呼、合口呼，后者拼齐齿呼、撮口呼。

（3）ts、ts^{h}、s、z位置略靠后。发音时，舌尖上抬，阻碍点在齿龈处。在与儿化韵相拼时变成相应的卷舌音tʂ、$tʂ^{h}$、ʂ、ʐ，但tʂ、$tʂ^{h}$、ʂ、ʐ不自成音位。

（4）舌根音k、k^{h}、x与单元音ε相拼时，如“革$kε^{24}$、客$k^{h}ε^{24}$、黑$xε^{24}$”，成阻部位前移（还不是c、c^{h}、ç），使k、k^{h}、x带有腭化色彩。实际的音值是“革$k^{j}E^{24}$、客$k^{hj}E^{24}$、黑$x^{j}E^{24}$”。

（5）零声母的开口呼音节在发音起始阶段，舌根部有轻微的摩擦，但语图显示已无浊音杠，这里不记浊音声母ɣ。

1.2　韵母

杞县方言韵母42个，不包括儿化韵。

ɿ　次知石事　i　地第里力　u　胡古不铺　y　雨女吕区
ɐr　二而耳儿
a　爸怕纳拉　ia　家亚恰下　ua　挖挂画花
ε　车社色浙　iε　爷姐铁切　uε　国$_{\text{老}}$或惑获　yε　雪决靴月
ɥε　说拙□$_{\text{堵塞}}$
ɤ　鸽各河渴
o　剥菠破坡　uo　郭多坐初　yo　脚学确嚼
ai　开海斋筛　iai　介皆街蟹　uai　或快外坏
ei　倍每北谁　uei　岁嘴税威
aɔ　刀包考凿　iaɔ　标孝刁笑
ou　豆楼周牛$_{\text{白}}$　iou　丢刘秋又

an 办单惭砍　iɛn 编电连炎　uan 团暖官恋　yɛn员鲜劝远
ən 门分吞审　in 民心林品　uən 盾村困嫩　yn 军韵训群
aŋ 邦防糖旁　iaŋ 辆强央向　uaŋ 床狂庄旺
əŋ 朋灯生硬　iŋ 兵名京形　uəŋ 翁瓮嗡
　　　　　　iuŋ 松倾永用　uŋ 红横同荣

说明：

（1）u的发音较松，实际音值是 ʊ。

（2）a、ia、ua 的实际音值是ᴀ、iᴀ、uᴀ。

（3）iɛ、yɛ、ɥɛ 的实际音值是iᴇ、yᴇ、ɥᴇ。

（4）韵母ou、uo中的 o 不太圆，介于ɤ和 o 之间。

（5）aŋ、iaŋ、uaŋ 的实际音值是 ɑŋ、iɑŋ、uɑŋ。

（6）零声母的 uəŋ 实际音值是 wəŋ。

1.3 声调

杞县方言 4 个声调，不包括轻声。

阴平 24　天三安麦竹　　阳平 53　平人鹅敌食

上声 44　走闪手碗远　　去声 312　布去抱柱玉

说明：

去声在单字调中调值为 312，自然语言中多读为 31，31 和 312 是一对自由变体。

二　语音特点

2.1 声母特点

（1）古全浊声母今读清音，按平送仄不送的规律分别读相应的塞音、塞擦音，如：

婆p^ho^{53}　部pu^{312}　徒t^hu^{53}　才 $ʦ^hai^{53}$　道$taɔ^{312}$

字 $ʦɿ^{312}$　茶 $ʦ^ha^{53}$　住 $ʦu^{312}$　奇$tɕ^hi^{53}$　柜$kuei^{312}$

（2）f、x 不混，如：

飞$_{文}$$fei^{24}$ ≠灰 $xuei^{24}$、冯 $fəŋ^{53}$ ≠红 $xuŋ^{53}$、符 fu^{53} ≠胡 xu^{53}

（3）中古精、知、庄、章四组今合并为一组，读 ʦ、ʦ^{h}、s，如：

师＝诗＝私 sɿ^{24}　知＝支＝资 ʦɿ^{24}　书＝苏 su^{24}

才＝柴 ʦ^{h}ai^{53}　散$_{分\sim}$＝善 san^{312}　生＝僧 səŋ^{24}

但口语中有一套 ʈʂ、ʈʂ^{h}、ʂ的自由变体，不区分意义。

（4）不分尖团，精组细音和见组细音都读ʨ、ʨ^{h}、ɕ，如：

妻＝欺ʨ^{h}i^{24}　西＝溪ɕi^{24}　须＝虚ɕy^{24}　秋＝丘ʨhiou^{24}　酒＝九ʨiou^{44}　箭＝见ʨian^{312}

2.2　韵母特点

（1）果摄合口一等见组字大部分保留古合口读音，如：

科棵k^{h}uo^{24}　课k^{h}uo^{312}　禾 xuo^{53}

（2）遇摄合口三等庄组字读复元音uo，与知、章组不同：

庄组：初 ʦ^{h}uo^{24}　锄 ʦ^{h}uo^{53}　梳 suo^{24}　数$_{动}$suo^{44}　数$_{名}$suo^{312}

知组：猪 ʦu^{24}　除 ʦ^{h}u^{53}　著柱住 ʦu^{312}

章组：煮 ʦu^{44}　书 su^{24}　暑 su^{53}　处$_{\sim所}$ʦ^{h}u^{312}　朱 ʦu^{24}　主 ʦu^{44}　竖 su^{312}

（3）止摄、蟹摄合口三等非组韵母有i/ei两种读音，如：

非飞 fi^{24}/fei^{24}　肥 fi^{53}/fei^{53}　匪 fi^{44}/fei^{44}　痱费 fi^{312}/fei^{312}　尾 i^{44}/uei^{44}　废肺吠 fi^{312}/fei^{312}

（4）蟹摄开口二等韵见、晓两组的字大部分读 iai，如：

阶街ʨiai^{24}　介械界ʨiai^{312}　蟹ɕiai^{312}

（5）蟹止摄合口来母字保留合口读法，如：

雷 luei^{53}　儡垒磊 luei^{44}　累类泪 luei^{312}

（6）入声“薛、德、职、陌、麦”等韵入声字主元音今读 ɛ，如：

薛韵：别pɛ^{53}　列烈 lɛ^{24}　哲 ʦɛ^{53}　彻 ʦ^{h}ɛ^{24}　浙 ʦɛ^{24}　舌 sɛ^{53}　热 zɛ^{24}

德韵：得德tɛ^{24}　特t^{h}ɛ^{24}　肋勒 lɛ^{24}　则 ʦɛ^{24}　塞 sɛ^{24}　刻克k^{h}ɛ^{24}　黑 xɛ^{24}

职韵：测 ʦ^{h}ɛ^{24}　色 sɛ^{24}

麦韵：责 ʦɛ^{53}　策 ʦ^{h}ɛ^{24}　革隔kɛ^{24}

（7）入声铎、药、觉三韵今读的主元音为 o，如：

铎韵：落烙骆酪洛乐$_{高兴}$络 luo^{24}

药韵：掠 lyo^{24}　爵嚼tɕyo^{53}　雀鹊tɕʰyo^{24}　削ɕyo^{24}　着$_{\sim衣}$酌ʦuo^{53}　绰$_{宽\sim}$焯ʦʰuo^{24}　勺芍suo^{53}　脚tɕyo^{24}　虐疟药钥yo^{24}

觉韵：觉$_{知\sim}$角tɕyo^{24}　确tɕʰyo^{24}　岳乐$_{音\sim}$yo^{24}　学ɕyo^{53}

2.3　声调特点

（1）古平声按清浊分为阴平和阳平，如：

刚 kaŋ^{24}　天tʰian^{24}　家tɕia^{24}　难 nan^{53}　陈 ʦʰən^{53}　牙 ia^{53}　来 lai^{53}

（2）浊上归去，如：

步 pu^{312}　待 tai^{312}　在 ʦai^{312}　技tɕi^{312}　柱 ʦu^{312}　坐 ʦuo^{312}

（3）古入声消失，入声字基本上二分，清入、次浊入归阴平，全浊入归阳平，也有个别例外。如：

笔 pei^{24}　职 ʦɿ^{24}　福 fu^{24}　入 zu^{24}　麦 mɛ^{24}　药 yo^{24}

局tɕy^{53}　独tu^{53}　择 ʦɛ^{53}　席ɕi^{53}

玉 y^{312}　祝 ʦu^{312}　划 xua^{312}　忆亿抑 i^{312}　夕ɕi^{24}　释 sɿ^{312}

2.4　儿化、小称音变

儿化韵	原韵	例子
ᴀr	ᴀ	刀把儿、渣儿、哪儿、马扎儿、一茬儿、萝卜镲儿
	aŋ	胖儿、房儿、茶缸儿、一场儿、瓜瓤儿、药方儿
iᴀr	iᴀ	架儿、夹儿、卡儿、匣儿、豆芽儿
	iaŋ	箱儿、鞋样儿、唱腔儿、有讲儿、将将儿
uᴀr	uᴀ	褂儿、鸡爪儿、袜儿、画画儿、狗娃儿、菜花儿
	uaŋ	筐儿、庄儿、鸡蛋黄儿、小床儿
ɐr	ai	牌儿、袋儿、盖儿、孩儿、寨儿、筛儿
	an	板儿、盘儿、胆儿、篮儿、竹竿儿、扇儿、庵儿
iɐr	iai	地界儿、小鞋儿
	iɛn	一点儿、辫儿、一片儿、面儿、链儿、馅儿
uɐr	uai	拐儿、筷儿、一块儿、乖乖儿
	uan	一段儿、罐儿、串儿、丸儿、茶馆儿、好玩儿

yɐr	yan	考试卷儿、花卷儿、一大圈儿、院儿、菜园儿
ɛr	ɛ	小车儿、打褶儿
iɛr	iɛ	撇儿、碟儿、叶儿、半截儿、台阶儿
uɛr	uɛ	小说儿
yɛr	yɛ	木橛儿、瘸儿、靴儿、仨两月儿
ər	ʅ	挑刺儿、肉丝儿、瓜子儿、树枝儿、没事儿
	ei	妹儿、一辈儿、晚辈儿、刀背儿、摸黑儿
	ən	盆儿、树根儿、上身儿、书本儿、脑门儿、刀刃儿
iər	i	门鼻儿、皮儿、蹄儿、小鸡儿、玩意儿
	in	林儿、芯儿、脚印儿、妗儿、背心儿
uər	uei	一对儿、锥儿、穗儿、位儿、一会儿、耳坠儿、
	uən	墩儿、囤儿、轮儿、光棍儿、捆儿、村儿
yər	y	驴儿、钢锯儿、有趣儿、金鱼儿、小闺女儿
	yn	一群儿、合群儿、裙儿、晕晕儿哩
ɤr	ɤ	鸽儿、壳儿、盒儿、个儿、唱歌儿
or	o	脖儿、婆儿、水沫儿、锯末儿、上坡儿、粉末儿
uor	uo	一摞儿、豁儿、桌儿、镯儿、酒窝儿、大伙儿
yor	yo	小学儿、吃个药儿、小脚儿、豆角儿、黑雀儿
ur	u	铺儿、肚儿、兔儿、炉儿、裤儿、珠儿、屋儿
aɔr	ɑɔ	包儿、帽儿、刀儿、道儿、手套儿、脑儿、灯泡儿
iaɔr	iɑɔ	瓢儿、苗儿、调儿、挑儿、小鸟儿、料儿、豆角儿
our	ou	豆儿、扣儿、猴儿、老头儿、小偷儿、门口儿
iour	iou	袖儿、釉儿、长个瘤儿、抓阄儿、加油儿
ə̃r	əŋ	棚儿、小风儿、板凳儿、坑儿、绳儿、门缝儿
iə̃r	iŋ	饼儿、瓶儿、钉儿、领儿、镜儿、蝇儿、火星儿
uə̃r	uŋ	洞儿、竹筒儿、笼儿、种儿、虫儿、粽儿、没空儿
yə̃r	iuŋ	小熊儿、哭穷儿

三 同音字汇

本同音字表收字依据中国社会科学院语言研究所《方言调查字表》，又根据方言用字有所增减。按照韵母表的顺序依次排列各韵的单字，同一韵的字按照前面所列声母和声调顺序排列。①②③④⑤等数字表示声调，对应的调类和调值在前面声调部分的内容中有说明。本字未明的用“□”代替，后加小字注释。举例时用“～ ”代替该字，文白异读、新老或老中青异读、又读等现象在该字后用小字标明，有特殊意义的字也在字后用小号字体进行举例、解释或说明。

ʅ

ts ①知支资蜘枝肢栀只稚咨姿兹滋辎芝汁掷质指～头趾执职织 ②侄值直植殖 ③纸姊脂旨指～挥子梓滓之止址紫 ④滞制自至字痔治志痣炙智致稚置

tsʰ ①尺吃眵疵痴嗤 ②池驰慈磁辞词祠雌 ③齿此耻 ④刺赐侈翅伺持赤斥

s ①斯厮撕失师狮私尸矢司思丝诗湿适室厕茅～子:厕所施措～识 ②石豕匙实时十什家～拾动拾数 ③死屎始使史驶施姓～ ④试势誓逝世舐是氏四肆示视嗜似祀巳寺嗣饲市恃侍士仕柿俟事释式饰

z ①日□骂词

i

p ①屄骂词 ②毕鼻必逼 ③比秕鄙 ④蔽蓖闭箅陛鐾敝弊币毙臂文婢弼壁璧痹

pʰ ①批坯文僻辟劈丕文 ②皮疲脾琵枇匹 ③庇□分开 ④譬屁

m ①密蜜觅 ②迷糜弥靡 ③米 ④谜

f ①非白妃白飞白 ②肥白 ③匪白 ④肺白费白痱白废白

t ①低滴 ②敌笛嫡籴 ③底的目～抵 ④帝弟第递地

tʰ ①踢堤梯啼剔 ②提蹄题 ③体 ④替剃屉

l ①力立笠粒栗 ②犁黎丽隶离距～篱璃梨□割 ③礼狸李里理鲤

④例厉历励离~开荔利痢吏

tɕ ①机鸡稽疾吉迹积肌饥几茶~基几~乎讥级急~慌给供~及缉通~籍藉②集急着~极 ③几~个挤己虮 ④祭际剂济荠计继系~鞋带髻妓寄技冀纪记忌既季辑

tɕʰ ①妻栖七漆膝鳍欺期缉~鞋口戚 ②齐脐奇骑岐棋旗 ③启祈祁起杞其岂 ④企砌契器弃气泣

ȵ ②泥尼 ③你 ④腻拟□用脚踹

ɕ ①西犀溪奚兮徙悉昔惜希夕熙稀吸锡析息熄 ②习畦席媳 ③洗玺嬉喜袭 ④细系联~戏

ø ①衣一医以依揖逸 ②移姨疑饴异毅遗役疫译倪 ③蚁椅倚乙伊夷已沂尾白 ④宜仪艺刈缢谊义议易肄意矣益亦易忆亿抑

u

p ①不 ②醭殕□~土□面~，撒在食物或案板上防粘的面粉 ③补卜 ④布怖部步抱白

pʰ ①铺~床 ②蒲菩脯 ③扑普谱浦捕甫仆朴赴 ④铺店~曝瀑

m ①目木 ②模~子谋 ③亩牡母拇某 ④穆牧暮墓慕募幕

f ①幅蝠复反~腹覆福夫肤麸服~装芙幅妇覆 ②服伏符扶浮佛附 ③府腑俯斧敷俘抚釜腐辅 ④复重~富负阜付父赋傅

t ①都首~督嘟 ②毒独犊读 ③堵赌肚鱼~牍笃 ④妒肚~子杜度渡镀

tʰ ① 突秃 ②徒途涂图屠 ③吐吞~土 ④吐呕~兔

n ②奴努 ④怒

l ①陆录鹿禄 ②炉庐 ③卢鸬鲁芦虏卤橹 ④路赂露鹭

ts ①竹筑足文烛猪箸诛蛛株朱诸 ②逐轴卒族 ③嘱拄主煮祖租组阻 ④做住柱驻注蛀铸祝

tsʰ ①搐出粗触舒又，~坦 ②除储殊猝 ③褚厨雏杵处~理 ④畜~牲促醋处到~

s ①束书苏酥枢输运~速舒粟 ②熟术白~术技~述秫 ③赎叔淑蜀属鼠暑薯署 ④肃文素诉戍嗽树竖漱帚黍庶恕

z ① 辱输~赢入褥 ②如 ③汝儒乳擩~进去

k ①姑孤谷箍骨 ③古估股鼓 ④故固雇顾锢

k^h ①哭枯窟 ③苦 ④库裤酷

x ①呼乎忽 ②浒壶胡湖葫核杏~斛糊弧狐 ③虎 ④户沪互护瓠

ø ①梧乌污坞巫诬侮屋物 ②吴 ③鹉五蜈吾伍午武舞戊捂 ④误悟恶厌~无务雾勿

y

l ①绿律率捋 ②驴 ③吕旅缕屡履稆 ④虑滤

tɕ ①菊掬足白车~马炮驹桔橘锔~碗拘居 ②局巨矩 ③举 ④据锯拒距聚俱句具惧

$tɕ^h$ ①曲~调曲酒~蛆趋区瞿黢屈蹴 ②渠 ③取娶 ④去趣

ȵ ③女

ɕ ①宿住~需墟虚须嘘戌蓄畜~牧肃白 ②俗徐 ③许 ④续序絮叙绪续婿恤

ø ①狱淤域鬻 ②鱼渔余馀与愚榆裕于虞 ③雨语迂宇禹羽 ④郁育玉欲御浴誉预豫娱遇寓吁芋逾愉愈喻

ɐr

ø ②儿 ③而尔耳饵 ④二贰

a

p ①巴疤八 ②拔 ③芭把~握 ④爸把~子霸坝耙罢

p^h ①趴 ②爬 ④怕帕琶杷

m ①妈抹□~帽,摘帽 ②麻 ③马码 ④蟆骂

f ①发法 ②伐筏罚

t ①答搭 ②达沓大父亲 ③打 ④大~小

t^h ①獭塌踏拓~本塔榻溻 ③他

n ①纳 ②拿 ③哪 ④那

l ①拉腊蜡辣

ts ①扎札渣 ②炸油~沓叉杂铡 ③眨闸 ④诈榨炸~弹栅

ts^h ①擦叉插差~别 ②茶查 ③搽 ④杈岔

s ①杀沙纱 ③洒撒傻 ④厦房~萨

k ①嘎鸭叫声 ③戛

k^h ③卡又

x ①哈

Ø ①肮~脏

ia

tɕ ①家加痂夹胛甲 ③嘉假真~贾 ④假放~架驾价稼嫁

$tɕ^h$ ①掐 ③卡恰 ④洽

ɕ ①虾瞎 ②霞瑕遐暇狭峡辖匣 ④厦~门下夏

Ø ①鸭压丫押 ②牙芽衙伢涯崖 ③雅哑 ④砑椏亚轧

ua

ts ①抓 ③爪

ts^h ③□猛夺

s ①刷 ③耍

k ①瓜呱刮~风 ③寡剐刮~胡子 ④挂褂卦

k^h ①夸 ③侉垮 ④跨

x ①花 ②华铧划~船桦猾滑 ④划计~画话

Ø ①蛙哇挖袜 ②娃 ③瓦~瓦 ④洼凹瓦~刀

ɛ

p ①掰百柏伯 ②白别白 ③伯又

p^h ①迫拍魄

m ①陌麦脉

t ①德得

t^h ①特

l ①裂列猎勒烈肋劣

ts ①蔗遮折~腾褶蛰蜇则浙窄摘 ②辙哲择泽宅责 ③者侧白,~歪 ④这

ts^h ①撤策车彻册测侧文拆

s ①色赊塞 ②蛇佘舌折~本 ③奢舍 ④射麝社涉瑟设

z ①热 ③惹

k ①格胳白阁白革隔

kʰ ①客刻时~刻刀~克 ②咳搭~鱼，捉鱼

x ①黑赫吓~唬 ②蛤~蟆

ø ③埃蔼矮扼轭 ④爱艾碍隘

iɛ

p ①鳖憋 ②别文

pʰ ①撇

m ①灭

t ①爹父亲爹叉，叔跌 ②叠碟牒蝶谍

tʰ ①铁帖贴 ②特~别特有才能

tɕ ①接结 ②捷劫杰截洁 ③姐 ④借

tɕʰ ①切且怯 ②茄 ④妾

ȵ ①聂镊蹑摄捏孽

ɕ ①血歇楔 ②邪斜谐鞋胁协 ③些写 ④卸谢懈文解姓蟹文解明白，文

ø ①噎页叶业额~佬盖儿：额头 ②爷 ③耶也野 ④夜液腋

uɛ

k ①国老

x ②或惑获

yɛ

tɕ ①蹶掘决诀 ②绝橛 ④倔

tɕʰ ①缺 ②瘸 ④□不管，无论

ɕ ①雪靴 ②穴

ø ①月悦阅越曰 ③哕干~ ④粤

ʮɛ

ts ①拙□堵塞

s ①说

ɤ

k　①各胳文阁文搁歌戈新鸽割 ②蛤 ④个

k^h　①可渴壳磕

x　①喝 ②河何合盒荷 ④贺郝

ø　①恶~心屙~屎 ②蛾鹅俄讹 ④饿鄂

o

p　①拔菠钵钹博泊梁山~剥 ②薄簿勃脖 ③簸~一~玻 ④簸~箕

p^h　①泊血~泼活~波 ②婆 ③坡 ④破

m　①摸莫末沫 ②摩魔馍磨~刀模~范摹膜 ④磨~面

uo

t　①多 ②夺铎 ③朵躲 ④剁惰跺垛掇

t^h　①脱托拖 ②舵驮驼椭 ③妥

n　①搦 ②挪 ④糯诺

l　①洛烙落乐快~骆络略 ②罗锣箩萝骡螺腡□太,程度副词 ④摞

ts　①作桌捉 ②凿~子着~火着穿~酌卓啄涿镯 ③左撮昨佐 ④坐座助

ts^h　①搓初焯绰 ②戳矬锄 ③楚 ④挫错措

s　①缩梭唆莎~~草梳疏蔬 ②勺芍 ③索锁所琐数~不清 ④塑朔数~字

z　①弱若

k　①戈老郭锅国新 ③果裹馃 ④过

k^h　①棵科颗窠括阔廓 ④课

x　①霍豁藿劐 ②和~气活禾和~面 ③火伙 ④货祸

ø　①窝倭□~脚:崴脚蜗握 ③我 ④卧沃

yo

l　①掠

tɕ　①脚觉知~角菜~子 ②爵嚼 ③角~落 ④□手冻僵

$tɕ^h$　①确雀鹊

ɕ　①削 ②学

ø ①药虐谑疟约钥乐$_{音\sim}$岳$_{姓}$岳$_{山\sim}$

ai

p ③摆 ④败稗拜

p^h ②排牌 ④派

m ②埋 ③买 ④卖迈

t ③呆逮 ④带戴贷怠殆待代袋大$_{\sim夫}$

t^h ①忒胎态苔 ②台抬 ④太泰

n ③乃奶 ④耐奈捺

l ②来 ③攋$_{\sim草:用手把草抓断}$ ④赖癞

ts ①斋灾栽 ③宰载$_{五\sim}$ ④在载$_{\sim重}$债再寨

ts^h ①猜钗差$_{出\sim}$ ②才材财裁豺柴 ③扯彩采睬 ④蔡菜

s ①筛腮鳃 ③洒$_{\sim水}$ ④晒

k ①该 ③改 ④概盖丐溉

k^h ①开 ③慨凯揩

x ②孩骇亥还$_{\sim有}$核$_{审\sim}$ ③海 ④害

ø ①哀挨$_{\sim着}$ ②挨$_{\sim打}$ ③埃蔼矮 ④爱艾碍隘

iai

tç ①皆阶秸街 ③解$_{\sim放}$ ④介界芥届戒械

ç ④蟹$_{白}$懈$_{白}$解$_{明白,知晓}$

uai

ts ③跩 ④拽

ts^h ①揣 ④踹

s ①衰摔 ③甩 ④率$_{\sim领}$蟀帅

k ①乖 ③拐 ④怪

k^h ③扤 ④快筷会$_{\sim计}$块

x ②或$_{又}$惑$_{又}$获$_{又}$怀槐淮 ④坏

ø ①歪 ④外

ei

p ①杯碑卑北悲笔背~着 ③彼 ④贝辈背~上倍焙被避~雨备臂白,手~

pʰ ①坯白披 ②赔培陪裴 ③胚丕白 ④沛配佩辔

m ①墨默脉又没文 ②梅煤枚媒楣媚 ③每美④妹昧寐

f ①飞文非文妃文 ②肥文 ③匪文翡 ④痱文费文肺文废文

n ④内

ts ②贼

s ②谁 ④睡

k ①给 ③□在

uei

t ①堆文 ③□撞击或言语冲撞 ④队碓兑对

tʰ ①推 ③腿 ④退蜕褪

l ②雷 ③儡垒磊累积~ ④累~了泪类

ts ①堆白追 ③嘴 ④罪最缀赘醉坠

tsʰ ①吹催崔炊 ②垂槌锤 ④脆翠粹

s ①虽尿又,猪~泡睢 ②随髓绥遂 ③水 ④碎岁税睡穗隧

z ③蕊 ④瑞瑞锐

k ①归龟圭规 ③诡鬼 ④鳜桂跪贵柜

kʰ ①亏盔 ②癸奎魁 ④窥愧

x ①灰恢辉挥徽 ②回茴 ③悔毁晦 ④贿汇溃~脓会开~会~不~绘讳

ø ①威偎煨 ②围为人~ ③危桅伪委维惟唯微尾文违苇纬伟 ④卫为~何位未味魏慰畏谓喂

aɔ

p ①包□赔胞雹 ③饱保堡褒宝 ④报抱暴曝豹爆鲍刨~子

pʰ ①抛剖泡—~尿 ②袍刨~地 ③跑 ④炮泡

m ②毛茅猫矛锚 ③卯 ④冒帽茂贸貌

t ①刀叨 ③岛捣祷倒摔~导 ④倒~退到稻道盗

tʰ ①掏涛 ②淘桃逃陶讨 ④套

n ①孬 ②挠铙 ③脑恼 ④闹

l ①捞~车 ②捞打~牢劳唠 ③老姥 ④酪涝

ts ①糟招召遭诏昭沼 ②凿文 ③枣早澡蚤找 ④躁皂罩笊赵造文兆照文

tsʰ ①超操抄钞 ②朝曹槽潮巢 ③草糙吵炒 ④造白

s ①烧骚梢捎稍 ②韶绍 ③扫~地少嫂 ④臊扫~帚少~年潲邵

z ②饶 ③扰 ④耀白绕照白

k ①高膏~脂篙羔糕 ③稿搞 ④告膏~油

kʰ ③考烤 ④靠犒

x ①薅蒿 ②豪嚎毫□风筝 ③好~坏 ④好爱~耗号浩

ø ①爊~白菜 ②熬鳌 ③袄 ④傲懊奥坳

iaɔ

p ①标膘彪 ③表 ④□绑一起

pʰ ①漂~浮飘嫖 ②瓢 ④漂~亮票

m ①喵渺 ②苗描瞄 ③藐秒 ④庙妙

t ①刁貂雕 ③屌詈词 ④钓吊掉调~查

tʰ ①挑~担 ②条调~和 ④跳粜

l ①□用线缝 ②疗聊撩寥辽 ③燎了~结 ④瞭~望料廖

tɕ ①交郊焦胶浇缴教~书蕉椒娇骄 ③搅铰狡剿矫侥 ④教~师校~场窖觉睡~酵叫轿较

tɕʰ ①敲锹悄 ②樵瞧乔侨桥荞 ③巧 ④俏鞘

ȵ ③鸟 ④尿

ɕ ①消宵霄萧箫嚣销硝淆枵~薄 ③小晓 ④校学~笑孝效校上~

ø ①杳肴腰邀要~求吆妖 ②遥摇谣窑姚 ③舀咬 ④要~不~鹞跃耀文

ou

t ①都全~兜 ③斗~~陡 ④斗~争豆逗

tʰ ①偷 ②头投 ④透

l ①搂~取:获取不义之财 ②楼耧 ③搂~抱篓 ④漏陋

ts ①粥周舟州洲 ③走肘 ④奏纣宙邹骤咒昼皱

ts^h ①抽□扶起 ②绸稠愁仇酬 ③丑筹瞅 ④凑臭
s ①叟搜飕收 ③守手首 ④嗽瘦兽受寿授售
z ①绉胡~ ②柔揉 ④肉
k ①钩勾购沟 ③狗苟 ④垢够构
k^h ①抠 ③口□性格乖戾 ④叩寇扣
x ①吼 ②候侯猴喉瘊 ④后厚
Ø ①呕抠又欧瓯 ②牛白 ③偶藕 ④沤怄

iou

t ①丢
l ①蹓 ②刘流留硫琉馏榴 ③柳 ④馏重新加热六
tɕ ①揪阄纠灸咎鸠鬏 ③酒九韭久 ④就救舅臼旧柩
$tɕ^h$ ①秋囚泅丘 ②求球仇姓
ȵ ①妞 ②牛文 ③扭
ɕ ①休修羞朽 ④宿星~秀绣袖锈
Ø ①忧优邮悠幽 ②尤由油游 ③有友酉 ④又右佑莠诱柚釉

an

p ①扳班斑颁般搬 ③拌扔版板 ④拌搅~瓣办伴半绊
p^h ①潘藩攀 ②爿 ④盼襻判叛
m ②蛮瞒馒 ③满 ④慢幔漫
f ①翻番 ②帆凡烦繁 ③反返 ④范泛犯饭泛贩嬎鸡生蛋
t ①担动丹单 ③胆诞 ④担名但旦蛋弹~药
t^h ①贪坍滩瘫摊 ②弹~琴谈谭痰檀坛 ③毯坦撣 ④探炭叹
n ②男难困~南 ③□大口吞吃 ④难逃~
l ②蓝篮兰拦栏 ③漤懒览揽缆榄 ④滥烂
ts ①簪沾粘动毡瞻 ②咱 ③斩攒盏展 ④暂站蘸占绽赞栈战颤寒~
ts^h ①搀餐掺参~加惨 ②惭残蚕馋谗缠蝉禅 ③铲 ④颤~抖灿
s ①三杉衫煽珊山删搧羶疝 ③陕闪散松~伞 ④扇善散~布
z ③染冉然燃
k ①甘柑泔蚶肝竿干~旱 ③赶擀敢感橄秆 ④干~活

k^h ①堪看~守 ③龛坎砍刊 ④看~见

x ①憨鼾酣 ②含韩函涵罕寒 ③喊 ④憾旱汉汗悍焊翰撼

ø ①庵安鞍 ③俺 ④按暗岸案

iɛn

p ①编鞭边 ③贬扁匾挽又,~袖子 ④便方~辨辩变遍辫汴

p^h ①偏 ②便~宜 ③谝炫耀 ④骗片

m ②棉绵眠 ③免勉娩渑 ④面缅

t ①掂颠 ③点典 ④店电殿奠佃垫

t^h ①添天 ②甜田填 ③舔腆

l ②连廉镰帘联莲怜 ③敛脸 ④殓练炼楝

tɕ ①尖监艰歼兼肩间奸煎坚 ③减拣简柬剪茧俭检溅 ④剑舰渐涧锏践犍件箭贱建键健腱笺荐见

$tɕ^h$ ①迁签谦遣千铅虔 ②钳前钱乾 ③潜浅 ④嵌欠歉

ȵ ②粘形年黏鲇 ③拈碾辇撵捻 ④念

ɕ ①仙先掀 ②咸衔闲涎贤弦 ③险嫌显 ④陷馅线限苋羡宪献现县

ø ①烟淹阉腌 ②岩盐闫严俨酽颜延沿言研炎 ③掩魇眼焉兖 ④谚验厌焰艳砚宴雁燕晏筵堰

uan

t ①端 ③短 ④断段锻缎椴

t^h ②团

n ③暖

l ②鸾卵恋 ③□用锹去除 ④乱

ts ①钻~研砖专 ③转~达 ④赚钻~石转~圈传~记篆纂撰

ts^h ①穿川窜 ②传~达船椽 ③喘 ④篡串

s ①酸拴闩 ④算蒜涮

z ③软阮

k ①关观~看棺官冠鸡~ ③管馆 ④贯惯观道~冠~军灌罐

k^h ①宽 ③款

x ①欢 ②还~账环桓 ③缓 ④唤换焕幻患宦

ø ①弯湾豌 ②完丸玩顽 ③皖碗腕晚挽宛 ④万

yɛn

l ④□~糊:粥黏稠

tɕ ①捐绢 ③啳~人,骂人卷~烟 ④眷倦圈猪~券

tɕ^{h} ①圈圆~ ②全泉拳颧 ③犬权 ④劝

ɕ ①鲜新~宣轩喧楦 ②玄悬眩旋~风 ③癣选 ④旋~吃~做镟

ø ①冤渊 ②圆员缘元原源袁辕援园 ③远 ④院愿怨

ən

p ①奔锛 ③本 ④笨

p^{h} ①喷~水 ②盆 ④喷~香

m ①闷焖 ②门

f ①分 ②坟 ③芬纷焚 ④粪奋愤忿份

t^{h} ①吞

n ③恁第二人称 ④恁那么

ts ①针真榛臻贞 ③珍疹诊斟枕 ④镇阵振震

ts^{h} ①伸白深白 ②沉岑尘陈辰晨臣 ③碜 ④趁衬称~心

s ①伸文深文身森参人~申 ②神 ③沈审婶省 ④甚渗慎肾

z ②人任姓壬仁 ③忍 ④任~务饪纴纫刃认妊

k ①根跟 ④艮

k^{h} ③啃肯垦恳

x ③很 ④痕恨

ø ①恩 ④摁

in

p ①彬宾槟 ④殡鬓

p^{h} ①拼姘 ②贫频 ③品 ④聘

m ②民 ③闽悯敏抿

l ②林临邻鳞磷 ③檩 ④吝赁

tɕ ①今金襟锦津巾斤筋 ③紧仅谨 ④禁妗尽进晋近劲

tɕ^h ①侵钦浸亲~人 ②琴秦禽擒勤芹噙 ④亲~家吣

ɕ ①心辛新薪馨欣 ②寻白 ④信

ø ①阴荫音因洇姻殷 ②银 ③吟饮~食淫寅引隐尹 ④饮~马印

uən

t ①敦墩蹲 ④顿囤盾遁饨

t^h ②屯豚臀 ④□倒着走

l ②仑伦沦轮淋□削皮 ④嫩论

ts ①尊遵 ③准

ts^h ①村皴椿春 ②纯存唇莼醇 ③蠢 ④忖寸

s ①孙 ④顺舜

k ①闺 ③滚 ④棍

k^h ①昆坤 ③捆 ④困

x ①婚昏荤 ②魂混馄浑 ④混~日子

ø ①温瘟 ②闻文蚊纹 ③稳吻刎 ④问璺

yn

tɕ ①钧均菌君军 ④俊骏郡

tɕ^h ②群裙

ɕ ①熏薰 ②寻文旬循巡 ③损荀榫 ④讯逊迅训殉

ø ①晕 ②匀云 ③允 ④闰润孕熨韵运

aŋ

p ①邦帮浜 ③榜绑 ④谤傍棒蚌

p^h ①滂膀肿乓 ②旁螃庞 ④胖

m ①牤 ②忙芒~种茫盲 ③莽蟒

f ①方 ②房肪防 ③纺仿芳妨访 ④放

t ①眈当~时 ③党挡宕 ④当~铺荡

t^h ①汤倘蹚 ②堂棠螳唐糖塘 ③淌 ④烫趟

n ②囊 ③攮

l ①狼黄鼠~ ②朗郎狼野~廊 ④浪

ts　①脏$_{肮～}$赃张章樟障瘴□$_{投掷}$ ②□$_{放入作料}$ ③长$_{生～}$涨掌 ④藏$_{西～}$胀脏$_{心～}$丈杖仗葬账帐

tsʰ　①苍仓昌 ②藏$_{躲～}$长$_{～短}$常肠场$_{打麦～}$尝偿 ③厂敞 ④畅唱倡

s　①伤桑丧商 ③晌裳嗓搡赏 ④上尚

z　①秧殃 ②瓤□$_{身体多病、弱}$穰 ③攘壤嚷 ④让

k　①刚钢$_{～铁}$纲缸 ③冈岗港 ④钢$_{～刀，磨刀}$杠

kʰ　①康糠 ③扛慷 ④炕抗

x　①夯 ②行$_{银～}$航杭

ø　②昂

iaŋ

l　②量$_{动}$凉$_{形}$良粮 ③两 ④量$_{重～}$晾$_{～晒}$亮辆

tɕ　①刚$_{又}$将$_{～来}$浆疆姜江僵缰豇 ③蒋奖讲耩$_{～地}$ ④将$_{～士}$虹降$_{～落}$匠浆酱犟强$_{倔～}$

tɕʰ　①枪羌腔呛$_{～水}$ ②墙强$_{～大}$ ③□$_{～刀}$抢强$_{勉强}$ ④炝呛$_{呛人}$

ȵ　②娘

ɕ　①香箱厢湘襄镶乡相$_{～互}$ ②降$_{投～}$翔祥详 ③想享响饷 ④相$_{～面}$向象像橡

ø　①央 ②羊仰洋杨扬阳疡 ③养痒 ④样

uaŋ

ts　①装庄 ④壮状撞

tsʰ　①疮窗 ②床 ③闯 ④创撞$_{又}$

s　①霜双$_{量}$孀 ③爽 ④双$_{～生}$

k　①光 ③广 ④桄逛

kʰ　①筐诓 ②狂 ④旷矿况眶匡框

x　①荒慌谎 ②黄簧皇蝗 ③晃$_{～～；短时间晒}$ ④晃$_{～动}$

ø　①汪枉 ②亡芒$_{麦～}$王 ③网往 ④妄忘望旺

əŋ

p　①崩迸绷 ③绷$_{闭嘴}$ ④蹦

p^h ①□溅水烹□事败 ②朋蓬篷彭膨棚 ③捧 ④碰

m ①懵 ②萌盟蒙蠓 ③猛 ④孟梦

f ①疯枫丰封讽风 ②逢冯锋峰缝动 ④缝名奉俸凤

t ①登灯蹬 ③等 ④邓凳镫瞪澄~清

t^h ①□乱说熥小火烤 ②腾疼滕藤 ④□傻

n ②能~够能精明

l ③冷④愣楞棱

ts ①曾姓争欠争~夺增憎赠征蒸筝侦睁正~月 ③整 ④证症郑挣正~在政铿

ts^h ①撑铛称~呼 ②曾~经层惩橙拯乘承丞成城诚塍程呈逞盛~饭 ④蹭秤樘

s ①僧生升牲笙甥声 ②绳 ③省河南~省节~ ④盛旺~剩胜圣

z ①扔 ③仍

k ①更五~耕庚粳绠 ③梗耿 ④更~加

k^h ①坑吭

x ①哼亨 ②恒恒衡 ④横蛮~

ø ④硬

iŋ

p ①冰兵 ③禀丙秉柄饼 ④病并

p^h ①乒 ②瓶凭平苹萍评屏坪

m ②明名铭鸣 ④命

t ①丁钉~子 ③顶鼎 ④钉动定锭订

t^h ①听厅汀庭蜓艇廷 ②亭停 ③挺 ④□~牌:麻将用语

l ②凌陵菱灵零铃伶翎棂 ③岭领 ④令另

tɕ ①京荆精晶经鲸惊 ③警井 ④茎径净颈競竞竟睛靖敬镜静境

$tɕ^h$ ①卿清青蜻 ②情晴 ③顷擎请婧继承 ④罄庆□请人无偿帮忙

ȵ ②拧 ④佞宁

ɕ ①兴时~星腥 ②行刑形邢型荥 ③省反~醒擤 ④幸兴高~姓性杏

ø ①鹰婴樱莺鹦英缨 ②萤莹蝇营茔赢盈颖凝 ③迎影 ④应

uəŋ

ø ①翁瓮嗡 ③揄手推

iuŋ

tɕ ③迥炯窘

tɕʰ ①倾琼 ②穷

ɕ ①松~树胸凶兄嵩 ②雄熊

ø ①冗雍涌②容~又 ③永拥勇泳咏□细毛 ④用

uŋ

t ①东冬 ③董懂 ④冻洞动

tʰ ①捅通 ②童同桐铜瞳 ③桶筒统 ④痛

n ②脓农浓 ③□用力过度 ④弄

l ②隆聋笼龙 ③拢陇垄

ts ①中~间鬃宗综忠终冢钟盅 ③种~子肿总 ④中打~种~地众重轻~仲纵

tsʰ ①聪葱匆囱充舂冲~锋 ②重~复虫丛 ③崇怂~恿宠 ④冲说话~

s ①松~紧 ④送宋诵颂讼

z ②荣绒戎融茸容镕蓉

k ①工公蚣功攻弓宫恭躬 ③汞拱巩 ④贡共供

kʰ ①空~气 ③恐孔 ④空~缺控

x ①轰烘 ②弘红宏洪鸿 ③哄~骗 ④横~竖哄起~

参考文献：

贺巍：《中原官话分区（稿）》，《方言》2005 年第 2 期。

兰考（考城镇）方言音系

兰考县位于河南省东部，地处黄淮平原腹地，隶属开封市管辖。东北与山东省菏泽市接壤，西接开封市，南连民权、杞县。辖16个乡镇，总人口70余万，总面积1367平方千米。张启焕、陈天福、程仪（1993）分河南的方言为五片，把兰考方言归入以淮阳音系为代表的第二片；贺巍（1985）把兰考方言划归中原官话洛徐片，最新的分区（贺巍2005）又把兰考方言划入中原官话郑开片。兰考方言内部差别较大。县内方言大致可以分为两片，西部以县城为中心，县城话是西部方言的代表；东部以考城镇为中心，考城镇话是东部方言的代表。两片的最大差别在中古知庄章及见组字读音的区别上：西部的知庄章组字读舌尖音，与见组不混；东部或读成了舌叶音，或读成舌面音，有与见组字混杂的现象。

本书记录的是兰考东部考城镇的方言。考城镇原名张君墓镇，位于县城东部33千米处，2014年7月2日更名为考城镇。镇内辖50个行政村、137个自然村，340个村民小组，总面积96平方千米，耕地面积12.7万余亩，总人口8.6万人。

发音人：①赵文忠，男，1944年12月生，汉族。兰考考城镇人，不会讲普通话，世代生活在当地，高中毕业，教师。②李进良，男，1951年10月生，汉族。兰考县考城镇人，土生土长的当地人。专科毕业，中学退休教师，不会讲普通话，一直在兰考县境内工作。③王新柱，男，1953年11月生，汉族。考城镇大胡庄人，出生在当地，一直在当地生活，无长期外出经历。中学教师，中师毕业，能讲地方普通话。④李高铭，男，汉族，1971年10出生，初中毕业，务农。兰考县考城镇人，一直在当地生活，无长期外出经历，不会讲普通话。⑤李海红，男，汉族，1949年2月出生。兰考县考城镇南孙庄村委小李庄村人，高小毕业，务农，从出生到今一直生活在当地，不会讲普通话。

一　声韵调系统

1.1　声母

声母 26 个，包括零声母。

p	班抱八薄	p^{h}	瓢爬批怕	m	门米幕忙	f	飞发房饭		
t	店大到答	t^{h}	太同踢堂	n	难农拿暖			l	兰路连辣
ts	早嘴精争	ts^{h}	粗取茶愁			s	三写山师	z	人肉让扔
tʃ	赵庄姜军	tʃ^{h}	丘巧船拳			ʃ	手水休轩		
tʂ	竹烛触轴	tʂ^{h}	缩$_{\text{白}}$			ʂ	叔熟赎属		
tɕ	知鸡猪居	tɕ^{h}	吃期出区	ȵ	年你鸟女	ɕ	湿稀书虚		
k	贵格谷刚	k^{h}	课愧哭看			x	话寒孩坏		
ø	闻而暗闰牛硬日弱入蕊褥								

说明：

（1）拼细音的 ts、ts^{h}、s，发音时舌尖上抬在上齿背处，舌面前部也同时上抬至硬腭，音色兼具舌尖与舌面色彩。

（2）tʂ、tʂ^{h}、ʂ三个声母仅出现在中古通摄，阻碍点在齿龈后硬腭前。

（3）tʃ、tʃ^{h}、ʃ 发音时舌前部上抬，阻碍点在舌叶与上齿龈处。有少部分人的舌叶音tʃ、tʃ^{h}、ʃ 和舌面音tɕ、tɕ^{h}、ɕ可以自由转换，构成自由变体，但大部分人只读舌叶音。

（4）古影、疑母开口今读零声母的字，如：鹅ɤ^{53}、沤 ou^{312}、熬 au^{53}、牛ou^{53}、硬 əŋ^{312} 等，发音时喉部略带有浊擦，现在一律记为零声母。

1.2　韵母

兰考方言韵母 44 个，不包括儿化韵。

ɿ	资四事是	i	地机西十	u	胡古不杜	y	雨徐猪虚
ər	二而耳儿						
a	爸怕纳大	ia	家亚恰下	ua	挖挂画花	ya	抓□$_{\text{猛夺}}$刷耍

ɛ	客麦黑列	iɛ	爷接车热	uɛ	国或惑获老	yɛ	穴绝雪说
ɤ	鸽河哥鹅						
o	剥菠摸婆			uo	多科郭略	yo	雀初脚学
ai	败开柴买	iai	介疥解明白戒	uai	快怪坏外	yai	踹帅衰率
ei	北每妹美			uei	岁嘴推回	yei	水蕊追锤
au	刀包高早	iau	标笑招烧				
ou	豆楼牛肉	iou	丢又周手				
an	办单砍蓝	iɛn	编尖战建	uan	团暖官碗	yɛn	劝宣拴船
ən	门人吞恩	iən	心林真身	uən	盾村困嫩	yən	匀军春顺
aŋ	邦防糖放	iaŋ	辆江张上	uaŋ	光狂旺往	yaŋ	庄床双窗
əŋ	朋灯	iəŋ	兵京生郑	uəŋ	翁瓮嗡		
		iuŋ	穷用钟虫	uŋ	冬工送龙		

说明：

（1）u的发音较松，实际音值是ʊ。

（2）a、ia、ua 的实际音值是ᴀ、iᴀ、uᴀ。

（3）iɛ、yɛ 的实际音值是iᴇ、yᴇ。

（4）ai、uai、yai 在发音时动程缩短，韵尾没有真正发到位，实际音值应记为 iae、uae、yae。

（5）ya、yai、yei、yɛn、yən、yaŋ 在与舌叶音声母相拼时，撮唇特征不典型，实际音值是 iua、iuai、iuei、iuɛn、iuən、iuaŋ。

（6）aŋ、iaŋ、uaŋ 的实际音值是 ɑŋ、iɑŋ、uɑŋ。

（7）零声母的 uəŋ 实际发音是 wəŋ。

1.3 声调

兰考（考城镇）方言 4 个声调，不包括轻声。

①阴平 23 天三安猪麦月笔 ②阳平 53 平人鹅头敌食十

③上声 44 走闪手口碗远体 ④去声 312 柱是汉盖四大树

说明：

（1）部分人的阴平调起始部分有时会发成 223。

（2）去声是曲折调，在语流中变为 31。

二　语音特点

2.1　声母特点

（1）古全浊声母今读清音，按平送仄不送的规律分别读相应的塞音、塞擦音，如：

婆p^{h}o^{53}　部pu^{312}　徒t^{h}u^{53}　才 ʦ^{h}ai^{53}　道tau^{312}　字 ʦɿ^{312}

茶 ʦ^{h}a^{53}　住tɕy^{312}　奇tɕ^{h}i^{53}　柜 kuei^{312}

（2）中古知、庄、章今在今兰考方言中三分：一组读tʃ、tʃ^{h}、ʃ，与精组相对立；一组读 ʦ、ʦ^{h}、s，与精组合并；一组读tɕ、tɕ^{h}、ɕ，与见组合并。具体情况如下：

止摄开口三等庄组、章组读 ʦ、ʦ^{h}、s，与精组合并：

枝＝资 ʦɿ^{23}　是＝四 sɿ^{312}　师＝私 sɿ^{23}　志＝字 ʦɿ^{312}

知组二等与庄组的开口字读 ʦ、ʦ^{h}、s，与精组合并：

茶 ʦ^{h}a^{53}　沙 sa^{23}　柴 ʦ^{h}ai^{53}　吵 ʦ^{h}au^{44}　眨 ʦa^{44}、

生 səŋ^{23}　争 ʦəŋ^{23}　愁 ʦ^{h}ou^{53}

来自中古的知组、章组字，凡今天韵母读i或y的，与见系字合并，读舌面音tɕ、tɕ^{h}、ɕ：

猪tɕy^{23}　柱tɕy^{312}　书ɕy^{23}　树ɕy^{312}　知tɕi^{23}　世ɕi^{312}　治tɕi^{312}

居tɕy^{23}　虚ɕy^{23}　区tɕ^{h}y^{23}　寄tɕi^{312}　棋tɕ^{h}i^{53}　戏ɕi^{312}　十ɕi^{53}

知组二等与庄组的合口字、知组三等与章组字（止开三章组以外）读音一致，读舌叶音，与精组对立，与见系合并：

耍 ʃya^{44}　抓 ʧya^{23}　拴 ʃyan^{23}　庄 ʧyaŋ^{23}　赵 ʧiau^{312}　周tʃiou^{23}、

喧 ʃyɛn^{23}　九tʃiou^{44}　手 ʃiou^{44}　郑tʃiəŋ^{312}　境tʃiəŋ^{312}

（3）分尖团音，中古精组与见组各声组的字在细音前的读法保持对立而不混淆。如：

精 ʦiəŋ^{23}≠经tʃiəŋ^{23}　清 ʦ^{h}iəŋ^{23}≠轻tʃ^{h}iəŋ^{23}　焦 ʦiau^{23}≠娇tʃiau^{23}

墙 ʦ^{h}iaŋ^{53}≠强tʃ^{h}iaŋ^{53}　秋 ʦ^{h}iou^{23}≠丘tʃ^{h}iou^{23}　千 ʦ^{h}iɛn^{53}≠牵tʃ^{h}iɛn^{53}

修 siou^{23}≠休 ʃiou^{23}　七 ʦ^{h} i^{23}≠期tɕ^{h}i^{23}

（4）ʈʂ、ʈʂ^{h}、ʂ三个声母仅出现在中古通摄的入声字读音中，如：

竹 tʂu^{23}　轴 tʂu^{53}　烛 tʂu^{23}　熟ʂu^{53}　叔ʂu^{44}

2.2　韵母特点

（1）果摄合口一等见系各声纽的字，今保留古合口读法，如：
过 kuo^{312}　锅 kuo^{23}　戈 kuo^{23}　科 kʰuo^{23}　棵 kʰuo^{23}　禾 xuo^{53}
（2）蟹摄合口一等和止摄合口三等的来母字都读合口呼，如：
雷 luei^{53}　累$_{困}$luei^{312}　垒 luei^{44}　泪 luei^{312}
（3）止摄合口三等非组韵母读i，如：
非飞 fi^{23}　肥 fi^{53}　匪 fi^{44}　痱费 fi^{312}　尾 i^{44}
（4）蟹摄开口二等见系字部分今天仍读 iai，如：
介界届 tɕiai^{312}、蟹懈ɕiai^{312}
另一部分读音发生了变化，与三等麻韵相混，如：
街tʃiɛ^{23}、鞋 ʃiɛ^{53}
（5）来自中古德韵、陌韵、麦韵的主元音今天读 ɛ 韵，如：
刻 kʰɛ^{23}　客 kʰɛ^{23}　百 pɛ^{23}　摘tʃiɛ^{23}　责tʃiɛ^{53}　策tʃʰiɛ^{23}　麦 mɛ^{23}

2.3　声调特点

在入声分派上，兰考方言与中原官话的特点一致，都是清入字、次浊入字归阴平，全浊入字归阳平，如：
积 tsi^{23}　惜 si^{23}　麦 mɛ^{23}　北 pei^{23}　笔 pei^{23}
石 ɕi^{53}　极 tɕi^{53}　学 ʃyo^{53}　绝 tsyɛ^{53}　力 li^{23}

2.4　儿化、小称音变

兰考考城镇方言有儿化现象，可以通过儿化表示“小”或“喜爱”之意。40 个韵母中，除了 ər、u、uɛ、iai、yai和 yəŋ没有儿化韵外，其他韵母都有对应的儿化韵。儿化音变规律如下：

儿化韵	原韵	例词
ɐr	a	刀把儿、没法儿、煤渣儿
	ɛ	擦黑儿、色儿
	ai	门牌儿、小孩儿、口袋儿

	an	一半儿、盘儿、床单儿
	aŋ	药方儿、水缸儿、房儿
	iaŋ	刻章儿、蚊帐儿、不长儿
	əŋ	小缝儿、小坑儿
iɐr	ia	夹儿、芽儿、衣架儿
	iɛ	一节儿、树叶儿
	iɛn	面儿、鞭儿、尖儿
	iaŋ	娘儿俩、鞋样儿
	iəŋ	小瓶儿、有名儿、没影儿、小声儿
uɐr	ua	大褂儿、牙刷儿、袜袜儿
	ya	爪儿、鞋刷儿
	uai	一块儿、筷儿
	uan	一段儿、当官儿、玩儿
	yæn	小船儿、砖儿
	uaŋ	网儿、蛋黄儿、筐儿
	yaŋ	李庄儿、小床儿
	uəŋ	小桶儿、没空儿
	iuŋ	小虫儿
yɐr	yɛn	试卷儿、圈儿、小院儿
	yɛ	小雪儿、树橛儿
ər	ʅ	写字儿、刺儿、草籽儿、事儿、齿儿
	i	侄儿、小吃儿、打食儿
	ei	一辈儿、小妹儿
	ən	盆儿、门儿、根儿
	iən	小针儿、翻身儿、不深儿
iər	i	皮儿、提儿、小鸡儿
	iən	围巾儿、音儿、芯儿
uər	uei	一对儿、麦穗儿、找个位儿
	yei	喝水儿、耳坠儿
	uən	车轮儿、村儿、孙儿

	yən	没准儿、嘴唇儿、打春儿
yər	y	小鱼儿、马驹儿
	yən	连衣裙儿、竹笋儿
ɤr	ɤ	唱歌儿、小河儿、长个儿
or	o	老婆儿、围脖儿
uor	uo	一朵儿、一窝儿
	yo	小锄儿、桌儿
yor	yo	小脚儿、药儿
aur	au	包儿、刀儿、不高儿
	iau	高招儿、小赵儿
iaur	iau	表儿、树苗儿、小鸟儿
our	ou	狗儿、扣儿、当头儿
	iou	小手儿、八宝粥儿
iour	iou	皮球儿、一绺儿

需要说明的是，舌叶音声母的音节儿化后声母会变成卷舌声母，如侄$tʃi^{53}$—侄儿$tʂər^{53}$、吃$tʃi^{23}$—小吃儿 $siau^{44}tʂ^{h}ər^{23}$、招$tʃiau^{23}$—高招儿$kau^{23}tʂaur^{23}$、池$tʃi^{53}$—水池儿$ʃyei^{44}tʂ^{h}ər^{53}$。

2.5 子尾音变

普通话中带子缀的合成词，兰考考城镇方言一律把这个词缀读为tᴇ0，轻声。如“桌子、椅子、嫂子、面条子、裙子、凳子”，在考城镇方言中分别读作“$tʃyo^{23}tᴇ^{0}$、$i^{44}tᴇ^{0}$、$sau^{44}tᴇ^{0}$、$miɛn^{31}t^{h}iau^{53}tᴇ^{0}$、$tʃ^{h}yən^{53}tᴇ^{0}$、$təŋ^{31}tᴇ^{0}$”。

三 同音字汇

本同音字表收字依据中国社会科学院语言研究所《方言调查字表》，又根据方言用字有所增减。按照韵母表的顺序依次排列各韵的单字，同一韵的字按照前面所列声母和声调顺序排列。①②③④⑤等数字表示声调，对应的调类和调值在前面声调部分的内容中有说明。本字未明的用“□”代替，后加小字注释。举例时用“~”代替该字，文白异读、新老或老中青异读、又读等现象在该字后用小字标明，有特殊意义的字也在字后用小号字体进行举例、解释或说明。

ɿ

ts ①资咨姿滋支枝肢栀只~有脂芝 ③子梓姊紫纸旨指滓止趾址之 ④自字至痔志痣

ts^h ①疵眵呲 ②兹瓷慈磁辞词祠嗤 ③雌此齿 ④刺次侍赐伺翅

s ①斯厮撕私司思丝师狮尸施诗虱 ②时鲥匙 ③屎始使史驶死厕~茅子 ④四寺肆似祀巳饲恃俟嗣是氏示视嗜市士式饰仕柿事试

i

p ①屄 ②鼻毕必逼荸 ③比秕鄙庇 ④蔽蓖闭箅敝弊碧滗币鐾毙婢弼壁璧痹

p^h ①批僻辟劈 ②皮疲琵匹痞 ③脾□用手分开 ④譬屁

m ①密蜜觅雇~ ②迷糜弥靡篾 ③米 ④谜

f ①飞非 ②肥 ③匪妃 ④肺痱费吠废

t ①低滴堤 ②敌笛嫡荻迪籴涤 ③底的目~抵 ④帝弟第递地

t^h ①踢梯剔 ②提蹄啼题 ③体 ④替剃涕嚏

l ①力立笠粒栗 ②犁黎离距~篱璃梨 ③礼狸李里理鲤 ④例厉历励离~开荔利痢吏丽隶

ts ①疾积迹鲫即脊绩 ②集辑籍藉 ③挤 ④祭际剂济荠寂

ts^h ①妻缉~鞋口七戚漆沏 ②齐脐 ④砌

s ①西犀悉膝息熄昔惜夕锡析 ②习媳席 ③徙洗玺袭 ④细

tɕ ①知智蜘只一~稚汁质织职执掷滞机鸡稽吉肌饥几茶~基几~乎讥级戟击激给供~及髻极 ②侄直值植殖急缉通~ ③虮几~个己 ④制治炙致计继系~鞋带妓寄技冀纪记忌既季置

$tɕ^h$ ①尺吃痴赤欺期乞蹊 ②池驰弛迟畦奇骑岐麒棋旗其 ③耻启祈祁起杞岂 ④持秩斥侈企契器弃气汽泣讫

ȵ ①妮 ②泥倪尼拟 ③你 ④溺匿腻

ɕ ①湿失适矢释室溪奚牺嬉熙希稀吸 ②石食蚀实十什家~拾动拾数

③喜 ④世势誓逝隙戏系$_{联\sim}$

ø ①衣一医揖日□$_{詈词}$ ②移逸姨疑饴毅遗役疫译夷沂姨液逆刈 ③椅倚乙已依以尾$_{又}$矣蚁 ④宜仪艺缢谊义议易肄意异忆亿翼亦易益

u

p ①不卜 ②□$_{面\sim,面粉屑}$醭殕 ③补 ④布怖部步抱$_{白,\sim小孩}$

p^h ①铺$_{\sim床}$扑 ②蒲菩脯 ③仆普谱浦捕朴甫 ④铺$_{店\sim}$埠曝瀑

m ①目没$_{\sim有,又}$木 ②模$_{\sim子}$谋穆 ③亩牡母拇某 ④牧暮墓慕募幕

f ①夫肤麸福服$_{\sim装}$幅蝠腹复$_{\sim习}$妇覆 ②伏服$_{\sim气}$阜符扶芙浮佛 ③府腑俯斧敷俘抚釜腐辅 ④赴附父付赋傅瓠复$_{重\sim}$富负

t ①都$_{\sim城}$督笃□$_{光\sim子:裸体}$ ②毒独犊读牍 ③堵赌肚$_{鱼\sim}$ ④妒肚$_{\sim子}$杜度渡镀

t^h ①突秃 ②徒途涂图屠 ③吐$_{\sim出来}$土 ④兔唾$_{\sim沫}$

n ④怒

l ①陆六$_{又}$录橹鹿禄 ②炉庐芦鸬 ③卢鲁虏卤 ④路赂露鹭

ts ①足$_{新}$ ②卒族 ③组祖租阻 ④做助

ts^h ①粗促 ②猝 ③雏楚础 ④醋

s ①苏酥速粟束蔬疏 ④素诉戍嗉

tʂ ①竹筑烛祝触 ②轴逐

$tʂ^h$ ①缩$_{白}$

ʂ ②熟赎属 ③蜀叔

k ①姑孤谷箍骨 ③古估股鼓 ④故固雇顾锢

k^h ①哭枯窟 ③苦 ④库裤酷

x ①呼乎忽糊$_{浆\sim}$ ②浒壶胡湖葫核$_{杏\sim}$斛 ③虎狐 ④户沪互护

ø ①乌污坞巫诬侮杌屋物 ②无 ③梧五吴蜈吾伍午武舞戊鹉捂 ④误悟务雾勿恶$_{厌\sim}$

y

l ①绿律率 ②驴 ③捋吕旅缕屡履 ④虑滤

ts ①足$_{老}$ ④聚

ts^h ①趋蛆黢 ③取娶 ④趣

s ①须需恤戌宿$_{住\sim}$ ②俗徐 ④序絮叙绪续婿肃

tɕ ①诸筑猪箸诛蛛株朱珠诸菊掬居车$_{\sim马炮}$驹桔橘锔$_{\sim碗}$拘 ②局巨剧 ③举拄嘱主煮 ④据锯拒距俱矩句具惧著住柱驻注蛀铸

$tɕ^h$ ①舒$_{又;\sim坦}$出曲$_{\sim调}$曲$_{酒\sim}$区屈驱 ②除储厨殊渠瞿 ③褚杵 ④去畜$_{\sim牲}$处$_{\sim理}$处$_{到\sim}$

ȵ ③女

ɕ ①书舒枢输$_{运\sim}$束墟虚嘘蓄畜$_{\sim牧}$ ②术$_{白\sim}$术$_{技\sim}$述秫熟$_{又}$ ③暑鼠黍薯署叔$_{又}$淑许 ④恕庶戍竖树漱帚

Ø ①褥辱输$_{\sim赢}$入狱淤 ②鱼渔余馀迂与于盂榆虞愚如 ③汝儒乳擩$_{把棍子、拳头等插入}$雨语宇禹羽 ④郁育玉欲御浴誉预豫娱遇吁芋逾愉愈喻裕寓域

ər

Ø ②儿 ③而尔耳饵 ④二贰

a

p ①巴疤八扒 ②拔 ③芭把$_{\sim握}$ ④爸把$_{\sim子}$霸坝耙罢

p^h ①趴 ②爬钯耙 ④怕帕琶杷

m ①妈抹 ②麻 ③蚂马码 ④蟆骂

f ①发$_{\sim展}$法发$_{头\sim}$ ②乏伐筏罚

t ①答搭 ②大$_{叔}$达沓 ③打 ④大$_{\sim小}$大

t^h ①獭塌踏塔榻溻 ③他它

n ①纳衲 ②拿 ③哪 ④那捺

l ①拉腊蜡辣 ③喇遢$_{\sim乎;人肮脏，不讲究}$

ts ①扎札渣喳 ②杂砸炸$_{油\sim}$铡 ③咋闸眨 ④诈榨炸$_{\sim弹}$栅

ts^h ①擦叉插差$_{\sim别}$ ②茶查察茬 ③搽 ④杈岔

s ①仨杀沙纱砂煞 ③洒撒萨 ④厦$_{房\sim}$

k ①嘎$_{鸭叫声}$ ③尬

k^h ③卡$_{又}$

x ①哈

Ø ①啊腌 ③阿$_{\sim胶}$

ia

tʃ ①家加痂夹胛甲稼嘉佳 ③假$_{真\sim}$假$_{放\sim}$贾 ④架驾价嫁
tʃʰ ①掐 ③卡恰 ④洽
ʃ ①虾瞎 ②霞瑕遐暇狭峡辖匣 ③傻 ④厦$_{\sim门}$下夏吓
ø ①鸭压丫押 ②牙芽衙伢涯崖 ③哑鸦雅 ④砑桠亚轧

ua

k ①瓜呱刮 ③寡剐 ④挂褂卦
kʰ ①夸 ③侉垮 ④跨
x ①花 ②华铧划$_{\sim船}$桦猾滑 ④划$_{计\sim}$画话化
ø ①蛙哇挖袜 ②娃 ③瓦$_{砖\sim}$ ④凹洼瓦$_{\sim刀}$

ya

tʃ ①抓 ③爪$_{\sim子}$
tʃʰ ③□$_{猛夺}$
ʃ ①刷 ③耍

ɛ

p ①掰百柏伯擘 ②白别$_{又}$
pʰ ①迫拍魄
m ①陌麦脉默
t ①德得
tʰ ①忒
l ①裂列猎烈肋勒劣
ts ①则窄摘斋 ②择泽宅责贼 ③侧$_{\sim歪}$
tsʰ ①策册测侧$_{又}$拆
s ①塞瑟色涩
k ①格革隔
kʰ ①客刻$_{时\sim}$刻$_{刀\sim}$
x ①黑 ②核$_{审\sim}$

ø ③额~头

iɛ

p ①鳖憋 ②别分~ ④别~扭
pʰ ①撇
m ①灭
t ①爹跌 ②叠碟牒蝶谍 ③嗲~啦：撒娇的样子
tʰ ①铁帖贴 ②□有才能
ts ①接节 ②捷截 ③姐 ④借
tsʰ ①且切 ④妾
s ①楔 ②邪斜 ③些写 ④泻卸谢泄
tʃ ①蔗遮折~腾褶哲浙皆阶秸街揭结蜇 ②辙劫杰洁 ③者解~放 ④这
tʃʰ ①撤车彻怯 ②茄 ③扯
ʃ ①设赊涉血歇蝎 ②舌折~本佘胁协谐鞋 ③舍奢 ④赦摄涉射麝社
ȵ ①聂镊蹑捏 ④孽
ø ①噎页叶业热 ②爷 ③惹耶也野 ④夜腋

uɛ

k ①国
x ②或惑获老

yɛ

ts ②绝
tsʰ ③撧
s ①薛雪
tʃ ①蹶决诀镢~头 ②橛 ④倔
tʃʰ ①缺
ʃ ①靴说 ②穴
ø ①月悦阅越曰 ③哕干~粤

ɤ

f ③否

k ①各胳阁搁歌戈新鸽割葛佮~伙计：合伙嗝 ②□小孩斗架 ③哥 ④个

k^h ①渴壳磕 ③可

x ①喝鹤 ②河何合盒 ④荷贺

Ø ①恶~心屙~尿 ②蛾鹅俄讹 ④饿鄂

o

p ①拨菠钵钹博泊梁山~剥驳 ②薄簿勃 ③簸~一~玻 ④簸~箕

p^h ①泊血~泼活~波 ②婆 ③坡颇 ④破

m ①摸莫末沫陌 ②摩魔馍磨~刀模~范摹膜寞 ③抹 ④磨~面

uo

t ①多 ②夺铎 ③朵躲 ④剁惰跺垛

t^h ①脱托拖 ②舵驮驼 ③妥椭

n ①搦 ②挪 ④糯诺

l ①啰洛烙落乐快~骆络略掠 ②罗锣箩萝漯骡螺腡裸 ④摞

ts ①作捉 ②凿~子嚼爵镯 ③左撮昨佐 ④坐座

ts^h ①搓 ②戳矬 ④挫错措

s ①削梭唆莎~~草塑缩文 ③索锁琐

k ①戈郭锅 ③果裹 ④过

k^h ①棵科颗窠括廓扩 ④阔课

x ①霍豁藿劐 ②和~气活禾获新和~面□棺材 ③火伙 ④货祸

Ø ①窝倭踒手脚猛折而受伤蜗握沃 ③我 ④卧

yo

ts^h ④雀鹊

tʃ ①拙桌脚觉知~角菜~子 ②着~火着穿~酌卓啄涿浊掘倔又 ③角~落

$tʃ^h$ ①初绰焯却确搉~蒜□骗人 ②锄戳

ʃ ①梳 ②勺芍学 ③所数~不清 ④数~字朔

Ø ①药虐谑疟约钥乐音~岳姓岳山~弱若

ai

p ③摆 ④败稗拜

pʰ ①泊$_{又}$ ②排牌箄 ④派

m ②埋 ③买 ④卖迈

t ③呆歹逮 ④带戴贷怠殆待代袋大$_{～夫}$

tʰ ①胎态 ②台抬苔特 ④太泰

n ③乃奶 ④耐奈

l ②来 ③攋$_{手～草}$ ④赖癞

ts ①灾栽斋 ②宰 ③载$_{年～}$ ④在载$_{～重}$再债寨

tsʰ ①猜差$_{出～}$ ②才材财裁豺柴 ③彩采睬 ④蔡菜

s ①筛腮鳃 ④赛晒

k ①该 ③改 ④概盖丐溉

kʰ ①开 ③凯楷 ④慨

x ②孩还$_{～有}$亥 ③海 ④害

ø ①哀挨$_{～着}$ ②挨$_{～打}$ ③埃蔼矮 ④爱艾碍隘

iai

tɕ ④介界芥届戒械疥

ɕ ④懈蟹解$_{明白}$

uai

k ①乖 ③拐 ④怪

kʰ ④快筷会$_{～计}$块刽$_{～子手}$

x ②怀槐淮 ④坏

ø ①歪 ③崴$_{～脚}$ ④外

yai

tʃ ①跩$_{走路身体摇摆的样子;炫耀,显摆}$ ④拽

tʃʰ ①揣$_{怀～}$ ③揣$_{～摩}$ ④踹

ʃ ①衰摔 ④帅蟀率$_{～领}$

ei

p ①杯碑卑北悲笔背$_{～着}$ ③彼 ④贝辈背$_{～上}$臂倍焙被避$_{～雨}$备

p^h ①坯披 ②赔培陪裴 ③胚丕 ④沛配佩辔

m ①墨没 ②梅煤枚媒眉楣媚 ③每美 ④妹昧寐

f ①翡

n ④内

s ④睡又

k ①给

uei

t ①堆 ④队碓兑对

t^h ①推 ③腿 ④退蜕褪~色

l ②雷 ③儡垒磊累积~ ④累连~泪类

ts ①堆又 ③嘴 ④罪最醉

ts^h ①催崔 ④脆翠粹

s ①虽尿又,猪~泡 ②随髓绥遂 ④碎岁穗隧睡

k ①归龟圭闺规轨 ③诡鬼 ④鳜桂跪贵柜

k^h ①亏盔 ②癸奎魁傀逵葵溃~疡 ④愧溃崩~

x ①灰恢辉挥徽 ②回茴 ③毁 ④贿汇悔晦溃~脓会开~会~不~绘惠慧秽讳汇

ø ①威偎煨 ②围为人~ ③危桅伪委维惟唯微尾违苇伟 ④卫为~何位未味魏慰畏谓纬胃

yei

tʃ ①追锥 ④缀赘坠

$tʃ^h$ ①吹炊 ②垂槌锤

ʃ ②谁 ③水 ④税

ø ③芮蕊 ④瑞锐

au

p ①褒包□赔胞雹 ③饱保堡宝 ④报抱暴曝豹爆鲍刨~子:木工工具

p^h ①抛剖泡尿~:撒尿 ②胞又袍刨~地 ③跑 ④炮泡~沫

m ②毛茅猫矛锚 ③卯 ④冒帽茂贸貌

t ①刀叨□~菜:夹菜 ③岛捣祷倒摔~导 ④倒~退到稻道盗掇

t^h ①掏滔涛 ②淘桃陶讨逃萄 ④套

n ①孬 ②挠铙 ③脑恼 ④闹

l ①捞拉 ②捞打~牢劳唠 ③老 ④涝

ts ①糟遭 ③枣早澡蚤找 ④躁灶皂造笊

ts^h ①操抄钞 ②曹槽巢 ③草吵炒 ④造又

s ①骚梢捎 ③扫~地嫂 ④臊扫帚潲~雨,潲食

z ②饶 ③扰绕围~ ④耀照又绕~线

k ①高膏~脂篙羔糕 ③稿搞 ④告膏~油

k^h ③考烤 ④靠犒

x ①薅蒿 ②豪嚎毫 ③好~坏 ④好爱~耗号浩郝

ø ①熝~白菜 ②熬鳌 ③袄 ④傲鏊烙饼用具懊奥澳坳

iau

p ①标膘彪 ③表 ④摽绑一起

p^h ①漂~浮飘 ②瓢嫖 ④漂~亮票

m ①喵渺秒 ②苗描 ③藐 ④庙妙

t ①刁貂雕 ③屌 ④钓吊掉调~查

t^h ①挑~担 ②条挑~事;~起矛盾调~和 ④跳粜

l ②疗聊撩辽 ③燎了~结 ④瞭~望料廖尥

ts ①焦蕉椒 ③剿

ts^h ①锹悄缲~边 ②瞧樵 ④俏

s ①消宵霄萧潇箫销硝 ③小 ④笑鞘

tʃ ①招召诏昭沼朝~夕交郊胶浇缴教~书娇骄矫 ②侥 ③搅铰狡 ④罩赵兆照教~师校~正窖觉睡~酵叫轿

$tʃ^h$ ①超敲 ②朝王~潮绍又,介~乔侨桥荞 ③巧

ʃ ①烧淆嚣 ②绍 ③稍少多~韶晓 ④少~年邵校学~孝效校上~鞘

ȵ ③鸟 ④尿

ø ①杳肴腰邀要~求吆妖 ②遥摇谣窑姚尧 ③咬舀 ④要~不~鹞跃

ou

t ①都全~兜 ③斗一~陡 ④斗~争豆逗

t^h ①偷 ②头投 ④透

l ①搂~取 ②楼耧 ③搂~抱篓 ④漏陋

ts ①邹 ③走 ④奏骤皱绉骤

ts^h ①搊扶起 ②愁 ③瞅 ④凑侍又

s ①搜飕馊叟 ④瘦

z ①绉胡~:胡扯 ②柔揉 ④肉

k ①钩勾购沟 ③狗苟 ④够构

k^h ①抠 ③口□性格乖戾 ④叩寇扣

x ①吼 ②猴喉瘊 ④后厚候侯

Ø ①呕抠又欧瓯 ②牛 ③偶藕 ④沤怄

iou

t ①丢

l ①溜蹓 ②刘流留硫琉馏 ③柳 ④六榴馏重新加热

ts ①揪鬏 ③酒 ④就

ts^h ①秋 ②囚泅

s ①修羞 ④宿星~秀绣袖锈

tʃ ①周舟州洲粥鸠纠灸咎 ③肘九韭久 ④宙纣昼骤咒救舅臼旧究

$tʃ^h$ ①抽丘枢阄 ②绸稠仇求球仇姓 ③丑筹酬 ④臭

ʃ ①收休 ③守手首朽 ④兽受寿授售

ȵ ①妞 ②牛姓 ③扭

Ø ①忧优悠幽 ②邮尤由油游酉 ③有友 ④又右佑莠诱柚釉幼

an

p ①扳班斑颁般搬 ③拌扔版板 ④拌搅~瓣扮办伴半绊

p^h ①潘攀 ②爿盘 ④盼襻判叛

m ②蛮瞒馒 ③满 ④慢幔漫

f ①翻番 ②凡帆烦繁 ③反 ④范泛犯饭贩嬔鸡下蛋

t ①担动丹单 ③胆掸诞 ④担名但旦蛋淡弹~药

t^h ①贪坍滩瘫摊 ②谭潭弹~琴谈痰檀坛 ③毯坦 ④探炭叹

n ②男难~处南 ④难受~

l　①蓝篮兰拦栏 ③漤懒览揽缆榄 ④滥烂

ts　①簪 ②咱 ③攒斩 ④赞暂蘸站栈

ts^h　①餐参~加惨搀掺 ②残蚕馋谗惭 ③产铲 ④灿

s　①三珊山删杉衫 ③散松~伞 ④散~布

z　③染冉然燃

k　①甘柑泔蚶肝竿干~旱 ③赶擀敢感橄秆 ④干~活

k^h　①堪 ③龛坎砍刊 ④看~守看~见

x　①憨鼾酣罕 ②含韩函涵寒 ③喊 ④撼憾旱汉汗悍焊翰

ø　①庵安鞍 ③俺 ④按暗岸案

iɛn

p　①编鞭边 ③贬扁匾 ④便方~辨辩变遍辫汴

p^h　①偏篇 ②便~宜 ④骗片

m　②棉绵眠 ③免勉娩渑 ④面缅

t　①掂颠 ③点典 ④店电殿奠佃垫

t^h　①添天 ②甜田填 ③舔腆

l　②连廉镰帘联莲 ③敛脸 ④殓练炼楝怜

ts　①尖煎 ③剪践 ④渐贱箭溅饯笺

ts^h　①歼迁千签 ②前钱 ③浅潜

s　①仙鲜~见先 ②涎 ④线羡

tʃ　①沾粘动毡瞻监艰兼肩间奸坚监 ③盏展减拣简柬茧俭检 ④占绽战颤寒~剑舰涧锏犍件建键健腱荐见

$tʃ^h$　①谦牵铅虔 ②缠蝉禅钳 ③乾遣潜 ④颤~抖嵌欠歉

ʃ　①煽搧羶掀 ②咸衔闲贤弦嫌 ③陕闪险显 ④疝善扇禅苫陷馅限苋羡宪献现县

ȵ　②黏~稠年粘鲇 ③拈碾辇撚以指~碎撵追赶;把人~走 ④念

ø　①烟淹腌阉 ②岩盐闫严炎俨阎酽颜延沿言 ③掩魇眼焉演研究 ④谚验厌焰艳砚宴雁燕晏筵堰

uan

t　①端 ③短 ④断段锻缎椴

t^h ②团

n ③暖

l ②鸾峦栾 ③卵 ④乱恋□~糊：汤粥黏稠上口

ʦ ①钻~研 ④钻~石

$ʦ^h$ ①窜 ②全泉 ④篡

s ①酸 ④算蒜

k ①关观~看棺官 ③管馆 ④贯惯观道~冠~军灌罐冠鸡~

k^h ①宽 ③款

x ①欢 ②还~账环桓 ③缓 ④唤换焕幻患宦

ø ①弯湾豌剜 ②完丸玩顽 ③皖碗腕晚挽宛 ④万蔓

yɛn

s ①宣 ②旋~风 ③癣选 ④旋~吃~做镟

tʃ ①砖专捐绢娟 ③转~达卷~烟 ④赚转转~传~记篆纂撰眷倦圈猪~

$tʃ^h$ ①穿川圈圆~ ②传~达船椽权拳颧 ③喘犬 ④串劝券

ʃ ①拴闩轩喧 ②玄悬眩 ④涮楦

ø ①冤渊 ②圆员缘元原源阮袁辕援园 ③远软 ④院愿怨

ən

p ①奔锛 ③本 ④笨

p^h ①喷~水 ②盆 ④喷~香

m ①闷焖 ②门

f ①分 ②坟 ③芬纷焚粉 ④粪奋愤忿份

t^h ①吞

n ③恁第二人称 ④恁那么

ʦ ①榛臻

$ʦ^h$ ②岑 ④衬

s ①森参人~ ④渗

z ②人任姓壬仁 ③忍 ④任~务饪纴刃认妊

k ①根跟 ④艮

k^h ③啃肯垦恳

x　③很 ④痕恨

Ø　①恩 ④摁

iən

p　①彬宾槟 ④殡鬓

pʰ　①拼 ②贫频 ③品 ④聘姘

m　②民 ③闽悯敏抿

l　①拎 ②林淋临邻鳞磷 ③檩 ④赁吝

ʦ　①津 ④尽进晋

ʦʰ　①侵亲~人浸 ②寝秦 ④亲~家

s　①心辛新薪 ②寻~媳妇 ④信

ʧ　①针真今金襟巾斤筋 ③珍疹诊斟枕紧锦仅谨 ④镇阵振震禁妗近劲

ʧʰ　①伸深钦 ②沉尘陈辰晨臣琴禽擒勤芹 ④趁称~心吣

ʃ　①身申馨欣 ②神 ③沈审婶省河南~ ④葚甚慎肾

Ø　①阴荫音因洇姻殷 ②银淫寅 ③吟饮~食引隐尹 ④饮~马印

uən

t　①敦墩蹲 ④顿囤盾遁饨

tʰ　①吞又 ②屯豚臀 ④褪~衣服□倒着走

l　②仑伦沦轮 ④嫩论

ʦ　①尊遵

ʦʰ　①村皴 ②存忖 ④寸

s　①孙 ③损榫

k　③滚 ④棍

kʰ　①昆坤 ③捆 ④困

x　①婚昏荤 ②魂混馄浑

Ø　①温瘟 ②闻文蚊纹③稳吻刎 ④问璺

yən

ʦ　④俊骏

s ②旬循巡 ③荀 ④讯逊殉迅

tʃ ①钧均君军 ③准菌 ④郡

tʃ^h ①椿春 ②纯唇莼醇群裙 ③蠢

ʃ ①熏薰 ④顺舜训

ø ①晕 ②匀云 ③允 ④闰润孕熨韵运

aŋ

p ①邦帮浜 ③榜绑 ④谤傍棒蚌

p^h ①滂胖$_{\text{肿～}}$乓 ②旁螃庞 ④胖

m ①牤 ②忙芒$_{\text{～种}}$茫盲 ③莽蟒

f ①方 ②房肪防 ③纺仿芳妨访 ④放

t ①耽$_{\text{～误}}$当$_{\text{～时}}$ ③党挡 ④当$_{\text{～铺}}$荡宕

t^h ①汤 ②堂棠螳唐糖塘 ③淌倘 ④烫趟

n ②囊 ③攮

l ②朗郎狼廊 ④浪

ts ①脏$_{\text{肮～}}$赃 ④藏$_{\text{西～}}$脏$_{\text{心～}}$葬

ts^h ①苍仓跄 ②藏$_{\text{躲～}}$

s ①桑丧 ③嗓搡

z ②瓤□$_{\text{示弱}}$穰 ③攘壤嚷酿 ④让

k ①刚钢纲缸 ③冈岗港 ④钢$_{\text{使刀锋利的加工方法}}$杠

k^h ①康糠 ③扛慷 ④炕抗

x ①夯 ②行$_{\text{银～}}$航杭

ø ①肮 ②昂

iaŋ

l ②量$_{\text{动}}$凉良粮梁粱 ③两 ④量$_{\text{重～}}$凉$_{\text{～一～}}$亮辆

ts ①将$_{\text{～来}}$ ③蒋奖 ④将$_{\text{～士}}$匠酱桨

ts^h ①枪呛$_{\text{～水}}$锵 ②墙 ③抢呛$_{\text{烟～人}}$

s ①箱厢湘襄镶 ②翔祥详 ③想 ④相$_{\text{～互}}$相$_{\text{～貌}}$象像橡

tʃ ①张章樟浆疆姜江僵缰豇 ②□$_{\text{放人作料}}$ ③长$_{\text{生～}}$涨掌讲耩$_{\text{～地}}$ ④胀丈杖仗账帐障瘴虹降$_{\text{～落}}$

$tʃ^h$ ①昌羌腔 ②长~短常肠场打麦~尝偿强~大 ③场~地厂强勉~ ④畅唱倡

ʃ ①伤商香乡 ②降投~ ③裳晌赏享响饷 ④上尚向项巷

ȵ ②娘

ø ①央秧殃映 ②仰羊洋杨扬阳疡 ③养痒 ④样

uaŋ

k ①光 ③广 ④桄逛

k^h ①筐诓 ②狂 ④旷矿况眶匡框

x ①荒慌谎 ②黄簧皇蝗 ③晃

ø ①汪 ②亡芒麦~王枉 ③网往 ④妄忘望旺

yaŋ

tʃ ①装庄 ④壮状撞

$tʃ^h$ ①疮窗 ②床 ③闯 ④创

ʃ ①霜双量词 ③爽孀 ④双~生

əŋ

p ①崩迸绷~紧 ③绷~嘴，闭嘴 ④蹦

p^h ①烹□用石头等击水使水溅起 ②朋蓬篷彭膨棚 ③捧

m ①懵 ②萌盟蒙 ③猛蠓 ④孟梦

f ①疯枫丰封讽风 ②逢冯锋峰缝动 ④缝名奉俸风

t ①登灯 ③等 ④邓凳镫瞪澄~水

t^h ①熥小火烤 ②腾疼滕藤

n ②能~够能精明

l ③冷 ④愣楞棱

ts ①曾姓增赠筝睁争欠账争~夺 ④憎

ts^h ②曾~经层 ④蹭

s ①僧生牲笙甥 ③省节~

z ①扔 ③仍

k ①更五~耕庚粳绠哽 ③梗耿 ④更~加

k^h ①坑

x ①哼亨 ②恒恒衡

ø ④硬

iəŋ

p ①冰兵 ③禀丙秉柄饼 ④病并

pʰ ①乒 ②瓶凭平苹萍评屏坪

m ②明名铭鸣 ④命

t ①丁钉~子 ③顶鼎 ④钉动定锭订

tʰ ①听厅汀庭蜓艇廷 ②亭停挺③侹躺

l ②凌陵菱灵零铃伶翎 ③岭领 ④令另

ts ①精晶 ③井 ④净睛静靖

tsʰ ①清青蜻 ②情晴婧不经过努力就得到 ③请

s ①星腥 ③省反~醒 ④姓性

tʃ ①贞征蒸侦正~月锃京荆经鲸惊 ③整境警 ④证症郑正~在政茎径颈竟竞競敬镜

tʃʰ ①撑铛称~呼卿轻 ②橙拯乘承丞成城诚塍程呈逞盛~饭 ③惩宠~小孩顷 ④枰檠罄庆擎

ʃ ①升声兴时~ ②绳行~为刑邢型荥 ④盛旺~剩胜圣幸杏兴高~性

ȵ ②拧 ④佞宁

ø ①鹰婴樱莺鹦英缨萤 ②凝迎蝇营茔赢盈颖 ③影 ④应

uəŋ

ø ①翁瓮嗡

iuŋ

tʃ ①中~间忠冢终钟盅 ③种~子肿迥炯窘 ④中打~种~地众仲纵又重轻~

tʃʰ ①充冲~锋春倾 ②重~复虫穷琼 ③宠 ④冲说话~

ʃ ①胸凶兄 ②雄熊 ③怂~恿

ø ①泳咏冗雍 ②荣绒戎融茸毧细毛涌容镕蓉 ③永拥勇 ④用

uŋ

t ①东冬 ③董懂 ④冻栋洞动

t^h ①捅通 ②童同桐铜曈 ③桶筒统 ④痛
n ②浓奴努脓农 ④弄
l ②隆聋笼龙 ③拢陇垄
ts ①鬃宗综 ③总 ④纵粽
ts^h ①聪葱匆囱 ②丛从 ③崇
s ①松嵩 ④送宋诵颂讼
k ①工公蚣功攻弓宫恭躬供~应 ③汞拱巩 ④贡共供~品
k^h ①空~气 ③恐孔 ④空~缺控
x ①轰烘 ②弘红宏洪鸿 ③哄~骗 ④横~竖横蛮~哄起~

参考文献：

贺巍：《中原官话分区（稿）》，《方言》2005 年第 2 期。
张启焕、陈天福、程仪：《河南方言研究》，河南大学出版社 1993 年版。

宁陵方言音系

宁陵县位于河南省东部，地处黄淮平原腹地，隶属商丘市管辖。北邻民权县，西接睢县，南连柘城县，东与商丘市为邻。辖 14 个乡镇，总人口 65 万，总面积 798 平方千米。张启焕、陈天福、程仪（1993）分河南的方言为五片，把宁陵方言归入以开封、郑州、商丘音系为代表的第一片；贺巍（1985）把宁陵方言划归中原官话郑曹片，最新的分区（贺巍 2005）又把宁陵方言划入中原官话商阜片。

宁陵方言内部一致性程度较高，北部的孔集、柳河、逻岗三乡镇与民权县相邻，受其影响舌尖音声母只有 ʦ、ʦ^{h}、s 一套。其余的语音差别主要表现在入声字的新派和老派读音差异上，如：月 yə$^{23\text{老}}$/yɛ$^{23\text{新}}$、麦 meɪ$^{23\text{老}}$/mæɛ$^{23\text{新}}$。宁陵话以词缀“子”读“teɪ^{0}”为特色，如：嫂子 sɔo^{45}teɪ^{0}、桌子 ʈʂuo^{23}teɪ^{0}、鸽子 kɤ^{23}teɪ^{0}、丸子 uan^{53}teɪ^{0}，这一点与商丘方言相近。（张世方 2008）宁陵县境内有回民分布，以城关最为集中，除保留个别本民族词汇外，当地回民与汉民在语言上已无区别。

本书记录的是宁陵老派方言，发音人：①杨广陆，男，1948 年 6 月生，汉族。城郊乡陈克常村委后桑村人，不会讲普通话，世代生活在当地，初中毕业，农民。②吕忠德，男，1935 年 4 月生，汉族。宁陵县赵村乡徐虎村人，本科毕业，中学退休教师，不会讲普通话，一直在宁陵县境内工作。③吕忠言，男，1953 年 12 月生，汉族。宁陵县第二实验小学教师，中师毕业，不会讲普通话，长期在宁陵县城生活。④吕忠云，男，1944 年 9 月生，汉族。宁陵县赵村乡徐虎村人，小学退休教师，长期生活在当地，不会讲普通话。记音时以杨广陆先生的发音为主，其余三位发音人进行了补充和校对。吕忠德、吕忠言、吕忠云同为《交泰韵》作者吕坤的第十五世孙。

一　声韵调系统

1.1　声母

声母 23 个，包括零声母。

p 班抱八薄	p^h 瓢爬批怕	m 门米幕忙	f 飞发房饭	
t 店大到答	t^h 太同踢堂	n 难农拿暖		l 兰路连辣
ts 早嘴精借	ts^h 粗崔齐娶		s 三嫂修徐	
tʂ 知抓照争	$tʂ^h$ 茶吃吵愁		ʂ 山师顺书	ʐ 人让用永
tɕ 居捐姜军	$tɕ^h$ 去起旗气	ȵ 女年你捏	ɕ 许戏孝休	
k 贵格谷刚	k^h 课愧哭看		x 话寒孩坏	
∅ 闻而暗闰牛硬				

说明：

（1）中古精组声母在拼齐齿呼、撮口呼时，舌尖和舌叶同时上抬，在上齿背和齿龈处形成阻碍。听感上有舌面化色彩，但比 tɕ 、$tɕ^h$、ɕ靠前，老年人能清楚的区分尖团音，年轻人已开始相混。

（2）舌尖后音 tʂ、$tʂ^h$、ʂ、ʐ 的被动调音部位在齿龈—硬腭之间。

（3）影、疑母开口字中今读零声母的字，如：鹅ɤ^{53}、沤ou^{31}、熬ɔo^{53}、牛ou^{53}、硬 əŋ^{31}等，发音时略带摩擦，强调重读时带浊擦音声母ɣ，但正常读音及语流中都没有声母存在，现在一律记为零声母。

1.2　韵母

宁陵方言韵母 39 个，不包括儿化韵。

ɿ 资次四字	i 地西席飞$_{老}$	u 胡古不书	y 雨女徐区
ʅ 知师失是			
ər 二而耳儿			
a 爸怕纳大	ia 家亚恰下	ua 挖挂画花	
	iɛ 爷叶街蟹	uɛ 快怪国$_{老}$或	yɛ 穴绝薛靴
ɤ 鸽车河热			yɤ 脚学越雪
o 剥菠摸说$_{又}$		uo 郭多削拙	

æɛ 败开太肋			
eɪ 北每客老麦老		ueɪ 岁嘴威桂	
ɔo 刀包高早	iɔo 标孝刁笑		
ou 豆楼周牛老	iou 丢刘秋又		
an 办单砍蓝	iɛn 编电连炎	uan 团暖官拴	yɛn 员劝宣选
ən 门分吞根	in 民心林品	uən 盾村困嫩	yn 匀军韵训
aŋ 邦防糖放	iaŋ 辆强央向	uaŋ 狂庄旺往	
əŋ 朋灯生郑	iŋ 兵名京杏	uəŋ 翁嗡瓮	
	iuŋ 穷雄胸迥	uŋ 红横用龙	

说明：

（1）æɛ 韵存在因调变韵现象：阴平字发音时有动程，语图显示 F_1、F_2有变化；阳平、上声和去声字的 F_1、F_2变化不太明显，有单元音化趋势，因此 æɛ 也可记为与iɛ、uɛ、yɛ 相配的单元音 ɛ。但是由于这一韵的阴平字占多数，这里记为 æɛ。

（2）ən、in、uən、yn 四韵有弱鼻化色彩，以开口呼字最明显。

（3）零声母的 uəŋ 实际发音是 wəŋ。

1.3 声调

宁陵方言 4 个声调，不包括轻声。

①阴平 23　天三安麦竹　②阳平 53　平人鹅敌食

③上声 45　走闪手碗远　④去声 31　布步抱柱玉

说明：

（1）在单字调中，阴平调时长较阳平、上声、去声长，调值接近 223，这里记为 23。

（2）上声调 45 有时会读为 455，升上去后有一个平稳段，只是持续时间较短，但总体上是一个上升趋势，因此记为 45。

二　音韵特点

2.1 声母特点

（1）古全浊声母今读清音，按平送仄不送的规律分别读相应的塞音、塞擦音，如：

婆 p^{h}o^{53}　部 pu^{31}　徒 t^{h}u^{53}　才 ts^{h}æɛ^{53}　道 tɔo^{31}　字 tsɿ^{31}

茶 tʂ^{h}a^{53}　住 tʂu^{31}　奇 tɕ^{h}i^{53}　柜 kueɪ^{31}

(2) 中古知、庄、章今合并为一组，读 tʂ、tʂ^{h}、ʂ，与精组相对立，如：

师 = 诗ʂʅ^{23} ≠ 私 sɿ^{23}　知 = 支 tʂʅ^{23} ≠ 资 tsɿ^{23}　贞 = 争 = 征 tʂəŋ^{23} ≠ 增 tsəŋ^{23}

(3) 分尖团音，中古精组与见组各声纽的字在细音前的读法保持对立而不混淆。宁陵老派方言中，ts、ts^{h}、s在齐齿呼、撮口呼前略带舌面色彩，但与 tɕ 、tɕ^{h}、ɕ不混，年轻人已尖团不分。如：

精 tsiŋ^{23} ≠ 经tɕiŋ^{23}　清 ts^{h}iŋ^{23} ≠ 轻tɕ^{h}iŋ^{23}　焦 tsiɔo^{23} ≠ 娇tɕiɔo^{23}

墙 ts^{h}iaŋ^{53} ≠ 强tɕ^{h}iaŋ^{53}　秋 ts^{h}iou^{23} ≠ 丘tɕ^{h}iou^{23}　千 ts^{h}iɛn^{23} ≠ 牵tɕ^{h}iɛn^{23}

修 siou^{23} ≠ 休ɕiou^{23}　七 ts^{h}i^{23} ≠ 期tɕ^{h}i^{23}

(4) 中古梗摄庚韵的云母字和通摄钟韵的影母、以母字，在普通话中大都读零声母，而在宁陵方言中都读 ʐ 声母。如：

荣 ʐuŋ^{53}　永 ʐuŋ^{45}　泳 ʐuŋ^{23}　拥 ʐuŋ^{23}　容 ʐuŋ^{53}　勇 ʐuŋ^{45}　用 ʐuŋ^{31}

2.2　韵母特点

(1) 果摄合口一等见系各声纽的字，今老派保留古合口读法，如：

过 kuo^{31}　锅 kuo^{23}　戈 kuo^{23}　科 k^{h}uo^{23}　棵 k^{h}uo^{23}　禾 xuo^{53}

(2) 蟹摄合口一等和止摄合口三等的来母字都读合口呼，如：

雷 luei^{53}　累$_{困}$luei^{31}　垒 luei^{45}　泪 luei^{31}

(3) 止摄合口三等非组韵母老派读 i，如：

非飞 fi^{23}　肥 fi^{53}　匪 fi^{45}　痱费 fi^{31}　尾 i^{45}

(4) 来自中古德韵、陌韵、麦韵的字韵母大都有老派和新派两种读音，老派读同蟹摄合口帮组，为eɪ；新派读同蟹摄开口，为 æɛ。由于在青年人中又出现了普通话音，这样有些字甚至出现了老、中、青三个层次的读音，如：

刻 k^{h}eɪ^{23}/k^{h}æɛ^{23}/k^{h}ɤ^{23}　客 k^{h}eɪ^{23}/k^{h}æɛ^{23}/k^{h}ɤ^{23}　百 peɪ^{23}/pæɛ^{23}

摘 tʂeɪ^{23}/tʂæɛ^{23}　责 tʂeɪ^{53}/tʂæɛ^{53}　策 tʂ^{h}eɪ^{23}/tʂ^{h}æɛ^{23}　麦 meɪ^{23}/ mæɛ^{23}

2.3 声调特点

在入声分派上，宁陵方言与中原官话的特点一致，都是清入字、次浊入字归阴平，全浊入字归阳平，如：

积 ʦi²³ 惜 si²³ 麦 mæɛ²³ 北 peɪ²³ 笔 peɪ²³

石 ʂʅ⁵³ 极 ʨi⁵³ 学 ɕyɤ⁵³ 绝 ʦyɛ⁵³ 力 li²³

三 同音字汇

本同音字表收字依据中国社会科学院语言研究所《方言调查字表》，又根据方言用字有所增减。按照韵母表的顺序依次排列各韵的单字，同一韵的字按照前面所列声母和声调顺序排列。①②③④⑤等数字表示声调，对应的调类和调值在前面声调部分的内容中有说明。本字未明的用“□”代替，后加小字注释。举例时用“~”代替该字，文白异读、新老或老中青异读、又读等现象在该字后用小字标明，有特殊意义的字也在字后用小号字体进行举例、解释或说明。

ɿ

ʦ ①资咨姿滋 ③子梓姊紫 ④自字

ʦʰ ①疵 ②兹瓷慈磁辞词祠 ③雌此 ④刺次伺赐伺

s ①斯厮撕私司思丝 ③死厕~茅子 ④四寺肆似祀巳饲恃俟嗣

ʅ

ʈʂ ①知智蜘枝肢栀辎只~~只~有稚支芝汁质织职之执掷滞眵 ②置侄直值植殖 ③纸脂旨指滓止趾址 ④制至痔治志痣炙致

ʈʂʰ ①尺吃呲痴赤嗤 ②池驰弛迟 ③齿耻 ④翅持秩斥侈

ʂ ①失师狮尸诗湿适矢施虱老释室 ②石匙食蚀实时鲥十什家~拾动拾数 ③屎始使史驶 ④试势誓逝世舐是氏示视嗜市士式饰仕柿事

ʐ ①日□詈词

i

p ①屄 ②毕鼻逼荸 ③比秕鄙庇 ④蔽蓖闭箅敝弊碧滗币鐾毙婢弼

必壁璧痹

p^h ①批僻辟劈 ②皮疲琵匹痞 ③脾□$_{用手分开}$ ④譬屁

m ①密蜜觅 ②迷糜弥靡篾 ③米 ④谜

f ①飞$_{老}$非$_{老}$ ②肥$_{老}$ ③匪$_{老}$ ④肺$_{老}$痱$_{老}$费$_{老}$吠$_{老}$废$_{老}$

t ①低滴堤 ②敌笛嫡荻迪籴涤 ③底的$_{目\sim}$抵 ④帝弟第递地

t^h ①踢梯剔 ②提蹄啼题 ③体 ④替剃涕嚏

l ①力立笠粒栗 ②犁黎离$_{距\sim}$篱璃梨 ③礼狸李里理鲤 ④例厉历励离$_{\sim开}$荔利痢吏丽隶

ts ①疾积迹鲫即脊绩 ②集辑籍藉 ③挤 ④祭际剂济荠寂

ts^h ①妻缉$_{\sim鞋口}$七戚漆沏 ②齐脐 ④砌

s ①西犀悉膝息熄昔惜夕锡析 ②习媳席 ③徙洗玺袭 ④细

tɕ ①机鸡稽吉肌饥几$_{茶\sim}$基几$_{\sim乎}$讥级戟击激给$_{供\sim}$及髻极 ②急缉$_{通\sim}$ ③虮几$_{\sim个}$己 ④计继系$_{\sim鞋带}$妓寄技冀纪记忌既季

$tɕ^h$ ①欺期乞蹊 ②畦奇骑岐麒棋旗其 ③启祈祁起杞岂 ④企契器弃气汽泣讫

ȵ ①妮 ②泥倪尼拟 ③你 ④溺匿腻

ɕ ①溪奚牺嬉熙希稀吸 ③喜 ④隙戏系$_{联\sim}$

Ø ①衣依一医揖 ②移逸姨疑饴毅遗役疫译夷沂姨液逆伊刈 ③椅倚乙已以尾$_{又}$矣蚁 ④宜仪艺缢谊义议易肄意异忆亿翼亦易益

u

p ①不卜 ②饽$_{面\sim}$醭 ③补 ④布怖部步

p^h ①铺$_{\sim床}$扑 ②蒲菩脯 ③仆普谱浦捕朴甫 ④铺$_{店\sim}$埠曝瀑

m ①目没$_{\sim有,又}$木 ②模$_{\sim子}$谋穆 ③亩牡母拇某 ④牧暮墓慕募幕

f ①夫肤麸福服$_{\sim装}$幅蝠腹复$_{\sim习}$妇覆 ②伏服$_{\sim气}$阜符扶芙浮佛 ③府腑俯斧敷俘抚釜腐辅 ④赴附父付赋傅瓠复$_{重\sim}$富负

t ①都$_{\sim城}$督笃□$_{光\sim子}$ ②毒独犊读牍 ③堵赌肚$_{鱼\sim}$ ④妒肚$_{\sim子}$杜度渡镀

t^h ①突秃 ②徒途涂图屠 ③吐$_{\sim了}$土 ④兔唾$_{\sim沫}$

n ④怒

l ①陆六$_{又}$录绿$_{又}$橹鹿禄 ②炉庐芦鸬 ③卢鲁虏卤 ④路赂露鹭

ts ①足新 ②卒族 ③组祖租 ④做

ts^{h} ①粗促 ②猝 ④醋

s ①苏酥速粟 ④素诉戍嗉

tʂ ①诸竹筑猪箸烛诛蛛株朱珠诸祝 ②轴逐 ③阻拄嘱主煮触 ④著住柱驻注蛀铸助

$tʂ^{h}$ ①舒白束白出缩文 ②除储础厨雏殊 ③褚杵楚 ④畜~牲处~理处到~

ʂ ①书舒文枢输运~缩赎束文 ②术白~术技~述秫熟 ③暑鼠黍薯署蜀属叔淑 ④恕庶戍竖树漱帚

ʐ ①褥辱输~赢入 ②如 ③汝儒乳擩~进去

k ①姑孤谷箍骨 ③古估股鼓 ④故固雇顾锢

k^{h} ①哭枯窟 ③苦 ④库裤酷

x ①呼乎忽糊眵目~ ②浒壶胡湖葫核杏~斛 ③虎狐 ④户沪互护

ø ①乌污坞巫诬侮杌屋物 ②无 ③梧五吴蜈吾伍午武舞戊鹉 ④误悟务雾勿恶厌~

y

l ①绿律率 ②驴 ③捋吕旅缕屡履 ④虑滤

ts ①足老 ④聚

ts^{h} ①趋蛆皲 ③取娶 ④趣

s ①须需恤戌宿住~ ②俗徐 ④序絮叙绪续婿肃

tɕ ①菊掬居车~马炮驹桔橘锔~碗拘 ②局巨剧 ③举 ④据锯拒距俱矩句具惧

$tɕ^{h}$ ①曲~调曲酒~区屈驱 ②渠瞿 ④去

ȵ ③女

ɕ ①墟虚嘘蓄畜~牧 ③许

ø ①狱淤 ②鱼渔余馀迂与于盂榆虞愚 ③雨语宇禹羽 ④郁育玉欲御浴誉预豫娱遇吁芋逾愉愈喻裕寓域

ər

ø ②儿 ③而尔耳饵 ④二贰

a

p ①巴疤八扒 ②拔 ③芭把一～刀 ④爸把刀～子霸坝耙罢

p^h ①趴 ②爬钯耙 ④怕帕琶杷

m ①妈抹 ②麻 ③蚂马码 ④蟆骂

f ①发～展法发头～ ②乏伐筏罚

t ①答大父亲搭 ②达沓 ③打 ④大～小大父亲

t^h ①獭塌踏塔榻溻 ③他它

n ①纳衲 ②拿 ③哪 ④那捺

l ①拉腊蜡辣 ③喇遢～乎：脏，不讲究

ts ②杂砸 ③咋

ts^h ①擦

s ①仨 ③洒撒萨

tʂ ①扎札渣喳 ②炸油～铡 ③闸眨 ④诈榨炸～弹栅

$tʂ^h$ ①叉插差～别 ②茶查察茬 ③搽 ④杈岔

ʂ ①杀沙纱砂煞 ②蛇 ③傻 ④厦房～

k ①嘎鸭叫 ③尬

k^h ③卡叉

x ①哈

ø ①啊腌

ia

tɕ ①家加痂夹胛甲稼嘉佳 ③假真～假放～贾 ④架驾价嫁

$tɕ^h$ ①掐 ③卡恰 ④洽

ɕ ①虾瞎 ②霞瑕遐暇狭峡辖匣 ④厦～门下夏吓

ø ①鸭压丫押 ②牙芽衙伢涯崖雅 ③哑鸦 ④砑桠亚轧

ua

tʂ ①抓 ③爪

$tʂ^h$ ②□猛夺

ʂ ①刷 ③耍

k ①瓜呱刮 ③寡剐 ④挂褂卦

k^h ①夸 ③侉垮胯 ④跨

x ①花 ②华铧划~船桦猾滑 ④划计~画话化

Ø ①蛙哇挖袜 ②娃 ③瓦砖~ ④凹洼瓦~刀

iɛ

p ①鳖憋 ②别分~ ④别~扭

p^h ①撇

m ①灭

t ①爹跌 ②叠碟牒蝶谍 ③嗲~啦:撒娇

t^h ①铁帖贴 ②□有才能

l ①劣新猎新

ts ①接节 ②捷截 ③姐 ④借

ts^h ①且切 ④妾

s ②邪斜 ③些写 ④泻卸谢泄

tɕ ①皆阶秸街揭结 ②劫杰洁 ③解~放 ④介界芥届戒械

$tɕ^h$ ①怯 ②茄

ȵ ①聂镊蹑捏 ④孽

ɕ ①血歇蝎楔 ②谐鞋胁协 ④懈蟹解姓

Ø ①噎页叶业额~佬盖儿 ②爷 ③耶也野 ④夜腋

uɛ

tʂ ①跩显摆 ④拽

$tʂ^h$ ①揣怀~ ③揣~摩 ④踹

ʂ ①衰摔 ④帅蟀率~领

k ①国老乖 ③拐 ④怪

k^h ④快筷会~计块刽~子手

x ②或惑获新怀槐淮 ④坏

Ø ①歪 ③崴~脚 ④外

yɛ

ts ②绝

s ①薛

tɕ ①蹶$_{新}$决$_{新}$诀$_{新}$ ②橛$_{新}$

tɕ^{h} ①缺$_{新}$

ɕ ①靴 ②穴

Ø ①月$_{新}$ ④粤$_{新}$

ɤ

tʂ ①蔗遮折$_{~腾}$褶哲浙蜇 ②辙蛰 ③者 ④这

tʂ^{h} ①撤车彻 ③扯

ʂ ①设赊涉 ②舌折$_{~本}$佘 ③舍奢 ④赦摄涉射麝社

ʐ ①热 ③惹

k ①各胳阁格$_{青}$革$_{青}$隔$_{青}$搁歌戈$_{新}$鸽割葛佮嗝 ②□$_{小孩斗架}$ ③哥 ④个

k^{h} ①客$_{青}$刻$_{时~,青}$刻$_{刀~,青}$渴壳磕科$_{新}$棵$_{新}$颗$_{新}$ ②咳克 ③可 ④课$_{新}$

x ①喝赫郝 ②河何合盒 ④荷贺鹤

Ø ①恶$_{~心}$屙$_{~尿}$ ②蛾鹅俄讹阿$_{~胶}$ ④饿鄂扼轭

yɤ

ts^{h} ③撧 ④雀鹊

s ①雪

tɕ ①蹶$_{老}$决$_{老}$诀$_{老}$脚镢$_{~头}$觉$_{知~}$角$_{菜~子}$ ②掘橛$_{老}$倔$_{又}$ ③角$_{~落}$ ④倔

tɕ^{h} ①缺却确搉$_{~蒜}$□$_{骗人}$ ②瘸

ɕ ①靴 ②学

Ø ①月$_{老}$悦阅越曰粤$_{老}$药虐谑疟约钥乐$_{音~}$岳$_{姓}$岳$_{山~}$ ③哕$_{干~}$

o

p ①拨菠钵钹博泊$_{梁山~}$剥驳 ②薄簿勃脖 ③簸$_{~一~}$玻 ④簸$_{~箕}$

p^{h} ①泊$_{血~}$泼$_{活~}$波跛 ②婆 ③坡颇 ④破

m ①摸莫末沫 ②摩魔馍磨$_{~刀}$模$_{~范}$摹膜寞 ③抹 ④磨$_{~面}$

f ①说$_{又}$ ②佛勺$_{又}$

uo

t ①多 ②夺铎 ③朵躲 ④剁惰跺垛

t^h ①脱托拖 ②舵驮驼 ③妥椭

n ①搦 ②挪 ④糯诺

l ①啰劣老洛烙落乐快~骆络略 ②罗锣箩萝漯骡螺腡裸 ③掠 ④摞

ts ①作 ②凿~子嚼爵 ③左撮昨佐 ④坐座

ts^h ①搓 ②戳矬 ④挫错措

s ①削梭唆莎~~草塑 ③索锁琐

tʂ ①拙桌捉 ②着~火着穿~酌卓啄涿浊镯

$tʂ^h$ ①初绰焯 ②锄戳

ʂ ①说梳蔬疏 ②勺芍 ③所数~不清 ④数~字朔

ʐ ①弱若

k ①戈老郭锅国新 ③果裹 ④过

k^h ①棵老科老颗老窠括廓扩 ④阔课老

x ①霍豁藿劐 ②和~气活禾获老和~面□棺材 ③火伙 ④货祸

ø ①窝倭踒~脚蜗握沃 ③我 ④卧

æɛ

p ①百新掰新 ②别又 ③摆 ④败稗拜

p^h ①泊又 ②排牌簰 ④派

m ①陌麦新脉新 ②埋 ③买 ④卖迈

t ①德得 ③呆歹逮 ④带戴贷怠殆待代袋大~夫

t^h ①忒胎态 ②台抬苔特 ④太泰

n ③乃奶 ④耐奈

l ①裂列猎老烈肋勒 ②来 ③攋手~草 ④赖癞

ts ①灾栽则 ②宰 ③载年~ ④在载~重再

ts^h ①猜 ②才材财裁 ③彩采踩睬 ④蔡菜

s ①塞腮鳃瑟 ④赛

tʂ ①窄新摘新斋 ②择新泽新宅新责新 ③侧~歪 ④债寨

$tʂ^h$ ①钗差出~策新册新测新侧又拆新 ②豺柴

ʂ ①虱新筛色新涩新 ④晒

k ①该格中革中隔中 ③改 ④概盖丐溉

k^h ①开客中刻时~,中刻刀~,中 ③凯楷 ④慨

x ②孩骇亥还~有核审~ ③海 ④害

ø ①哀挨~着 ②挨~打 ③埃蔼矮额~头 ④爱艾碍隘

eɪ

p ①杯碑卑北悲笔掰老百老柏伯背~着 ②白 ③彼 ④贝辈背~上臂倍焙被避~雨备

pʰ ①坯披迫拍魄 ②赔培陪裴 ③胚丕 ④沛配佩辔

m ①墨默麦老脉老没 ②梅煤枚媒眉楣媚 ③每美 ④妹昧寐

f ①飞新非新 ②肥新 ③匪新翡妃水又,潲~ ④肺新废新吠新痱新费新

n ④内

ts ②贼

tʂ ①窄老摘老 ②择老泽老宅老责老

tʂʰ ①策老册老测老拆老

ʂ ①涩老色老 ④睡又

k ①给格老革老隔老 ③□在

kʰ ①刻时~,老刻刀~,老客老 ②揢~鱼

x ①黑吓~唬

ueɪ

t ①堆 ④队碓兑对

tʰ ①推 ③腿 ④退蜕褪~色

l ②雷 ③儡垒磊累积~ ④累连~泪类

ts ①堆又 ③嘴 ④罪最醉

tsʰ ①催崔 ④脆翠粹

s ①虽尿~泡,膀胱 ②随髓绥遂 ④碎岁穗隧

tʂ ①追锥 ④缀赘坠

tʂʰ ①吹炊 ②垂槌锤

ʂ ②谁 ③水 ④税睡

ʐ ③芮蕊 ④瑞锐

k ①归龟圭闺规轨 ③诡鬼 ④鳜桂跪贵柜

kʰ ①亏盔 ②癸奎魁傀逵葵 ④愧溃崩~

x ①灰恢辉挥徽 ②回茴 ③毁 ④贿汇悔晦溃~脓会开~会~不~绘惠慧秽讳汇

Ø ①威偎煨 ②围为人~ ③危桅伪委维惟唯微尾违苇伟 ④卫为~什么位未味魏慰畏谓纬胃

ɔo

p ①褒包□赔胞雹 ③饱保堡宝 ④报抱暴菢曝豹爆鲍刨~子

p^h ①抛剖泡尿~ ②胞又袍刨~地 ③跑 ④炮泡~沫

m ②毛茅猫矛锚 ③卯 ④冒帽茂贸貌

f ③否

t ①刀叨□~菜:夹菜 ③岛捣祷倒摔~导 ④倒~退到稻道盗掇

t^h ①掏滔涛 ②淘桃陶讨逃萄 ④套

n ①孬 ②挠铙 ③脑恼 ④闹

l ①捞拉 ②捞打~牢劳唠 ③老 ④涝

ts ①糟遭 ③枣早澡蚤 ④躁灶皂造

ts^h ①操 ②曹槽 ③草 ④造又

s ①骚 ③扫~地嫂 ④臊扫~帚

tʂ ①招召诏昭沼朝~夕 ③找 ④罩笊赵兆照

$tʂ^h$ ①超抄钞剿又 ②朝潮巢绍又,介~ ③吵炒

ʂ ①烧梢捎 ②绍 ③稍少多~韶 ④潲~雨,~食少~年邵

ʐ ②饶 ③扰绕围~ ④耀照又绕~线

k ①高膏~脂篙羔糕 ③稿搞 ④告膏~油

k^h ③考烤 ④靠犒

x ①薅蒿 ②豪嚎毫 ③好~坏 ④好爱~耗号浩

Ø ①爊~白菜 ②熬鳌 ③袄 ④傲鏊烙饼用具懊奥澳坳

iɔo

p ①标膘彪 ③表 ④摽绑一起

p^h ①漂~浮飘 ②瓢嫖 ④漂~亮票

m ①喵渺秒 ②苗描 ③藐 ④庙妙

t ①刁貂雕 ③屌 ④钓吊掉调~查

t^h ①挑~担 ②条挑~事调~和 ④跳粜

l ②疗聊撩辽 ③燎了~结 ④瞭~望料廖尥

ʦ ①焦蕉椒 ③剿

$ʦ^h$ ①锹悄缲 ②瞧樵 ④俏

s ①消宵霄萧潇箫销硝屑 ③小 ④笑

ʨ ①交郊胶浇教~书娇骄矫 ③搅铰狡缴侥绞矫 ④教~师校~正窖觉睡~酵叫轿

$ʨ^h$ ①敲 ②乔侨桥荞 ③巧 ④翘撬窍

ȵ ③鸟 ④尿

ɕ ①淆嚣 ③晓 ④校学~孝效校上~

ø ①杳肴腰邀要~求吆幺~二三妖 ②遥摇谣窑姚尧 ③咬舀 ④要~不~鹞跃

ou

t ①都全~兜 ③斗—~陡 ④斗~争豆逗

t^h ①偷 ②头投 ④透

l ①搂~取 ②楼耧 ③搂~抱篓 ④漏陋

ʦ ③走 ④奏骤

$ʦ^h$ ④凑侍又

s ③叟

ʈʂ ①邹周舟州洲粥 ③肘 ④宙纣昼皱绉骤咒

$ʈʂ^h$ ①抽搊扶起 ②绸稠愁仇 ③丑筹瞅酬 ④臭

ʂ ①收搜飕馊 ③守手首 ④瘦兽受寿授售

ʐ ①绉胡~ ②柔揉 ④肉

k ①钩勾购沟 ③狗苟 ④够构

k^h ①抠 ③口□性格乖戾 ④叩寇扣

x ①吼 ②猴喉瘊 ④后厚候侯

ø ①呕抠又欧瓯 ②牛老 ③偶藕 ④沤怄

iou

t ①丢

l ②刘流留硫琉馏 ③柳 ④六榴馏重新加热
ts ①揪 ③酒 ④就
tsʰ ①秋 ②囚泅
s ①修 ④宿星~秀绣袖锈
tɕ ①鸠纠灸咎 ③九韭久 ④救舅臼旧究
tɕʰ ①丘枢阄 ②求球仇姓
ȵ ①妞 ②牛新 ③扭
ɕ ①休羞 ③朽
ø ①忧优悠幽 ②邮尤由油游酉 ③有友 ④又右佑莠诱柚釉幼

an

p ①扳班斑颁般搬 ③拌扔版板 ④拌搅~瓣扮办伴半绊
pʰ ①潘攀 ②爿盘 ④盼襻判叛
m ②蛮瞒馒 ③满 ④慢幔漫
f ①翻番 ②凡帆烦繁 ③反 ④范泛犯饭贩嬎鸡下蛋
t ①担动丹单 ③胆掸诞 ④担名但旦蛋淡弹~药
tʰ ①贪坍滩瘫摊 ②谭潭弹~琴谈痰檀坛 ③毯坦 ④探炭叹
n ②男难~处南 ④难受~
l ②蓝篮兰拦栏 ③漤懒览揽缆榄 ④滥烂
ts ①簪 ②咱 ③攒 ④赞暂
tsʰ ①餐参参加惨 ②残蚕 ③惭 ④灿
s ①三珊 ③散松~伞 ④散~布
tʂ ①沾粘动毡瞻 ③斩盏展 ④蘸占绽站栈战颤寒~
tʂʰ ①搀掺 ②馋谗缠蝉禅 ③产铲 ④颤~抖
ʂ ①杉衫山删煽搧羶 ③陕闪 ④疝善扇禅苫
ʐ ③染冉然燃
k ①甘柑泔蚶肝竿干~旱 ③赶擀敢感橄秆 ④干~活
kʰ ①堪 ③龛坎砍刊 ④看~守看~见
x ①憨鼾酣罕 ②含韩函涵寒 ③喊 ④撼憾旱汉汗悍焊翰
ø ①庵安鞍 ③俺 ④按暗岸案

iɛn

p　①编鞭边 ③贬扁匾 ④便方~辨辩变遍辫汴

p^h　①偏篇 ②便~宜 ④骗片

m　②棉绵眠 ③免勉娩渑 ④面缅

t　①掂颠 ③点典 ④店电殿奠佃垫

t^h　①添天 ②甜田填 ③舔腆

l　②连廉镰帘联莲 ③敛脸 ④殓练炼楝怜

ts　①尖煎 ③剪践 ④渐贱箭溅饯笺

ts^h　①歼迁千签 ②前钱 ③浅潜

s　①仙鲜新~先 ②涎 ④线羡

tɕ　①监艰兼肩间奸坚监 ③减拣简柬茧俭检 ④剑舰涧锏犍件建键健腱荐见

$tɕ^h$　①谦牵铅虔 ②钳 ③乾遣潜 ④嵌欠歉

ȵ　②黏~稠年粘鲇 ③拈碾辇撚以指~碎撵追赶 ④念

ɕ　①掀 ②咸衔闲贤弦嫌 ③险显 ④陷馅限苋羡宪献现县

ø　①烟淹腌阉 ②岩盐闫严炎俨阎酽颜延沿言 ③掩魇眼焉演研究 ④谚验厌焰艳砚宴雁燕晏筵堰

uan

t　①端 ③短 ④断段锻缎椴

t^h　②团

n　③暖

l　②鸾峦栾 ③卵 ④乱恋□汤浓稠

ts　①钻~研 ④钻~石

ts^h　①窜 ②全泉 ④篡

s　①酸 ④算蒜

tʂ　①砖专 ③转~送 ④赚转~圈传~记篆纂撰

$tʂ^h$　①穿川 ②传~达船椽 ③喘 ④串

ʂ　①拴闩 ④涮

ʐ　③软

k ①关观~看棺官 ③管馆 ④贯惯观道~冠~军灌罐冠鸡~

k^h ①宽 ③款

x ①欢 ②还~账环桓 ③缓 ④唤换焕幻患宦

ø ①弯湾豌剜 ②完丸玩顽 ③皖碗腕晚挽宛 ④万蔓

yɛn

s ②旋~风 ③癣选 ④旋~吃~做镟

tɕ ①捐绢娟 ③卷~起来 ④眷倦圈猪~

tɕ^h ①圈圆~ ②权拳颧 ③犬 ④劝券

ɕ ①轩喧宣 ②玄悬眩 ④楦

ø ①冤渊 ②圆员缘元原源阮袁辕援园 ③远 ④院愿怨

ən

p ①奔锛 ③本 ④笨

p^h ①喷~水 ②盆 ④喷~香

m ①闷焖 ②门

f ①分 ②坟 ③芬纷焚粉 ④粪奋愤忿份

t^h ①吞

n ③恁第二人称 ④恁那么

tʂ ①针真榛臻 ③珍疹诊斟枕 ④镇阵振震

tʂ^h ①伸深 ②沉岑尘陈辰晨臣 ④趁衬称~心

ʂ ①身森参人~申 ②神 ③沈审婶省河南~ ④葚甚渗慎肾

ʐ ②人任姓壬仁 ③忍 ④任~务饪纴刃认妊

k ①根跟 ④艮

k^h ③啃肯垦恳

x ③很 ④痕恨

ø ①恩 ④摁

in

p ①彬宾槟 ④殡鬓

p^h ①拼 ②贫频 ③品 ④聘姘

m　②民 ③闽悯敏抿

l　①拎 ②林淋临邻鳞磷 ③檩 ④赁吝

ts　①津 ④尽进晋

ts^h　①侵亲~人浸 ②寝秦 ④亲~家

s　①心辛新薪 ②寻~媳妇 ④信

tɕ　①今金襟巾斤筋 ③紧锦仅谨 ④禁妗近劲

$tɕ^h$　①钦 ②琴禽擒勤芹 ④吣

ɕ　①馨欣

ø　①阴荫音因洇姻殷 ②银淫寅 ③吟饮~食引隐尹 ④饮~马印

uən

t　①敦墩蹲 ④顿囤盾遁饨

t^h　①吞又 ②屯豚臀 ④褪~袖子□倒着走

l　②仑伦沦轮 ④嫩论

ts　①尊遵

ts^h　①村皴 ②存忖荀又 ④寸

s　①孙 ③损榫

tʂ　③准

$tʂ^h$　①椿春 ②纯唇莼醇 ③蠢

ʂ　④顺舜

k　③滚 ④棍

k^h　①昆坤 ③捆 ④困

x　①婚昏荤 ②魂混馄浑

ø　①温瘟 ②闻文蚊纹 ③稳吻刎 ④问璺

yn

ts　④俊骏

s　②旬循巡 ③笋 ④讯逊殉迅

tɕ　①钧均君军 ③菌 ④郡

$tɕ^h$　②群裙

ɕ　①熏薰 ④训

ø ①晕 ②匀云 ③允 ④闰润孕熨韵运

aŋ

p ①邦帮浜 ③榜绑 ④谤傍棒蚌

pʰ ①滂胖肿乓 ②旁螃庞 ④胖

m ①牤 ②忙芒~种茫盲 ③莽蟒

f ①方 ②房肪防 ③纺仿芳妨访 ④放

t ①耽~误当~时 ③党挡 ④当~铺荡宕

tʰ ①汤倘 ②堂棠螳唐糖塘 ③躺淌 ④烫趟

n ②囊 ③攮

l ①狼黄鼠~ ②朗郎狼野~廊 ④浪

ts ①脏肮~赃 ④藏西~脏心~葬

tsʰ ①苍仓跄 ②藏躲~

s ①桑丧 ③嗓搡

tʂ ①张章樟 ②□放入作料 ③长生~涨掌 ④胀丈杖仗账帐障瘴

tʂʰ ①昌畅~店，地名 ②长~短常肠场打麦~尝偿 ③场~地厂 ④畅唱倡

ʂ ①伤商 ③裳晌赏 ④上尚

ʐ ②瓤□示弱穰 ③攘壤嚷酿 ④让

k ①刚钢纲缸 ③冈岗港 ④钢~刀杠

kʰ ①康糠 ③扛慷 ④炕抗

x ①夯 ②行银~航杭

ø ①肮 ②昂

iaŋ

l ②量动凉良粮梁粱 ③两 ④量重~晾~干亮辆谅

ts ①将~来 ③蒋奖 ④将~士匠酱桨

tsʰ ①枪呛~水锵 ②墙 ③抢呛烟~人

s ①箱厢湘襄镶 ②翔祥详 ③想 ④相~互相~貌象像橡

tɕ ①浆疆姜江僵缰豇 ③讲耩~地 ④虹降~落

tɕʰ ①羌腔 ②强~大 ③强勉~

ȵ ②娘

ç ①香乡 ②降投~ ③亨响饷 ④向项巷

ø ①央秧殃 ②仰羊洋杨扬阳疡 ③养痒 ④样

uaŋ

tʂ ①装庄 ④壮状撞

tʂʰ ①疮窗 ②床 ③闯 ④创

ʂ ①霜双量词 ③爽孀 ④双~生

k ①光 ③广 ④桄逛

kʰ ①筐诓 ②狂 ④旷矿况眶匡框

x ①荒慌谎 ②黄簧皇蝗 ③晃

ø ①汪 ②亡芒麦~王枉 ③网往 ④妄忘望旺

əŋ

p ①崩迸绷~紧 ③绷~住嘴 ④蹦

pʰ ①烹□溅水□遭糕 ②朋蓬篷彭膨棚 ③捧 ④碰

m ①懵 ②萌盟蒙 ③猛蠓 ④孟梦

f ①疯枫丰封讽风 ②逢冯锋峰缝动 ④缝名奉俸凤

t ①登灯 ③等 ④邓凳镫瞪澄~清

tʰ ①熥小火烤 ②腾疼滕藤

n ②能~够能精明

l ③冷 ④愣楞棱

ts ①曾姓增赠 ④憎

tsʰ ②曾~经层 ④蹭

s ①僧

tʂ ①贞争欠争~夺征蒸筝侦睁正~月铚 ③整 ④证症郑正正在政

tʂʰ ①撑铛称~呼 ②橙拯乘承丞成城诚塍程呈逞盛~饭 ③惩宠~小孩 ④枰樘

ʂ ①生升牲笙甥声 ②绳 ③省节~ ④盛旺~剩胜圣

ʐ ①扔 ③仍

k ①更五~耕庚粳绠哽 ③梗耿 ④更~加

kʰ ①坑

x ①哼亨 ②恒恒衡

Ø ④硬

iŋ

p ①冰兵 ③禀丙秉柄饼 ④病并

pʰ ①乒 ②瓶凭平苹萍评屏坪

m ②明名铭鸣 ④命

t ①丁钉~子 ③顶鼎 ④钉动定锭订

tʰ ①听厅汀庭蜓艇廷 ②亭停挺 ③侹躺

l ②凌陵菱灵零铃伶翎 ③岭领 ④令另

ts ①精晶 ③井 ④净睛静靖

tsʰ ①清青蜻 ②情晴婧不经过努力就得到 ③请

s ①星腥 ③省反~醒擤 ④姓性

tɕ ①京荆经鲸惊 ③境警 ④茎径颈竟竞競敬镜

tɕʰ ①卿轻 ③顷 ④罄庆擎

ȵ ②拧 ④佞宁

ɕ ①兴时~ ②行~为刑邢型荥 ④幸杏兴高~性

Ø ①鹰婴樱莺鹦英缨萤 ②凝迎蝇营茔嬴盈颖 ③影 ④应映

uəŋ

Ø ①翁瓮嗡

iuŋ

tɕ ③迥炯窘 ④纵又

tɕʰ ①倾 ②穷琼

ɕ ①胸凶兄 ②雄熊

uŋ

t ①东冬 ③董懂 ④冻栋洞动

tʰ ①捅通 ②童同桐铜曈 ③桶筒统 ④痛

n ②浓奴努脓农 ④弄

l ②隆聋笼龙 ③拢陇垄

ts ①鬃宗综 ③总 ④纵粽

ts^h ①聪葱匆囱 ②丛从

s ①松嵩 ④送宋诵颂讼

tʂ ①中~间忠终冢钟盅 ③种~子肿 ④中~弹种~地众重轻~仲

$tʂ^h$ ①充冲~锋春 ②重~复虫 ③宠崇 ④冲说话~

ʐ ①泳咏冗雍 ②荣绒戎融茸氄细毛涌容镕蓉 ③永拥勇 ④用

k ①工公蚣功攻弓宫恭躬供~养 ③汞拱巩 ④贡共供~神

k^h ①空~气 ③恐孔 ④空~缺控

x ①轰烘 ②弘红宏洪鸿 ③哄~骗 ④横~竖横蛮~哄起~

参考文献：

贺巍：《河南山东皖北苏北的官话（稿）》，《方言》1985 年第 3 期。

贺巍：《中原官话分区（稿）》，《方言》2005 年第 2 期。

张启焕、陈天福、程仪：《河南方言研究》，河南大学出版社 1993 年版。

张世方：《商丘方言的子尾［tei］及相关问题》，《语言科学》2008 年第 5 期。

郸城方言音系

郸城地处河南省东部，郸城方言属于中原官话商阜片，是河南境内中原官话东部地区较有代表性的方言。《河南方言研究》（张启焕、陈天福、程仪 1993）一书分河南的方言为五片，把郸城方言归入以开封、郑州、商丘音系为代表的第一片；《河南省志·方言志》（崔灿，1995）也把郸城方言划入郑汴片中；贺巍（1985）把郸城方言划归中原官话郑曹片，《中原官话的分区（稿）》（贺巍 2005）又把郸城方言划入中原官话商阜片。

郸城方言与普通话差别不大，但有自己的特色。

（1）语音上，郸城方言把舌尖后擦音声母ʂ拼合口的音一律读为唇齿音f，如：书fu^{23}、说fo^{23}、顺fən^{51}、水fei^{44}；来自中古见组的部分入声字发生了腭化现象，如：客tɕ^{h}iɛ^{23}、隔tɕiɛ^{23}、胳tɕiɛ^{23}、黑ɕiɛ^{23}、赫ɕiɛ^{23}。

（2）词汇上，郸城方言有许多自己特有的方言词，体现了郸城的地方特色，如：夹后$_{\text{村北}}$、撮唧$_{\text{吝啬}}$、馍篮子$_{\text{女孩}}$、迷见$_{\text{不见}}$、顺承$_{\text{繁殖}}$。

（3）语法上，“知道”的否定式郸城人说“知不道”，而很少说“不知道”。

这三个特点使郸城方言在河南境内的中原官话中显得独树一帜，极富地方特色。当地三句流行语可以充分表现郸城方言的特点：

1. 黑嘞黑嘞来个客，吃馍馍不熟，

ɕiɛ^{23}lɛ^{0}ɕiɛ^{23}lɛ^{0}lɛ^{53}kə^{51}tɕ^{h}iɛ^{23}，tʂ^{h}ʅ^{23}mo^{53}mo^{53}pu^{23}fu^{53}，

喝水水不开，我说你还不叫说。

xɤ^{23}fei^{44}fei^{44}pu^{44}k^{h}ɛ^{23}，uo^{44}fo^{23}ȵi^{44}xɛ^{53}pu^{44}tɕiɔ^{51}fo^{23}。

2. 俺家哩扁嘴子跑夹后迷见了。我家的鸭子跑到村北，找不到了

an^{44}tɕia^{23}li^{0}piɛn^{44}ʦuei^{44}ʦɿ^{0}p^{h}ɔ^{44}tɕia^{53}xou^{0}mi^{53}tɕiɛn^{0}lə^{0}。

3. 我知不道。我不知道

uo^{44}tʂʅ^{23}pu^{44}tɔ^{51}。

郸城方言的内部一致性较高，但略有差异。根据郸城县各乡镇的读音特点，可以大致把郸城方言分为南北两片：

北片包括城关、城郊、胡集、吴台、虎岗、宁平、双楼、白马、南丰、张完集、汲水乡全部，钱店、丁村、秋渠、石槽乡的大部分，李楼、巴集、东风乡的小部分。这是郸城方言的主体部分，城关话是其代表。下文的郸城方言就是指以城关话为代表的郸城话。

南片包括宜路乡全部，东风乡大部，石槽、秋渠、钱店乡靠近宜路的部分村庄。其特点是来自中古精组的大部分合呼字在这里都腭化了，读舌面音tɕ、tɕ^{h}、ɕ，如：嘴tɕyei^{44}、随ɕyei^{44}、酸ɕyan^{23}、葱tɕ^{h}yŋ^{23}、蒜ɕyan^{51}、孙ɕyn^{23}。其他地方都与北片相同。

另外，在西部，与淮阳县接壤的李楼、汲冢、巴集部分村庄，对ʂ、f声母分得很清，书ʂu^{23} ≠ 福fu^{23}；东部，与安徽接壤的张完集、南丰、白马的部分村庄有把f相混成ʂu 的现象，如：夫福 = 书ʂu^{23}。这些只是个别现象，因流行范围小还不足以单独划片。

一 声韵调系统

1.1 声母

郸城方言声母 23 个，包括零声母。

p 班抱八薄　p^{h} 瓢爬批怕　m 门米幕忙　f 飞发顺书

t 店大到答　t^{h} 太同踢堂　n 难农拿挪　l 兰路连辣

ts 早嘴精秋　ts^{h} 粗崔齐娶　s 三嫂修徐

tʂ 知抓照争　tʂ^{h} 茶吃吵愁　ʂ 山收师市　ʐ 人让用永

tɕ 居局姜军　tɕ^{h} 去起旗气　ȵ 你女年鸟　ɕ 许戏孝休

k 贵格谷刚　k^{h} 课愧哭看　x 话寒孩坏

ø 闻暗闰牛硬

说明：

（1）n 拼齐齿呼，ȵ拼撮口呼，二者互补。

（2）ts、ts^{h}、s 拼齐齿呼、撮口呼时已不是典型的舌尖音，发音时舌尖和舌面前部一起上抬，在上齿背和硬腭前部形成阻碍，带舌面色彩，但与舌面音有别。

1.2 韵母 郸城方言韵母39个，不包括儿化韵。

ɿ	资次四字	i	地西席易	u	胡古不书	y	雨女徐区
ʅ	知师失是						
ər	二而耳儿						
a	爸怕纳刷	ia	家亚恰下	ua	挖挂画花		
ɛ	败色太肋	iɛ	爷叶街蟹	uɛ	快怪国$_{白}$或	yɛ	越雪决靴
ɔ	刀包高早	iɔ	标孝刁笑				
ɤ	鸽各河渴						
o	剥菠摸说	uo	郭多削拙			yo	脚学确药
ei	倍每妹税	uei	岁嘴威桂				
ou	豆楼周牛	iou	丢刘秋又				
an	办单拴砍	iɛn	编电连炎	uan	团暖官全	yɛn	员劝拳犬
ən	门分吞顺	in	民心林品	uən	盾村困嫩	yn	匀军韵训
aŋ	邦防糖双	iaŋ	辆强央向	uaŋ	狂庄旺往		
əŋ	朋灯生杏	iŋ	兵名京形	uəŋ	翁瓮嗡揄		
		iuŋ	龙松$_{白}$穷雄	uŋ	红横同容		

说明：

（2）读 ɛ 韵母的去声字，有时发音会有轻微的动程，音值为 æɛ。

（3）ou、uo 的 o 都不太圆。

（4）零声母的 uəŋ 实际音值是 wəŋ。

1.3 声调

郸城方言4个声调，不包括轻声。

①阴平 23　天三安麦竹　②阳平 53　平人鹅敌食

③上声 44　走闪手碗远　④去声 51　布步抱柱玉

说明：

（1）在单字调中，阴平调时长较阳平、上声、去声长，调值接近223，这里记为23。

（2）上声调44有时会读为34，但总体上是一个半高平调，这里记为44。

二 音韵特点

2.1 声母特点

（1）分尖团音，即中古精组与见组各声纽的字在细音前的读法保持对立而不混淆。郸城方言中，老年人ʦ、ʦ^{h}、s在齐齿呼、撮口呼前略带舌面化，但与ʨ、ʨ^{h}、ɕ不混，能清楚区分尖团音，年轻人已尖团不分。如：

精 ʦiŋ^{23}≠经 ʨiŋ^{23}　清 ʦ^{h}iŋ^{23}≠轻ʨ^{h}iŋ^{23}　焦 ʦiɔ^{23}≠娇ʨiɔ^{23}

墙 ʦ^{h}iaŋ^{53} ≠ 强 ʨ^{h}iaŋ^{53}　秋 ʦ^{h}iou^{23} ≠ 丘 ʨ^{h}iou^{23}　千 ʦ^{h}iɛn^{53} ≠ 牵ʨ^{h}iɛn^{53}　修 siou^{23}≠休ɕiou^{23}　七 ʦ^{h}i^{23}≠期ʨ^{h}i^{23}

（2）普通话ʂ声母的合口韵字在郸城方言中不读ʂ，而读f。如果是以u为介音的字，还会丢失介音，由合口变为开口。如：

说梳fo^{23}　书fu^{23}　暑fu^{53}　鼠fu^{44}　树fu^{51}　税fei^{51}　拴fan^{23}　刷fa^{23}

水fei^{44}　帅fɛ^{51}　顺fən^{51}　叔fu^{44}　双faŋ^{23}　熟fu^{53}

（3）来自中古铎韵、德韵、陌韵、麦韵见系的开口字大都有新派和老派两种读音，新派读舌根音 k、k^{h}、x，老派读腭化音ʨ、ʨ^{h}、ɕ。如：

胳 kɛ^{23}/ʨiɛ^{23}　郝 xɤ^{23}/ɕiɛ^{23}　刻 k^{h}ɛ^{23}/ʨ^{h}iɛ^{23}　黑 xɛ^{23}/ɕiɛ^{23}

客 k^{h}ɛ^{23}/ʨ^{h}iɛ^{23}　赫 xɛ^{23}/ɕiɛ^{23}　革 kɛ^{23}/ʨiɛ^{23}

（4）中古梗摄庚韵的云母字和通摄钟韵的影母、以母字，在普通话中大都读零声母，而在郸城方言中都读ʐ声母。如：

荣 ʐuŋ^{53}　永 ʐuŋ^{44}　泳 ʐuŋ^{23}　拥 ʐuŋ^{44}　容 ʐuŋ^{53}　勇 ʐuŋ^{44}　用 ʐuŋ^{51}

2.2 韵母特点

（1）果摄合口一等见系各声纽的字，今保留古合口读法，如：

过 kuo^{51}　锅 kuo^{23}　戈 kuo^{23}　科 k^{h}uo^{23}　棵 k^{h}uo^{23}　禾 xuo^{53}

（2）蟹摄合口一等的端组字、来母字和止摄合口三等的来母字都有开、合两种读音，可以自由转换。如：

堆 tei^{23}/tuei^{23}　腿 t^{h}ei^{44}/t^{h}uei^{44}　对 tei^{51}/tuei^{51}　队 tei^{51}/tuei^{51}　兑 tei^{51}/tuei^{51}　雷 lei^{53}/luei^{53}　内 nei^{51}/nuei^{51}　垒 lei^{44}/luei^{44}　泪 lei^{51}/luei^{51}

（3）中古薛韵、德韵、职韵、陌韵、麦韵的入声字主元音大都为 ɛ，与蟹摄开口一、二等字“台来开排奶”主元音相同。如：

列 lɛ^{23}/liɛ^{23}　劣 lɛ^{23}/liɛ^{23}　默 mɛ^{23}　得 tɛ^{23}　特 t^{h}ɛ^{53}　肋 lɛ^{23}　则 ʦɛ^{23}　色 ʂɛ^{23}　克 k^{h}ɛ^{23}/tɕ^{h}iɛ^{23}　侧 ʦɛ^{23}　伯 pɛ^{23}　陌 mɛ^{23}　泽 ʦɛ^{53}　责 ʦɛ^{53}　摘 ʦɛ^{23}

（4）遇摄合口三等的来母字，在郸城方言中有文白两种读音，白读音与蟹摄、止摄合口音相同，如：

驴 ly^{53}/luei^{53}　吕 ly^{44}/luei^{44}　虑 ly^{51}/luei^{51}　旅 ly^{44}/luei^{44}　缕 ly^{44}/luei^{44}　屡 ly^{44}/luei^{44}

2.3　声调特点

郸城方言的声调符合中原官话声调演变的一般规律：平分阴阳、浊上归去、入派二声。在入声分派上，郸城方言的清入字、次浊入字归阴平，全浊入字归阳平。如：

积 ʦi^{23}　惜 si^{23}　麦 mɛ^{23}　北 pei^{23}　笔 pei^{23}

石 ʂʅ^{53}　极 tɕi^{53}　学 ɕyo^{53}　绝 ʦyɛ^{53}　力 li^{23}

三　同音字汇

本同音字表收字依据中国社会科学院语言研究所《方言调查字表》，又根据方言用字有所增减。按照韵母表的顺序依次排列各韵的单字，同一韵的字按照前面所列声母和声调顺序排列。①②③④⑤等数字表示声调，对应的调类和调值在前面声调部分的内容中有说明。本字未明的用“□”代替，后加小字注释。举例时用“～”代替该字，文白异读、新老或老中青异读、又读等现象在该字后用小字标明，有特殊意义的字也在字后用小号字体进行举例、解释或说明。

ʅ

ʦ　①资咨姿兹滋辎梓 ③子滓姊紫 ④自字

ts^h ①疵 ②瓷慈磁辞词祠 ③雌此 ④刺次侍赐伺

s ①斯厮撕私司思丝 ③死厕~茅子:厕所 ④四寺肆似祀巳饲恃俟嗣

ʅ

tʂ ①知智蜘枝肢栀只稚支芝汁掷质职之执 ②置侄直值 ③纸脂旨指止趾址 ④滞制至痔治志痣炙

$tʂ^h$ ①尺吃眵呲痴赤 ②池弛迟 ③齿嗤耻驰 ④翅持斥侈

ʂ ①失师狮尸诗湿适矢施释 ②石豕匙室实时鲥十什家~拾动拾数 ③屎始使史驶 ④试势誓逝世舐是氏示视嗜市士仕柿事

ʐ ①日□詈词

i

p ①屄 ②毕鼻荸逼 ③比秕鄙 ④蔽蓖闭箅敝弊碧滗币毙婢弼必壁璧痹备白

p^h ①批僻辟劈 ②皮疲脾琵匹庇痞 ③□用手分开 ④譬屁

m ①密蜜觅 ②迷糜弥靡篾 ③米 ④谜

t ①低滴 ②敌笛嫡荻迪籴涤 ③底的目的抵 ④帝弟第递地

t^h ①踢堤梯剔 ②提蹄 ③体题 ④替剃涕嚏屉啼

l ①力立笠粒栗 ②犁黎丽隶离距~篱璃梨 ③礼狸李里理鲤 ④例厉历励离离开荔利痢吏

ts ①疾积迹鲫辑 ②集籍藉 ③挤 ④祭际剂济荠

ts^h ①妻七戚漆沏栖缉~鞋口膝 ②齐脐 ④砌

s ①西悉锡析息犀昔惜 ②习媳夕席 ③徙洗玺袭 ④细

tɕ ①机鸡稽吉肌饥几茶~基几~乎讥级给供给及缉通~髻 ②急极 ③虮几~个己 ④计继妓寄技冀纪记忌既季系~鞋带

$tɕ^h$ ①欺期蹊 ②畦奇骑岐麒棋旗 ③企启祈祁起杞其岂鳍 ④契器弃气泣

ȵ ①妮 ②泥倪尼拟 ③你 ④溺匿腻

ɕ ①溪奚兮希夕熙稀吸 ③嬉喜 ④隙戏系联~

ø ①衣倚一医以依揖 ②移逸姨疑饴异毅遗役疫译伊夷沂姨逆 ③蚁椅乙已尾白矣 ④宜仪艺刈缢谊义议易肆意益亦易

u

p ①不 ②醭 ③补卜 ④布怖部步抱~小鸡

p^h ①铺~床扑仆 ②蒲菩脯 ③普谱浦捕甫朴 ④铺店~埠曝瀑

m ①目没~有,又木~材 ②模~子谋 ③亩牡母拇某 ④穆牧暮墓慕募幕

f ①福夫肤麸服~装芙幅蝠腹束文书枢输运~舒文复~习妇覆 ②暑伏熟术技~述秫黍服~气符扶浮佛③府腑俯斧敷俘抚釜腐辅附鼠蜀属叔淑薯署④赴树竖漱帚父付赋傅瓠复重~富负阜

t ①都~城督□光~子 ②毒独犊 ③堵赌肚鱼~读牍 ④妒肚~子杜度渡镀笃

t^h ①突秃 ②徒途涂图屠 ③吐吞~土 ④吐呕~兔

n ②奴 ④怒

l ①陆录橹鹿禄绿文 ②炉庐 ③卢鸬鲁芦虏卤 ④路赂露鹭

ts ①足文 ②阻卒族 ③组祖租 ④做

ts^h ①粗促 ②猝 ④醋

s ①苏酥速 ④肃文粟素诉戍嗉

tʂ ①竹筑猪箸烛诛蛛株朱术白~诸祝 ②轴逐 ③拄嘱主煮触 ④著住柱驻注蛀铸助

$tʂ^h$ ①舒白束白出缩白 ②除储厨殊 ③褚雏杵楚 ④畜~牲处~理处到~

ʂ ②庶 ④恕赎

ʐ ①褥辱输~赢入 ②如 ③汝儒乳擩~进去

k ①姑孤谷箍骨 ③古估股鼓 ④故固雇顾锢

k^h ①哭枯窟 ③苦 ④库裤酷

x ①呼乎忽糊眵目~ ②浒壶胡湖葫核杏核斛 ③虎狐 ④户沪互护

ø ①乌污坞巫诬侮屋物 ②无 ③梧五吴蜈吾伍午武舞戊鹉捂 ④误悟恶厌恶务雾勿

y

l ①绿律率捋 ②驴文 ③垒白吕文旅文缕文屡文 ④履虑文滤文

ts ①足白 ④聚

ts^h ①蛆黢 ②瞿 ③取娶 ④趣

s ①宿住~ ②俗徐 ④肃白

tɕ ①菊掬居车~马炮驹桔橘锔~碗拘 ②局巨剧 ③举 ④据锯拒距俱矩句具惧

tɕ^h ①曲~调曲酒~趋区屈 ②渠 ④去

ȵ ③女

ɕ ①需墟虚须嘘蓄畜~牧 ③许 ④续序絮叙绪婿恤戌

ø ①狱淤 ②鱼渔余馀与榆 ③雨语于虞迂盂宇禹羽愚寓 ④郁育玉欲御浴欲誉预豫娱遇吁芋逾愉愈喻裕域

ər

ø ②儿 ③而尔耳饵 ④二贰

a

p ①巴疤八扒 ②拔 ③芭把~握 ④爸把~子霸坝耙罢

p^h ①趴 ②爬耙钯 ④怕帕琶杷

m ①妈抹 ②麻 ③蚂马码 ④蟆骂

f ①发~展法发头~刷 ②乏伐筏罚 ③耍

t ①答大父亲搭 ②达沓大叔叔 ③打 ④大~小大父亲

t^h ①獭塌踏拓拓本塔榻溻沓 ③他它

n ①纳衲 ②拿 ③哪 ④那

l ①拉腊蜡辣 ③喇邋~乎：脏，不讲究

ts ②杂砸 ③咋

ts^h ①擦

s ①仨 ③洒撒萨

tʂ ①扎札渣眨喳 ②炸油~铡 ③闸 ④诈榨炸~弹栅

tʂ^h ①叉插差~别 ②茶查察茬 ③搽 ④杈岔

ʂ ①杀沙纱砂煞 ②蛇白 ③傻 ④厦房~

k ①嘎鸭叫 ③尬生小孩淘气

k^h ③卡叉

x ①哈

ø ①啊腌

ia

tɕ ①家加痂夹胛甲稼嘉 ③假真~贾 ④假放~架驾价嫁
tɕʰ ①掐 ③卡恰 ④洽
ɕ ①虾瞎 ②霞瑕遐暇狭峡辖匣 ④厦~门下夏吓
ø ①鸭压丫押鸦 ②牙芽衙伢涯崖 ③雅哑 ④砑桠亚轧

ua

tʂ ①抓 ③爪
tʂʰ ②□猛夺
k ①瓜呱刮 ③寡剐 ④挂褂卦
kʰ ①夸 ③侉垮胯 ④跨
x ①花 ②华铧划~船桦猾滑 ④划计~画话化
ø ①蛙哇挖袜 ②娃 ③瓦砖~ ④凹洼瓦~刀

ɛ

p ①掰百柏伯泊梁山~,又 ②白别白 ③摆 ④败稗拜
pʰ ①迫拍魄泊血~,又 ②排牌 ④派
m ①陌麦脉默 ②埋 ③买 ④卖迈
f ①摔衰白 ④率~领帅白蟀白
t ①德得 ③呆歹逮 ④带戴贷怠殆待代袋大~夫
tʰ ①忒胎态苔 ②台抬特 ④太泰
n ③乃奶 ④耐奈
l ①劣白裂白列白猎白勒烈白肋 ②来 ③搋手~草 ④赖癞
ts ①灾栽 ③宰则 ④在载~重再
tsʰ ①猜 ②才材财裁 ③彩采睬 ④蔡菜
s ①塞腮鳃
tʂ ①则窄摘斋蔗 ②择泽宅责 ③侧白,~歪载五~ ④债寨
tʂʰ ①钗差出~策册测侧文拆 ②豺柴
ʂ ①赊虱筛色涩 ③舍~弃 ④晒赦舍宿~射麝
ʐ ②惹

k ①该胳$_{\text{文1}}$格$_{\text{文1}}$革$_{\text{文1}}$隔$_{\text{文1}}$ ③改 ④概盖丐溉

kʰ ①开客$_{\text{文}}$刻$_{\text{时\~,文1}}$刻$_{\text{刀\~,文1}}$克$_{\text{文}}$ ②咳$_{\text{文1}}$搭$_{\text{\~鱼,文}}$ ③凯揩 ④慨

x ②孩骇亥还$_{\text{\~有}}$核$_{\text{审\~}}$赫$_{\text{文}}$黑$_{\text{文}}$吓$_{\text{\~唬,文}}$ ③海 ④害

ø ①哀挨$_{\text{\~着}}$ ②挨$_{\text{\~打}}$ ③埃蔼矮 ④爱艾碍隘

iɛ

p ①鳖憋 ②别$_{\text{文,否定词}}$ ④别$_{\text{\~扭}}$

pʰ ①撇

m ①灭

t ①爹跌 ②叠碟牒蝶谍

tʰ ①铁帖贴 ②□$_{\text{有才能}}$

l ①劣$_{\text{文}}$裂$_{\text{文}}$列$_{\text{文}}$猎$_{\text{文}}$烈$_{\text{文}}$

ts ①接节 ②截 ③姐 ④借

tsʰ ①切且

s ①楔 ②邪斜 ③些写 ④卸谢

tɕ ①结皆阶秸街胳$_{\text{白}}$格$_{\text{白}}$革$_{\text{白}}$隔$_{\text{白}}$ ②捷杰洁劫 ③解$_{\text{\~放}}$ ④介界芥届疥戒械

tɕʰ ①怯客$_{\text{白}}$刻$_{\text{时\~,白}}$刻$_{\text{刀\~,白}}$克$_{\text{白}}$ ②茄咳$_{\text{白}}$搭$_{\text{\~鱼,白}}$劫$_{\text{又}}$ ④妾

ȵ ①聂镊蹑摄捏 ④孽

ɕ ①血歇赫$_{\text{白}}$郝$_{\text{白}}$黑$_{\text{白}}$吓$_{\text{\~唬,白}}$ ②谐鞋胁协 ④懈蟹解$_{\text{明白}}$

ø ①噎页叶业额$_{\text{\~佬盖儿}}$ ②爷 ③耶也野 ④夜腋液

uɛ

tʂ ④拽

tʂʰ ①揣 ④踹

ʂ ①衰$_{\text{文}}$ ④帅$_{\text{文}}$蟀$_{\text{文}}$

k ①国$_{\text{白}}$乖 ③拐 ④怪

kʰ ③扛$_{\text{\~篮:侧挎篮子}}$ ④快筷会$_{\text{\~计}}$块

x ②或惑获怀槐淮 ④坏

ø ①歪 ③崴崴脚 ④外

yɛ

ts ②绝

s ①雪

tɕ ①蹶决诀 ②掘橛倔 ④倔$_{\text{又}}$

tɕ^{h} ①缺 ②瘸

ɕ ①靴 ②穴

ø ①月悦阅越曰 ③哕$_{\text{干\textasciitilde}}$ ④粤

ɔ

p ①包□$_{\text{赔}}$胞雹 ③饱保堡褒宝 ④报抱暴曝豹爆鲍刨$_{\text{\textasciitilde 子}}$

p^{h} ①抛剖泡 ②胞$_{\text{又}}$袍刨$_{\text{\textasciitilde 地}}$ ③跑 ④炮泡

m ②毛茅猫矛锚 ③卯 ④冒帽茂贸貌

t ①刀叨 ③岛捣祷倒$_{\text{摔\textasciitilde}}$导 ④倒$_{\text{\textasciitilde 退}}$到稻道盗掇嗽$_{\text{白}}$

t^{h} ①掏涛萄 ②淘桃陶讨逃 ④套

n ①孬 ②挠铙 ③脑恼 ④闹

l ①捞$_{\text{拉}}$ ②捞$_{\text{打\textasciitilde}}$牢劳唠 ③老 ④酪涝

ts ①糟遭 ③枣早澡 ④躁皂蚤糙造

ts^{h} ①操 ②曹槽 ③草 ④造$_{\text{又}}$

s ①骚 ③扫$_{\text{\textasciitilde 地}}$嫂 ④臊扫$_{\text{\textasciitilde 帚}}$潲嗽$_{\text{文}}$

tʂ ①招召诏昭沼朝$_{\text{\textasciitilde 夕}}$ ③找 ④罩笊赵兆照$_{\text{文}}$

tʂ^{h} ①超抄钞剿又 ②朝潮巢绍$_{\text{又,介\textasciitilde}}$ ③吵炒

ʂ ①烧梢捎稍 ③少$_{\text{多\textasciitilde}}$ ④韶绍少$_{\text{\textasciitilde 年}}$邵

ʐ ②饶 ③扰绕 ④耀照$_{\text{白}}$

k ①高膏$_{\text{\textasciitilde 脂}}$篙羔糕 ③稿搞镐$_{\text{又}}$ ④膏$_{\text{\textasciitilde 油}}$

k^{h} ③考烤 ④靠犒

x ①薅蒿 ②豪嚎毫 ③好$_{\text{\textasciitilde 坏}}$ ④好$_{\text{爱\textasciitilde}}$耗号浩

ø ①爊$_{\text{\textasciitilde 白菜}}$ ②熬鳌 ③袄 ④傲懊奥澳坳

iɔ

p ①标膘彪 ③表 ④摽$_{\text{绑一起}}$

p^h ①漂~浮飘 ②瓢嫖 ④漂~亮票

m ①喵渺秒 ②苗描 ③藐 ④庙妙

t ①刁貂雕 ③屌 ④钓吊掉调~查

t^h ①挑~担 ②条挑~起调~和 ④跳粜

l ②疗聊撩寥辽 ③燎了了结 ④瞭~望料廖尥

ʦ ①焦蕉椒 ③剿

$ʦ^h$ ①锹悄 ②瞧樵 ④俏

s ①消宵霄萧潇箫销硝 ③小 ④笑

ʨ ①交郊胶浇教~书娇骄 ②侥 ③搅铰狡矫缴 ④教~师校~正窖觉睡~酵叫轿

$ʨ^h$ ①敲 ②樵乔侨桥荞 ③巧 ④鞘翘窍撬

ȵ ③鸟 ④尿

ɕ ①嚣 ③晓 ④校学~孝效校上~

ø ①杳肴腰邀要~求吆妖 ②遥摇谣窑姚淆 ③舀咬 ④要~不~鹞跃

ɤ

ʈʂ ①遮折~腾褶蛰蜇浙哲 ②辙 ③者 ④这

$ʈʂ^h$ ①撤车彻奢 ③扯

ʂ ①设涉 ②舌蛇文折~本 ③佘 ④社

ʐ ①热

k ①各胳文2格文2革文2隔文2搁歌戈新鸽割佮合伙 ②蛤□小孩斗架 ③哥□在 ④个

k^h ①刻时~，文2刻刀~，文2 ②咳文2

x ①喝郝文 ②河何合盒 ④荷贺

ø ①恶~心屙~尿 ②蛾鹅俄讹 ④饿鄂扼轭

o

p ①拨菠钵钹博泊梁山~剥 ②薄簿勃脖 ③簸~一~玻 ④簸~箕

p^h ①泊血~泼活~波 ②婆 ③坡 ④破

m ①摸莫末沫 ②摩魔馍磨~刀模~范摹膜寞 ④磨~面

f ①说梳 ②佛勺芍 ③所数~不清 ④数~字塑朔

uo

t ①多 ②夺铎 ③朵躲 ④剁惰跺垛

t^h ①脱托拖 ②舵驮驼 ③妥椭

n ①搦 ②挪 ③诺 ④糯

l ①洛烙落乐$_{快\sim}$骆络略掠 ②罗锣箩萝漯骡螺脶 ④摞

ts ①作 ②爵嚼 ③左撮昨佐 ④坐座

ts^h ①搓 ②戳矬 ④挫错措

s ①削梭缩$_{文}$唆莎$_{\sim\sim草}$ ③索锁琐

tʂ ①拙桌捉 ②凿$_{\sim子}$着$_{\sim火}$着$_{穿\sim}$酌卓啄涿镯

$tʂ^h$ ①初绰焯 ②锄 ④鬻$_{晌午\sim}$

ʐ ①弱若

k ①戈$_{老}$郭锅国$_{文}$ ③果裹 ④过

k^h ①棵科颗窠括廓 ④阔

x ①霍豁藿劐 ②和$_{\sim气}$活禾和$_{\sim面}$□$_{棺材}$ ③火伙 ④货祸

Ø ①窝倭踒$_{\sim脚}$蜗握沃 ③我 ④卧

yo

ts^h ④雀鹊

tɕ ①脚觉$_{知\sim}$ ③角$_{\sim落}$角$_{菜\sim子}$

$tɕ^h$ ①确却搉

ɕ ④学

Ø ①药虐谑疟约钥乐$_{音\sim}$岳$_{姓}$岳$_{山\sim}$

ei

p ①杯碑卑北悲笔背$_{背\sim}$ ③彼 ④贝辈背$_{\sim上}$倍焙被避$_{\sim雨}$备$_{文}$

p^h ①坯披坯胚 ②赔培陪裴 ③丕 ④沛配佩辔

m ①墨脉$_{又}$没$_{文}$ ②梅煤枚媒楣媚眉 ③每美 ④妹昧寐

f ①飞非妃 ②肥 ③匪翡水 ④痱费税睡废肺吠

t ①堆$_{又}$ ③□$_{冲撞,又}$ ④队$_{又}$碓$_{又}$兑$_{又}$对$_{又}$

t^h ①推$_{又}$ ③腿$_{又}$ ④退$_{又}$蜕$_{又}$褪$_{又}$

n ④内$_{又}$

l ②雷$_{又}$ ③磊$_{又}$垒$_{又}$ ④累$_{又}$泪$_{又}$

ts ②贼

ʂ ②谁 ④睡$_{又}$

k ①给

uei

t ①堆 ③□$_{冲撞}$ ④队碓兑对

tʰ ①推 ③腿 ④退蜕褪

n ④内

l ②驴$_{白}$雷 ③缕$_{白}$屡$_{白}$吕$_{白}$旅$_{白}$垒$_{文}$磊 ④虑$_{白}$滤$_{白}$累泪

ts ①堆$_{白}$ ③嘴 ④罪最醉

tsʰ ①催崔炊 ④脆翠粹

s ①虽尿$_{又,猪\sim泡}$ ②随髓绥遂 ④碎岁穗隧

tʂ ①追 ④缀赘坠

tʂʰ ①吹 ②垂槌锤

ʐ ③蕊 ④瑞锐

k ①归龟圭闺规轨 ③诡鬼 ④鳜桂跪贵柜

kʰ ①亏盔 ②癸奎魁溃$_{\sim疡}$葵逵 ④窥愧

x ①灰恢辉挥徽 ②回茴 ③悔毁晦 ④贿汇溃$_{\sim脓}$会$_{开\sim}$会$_{\sim不\sim}$绘讳慧惠秽

ø ①威偎煨 ②围为$_{人\sim}$ ③危桅伪委维惟唯微尾$_{文}$违苇纬伟 ④卫为$_{\sim何}$位未味魏慰畏谓

ou

t ①都$_{全\sim}$兜 ③斗$_{一\sim}$陡 ④斗$_{\sim争}$豆逗

tʰ ①偷 ②头投 ④透

l ①搂$_{\sim取}$ ②楼耧 ③搂$_{\sim抱}$篓 ④漏陋

ts ①邹 ③走 ④奏

tsʰ ④凑侍$_{又}$

s ①搜飕馊 ③叟

ʈʂ ①周舟州洲粥 ③肘 ④宙纣昼皱咒骤

ʈʂʰ ①抽□扶起 ②绸稠愁仇 ③丑筹瞅酬 ④臭

ʂ ①收 ③守手首 ④瘦兽受寿授售

ʐ ①绉胡~：胡扯 ②柔揉 ④肉

k ①钩勾购沟 ③狗苟 ④够构

kʰ ①抠 ③口□性格乖戾 ④叩寇扣

x ①吼 ②候侯猴喉瘊 ④后厚

ø ①呕抠又欧瓯 ②牛 ③偶藕 ④沤怄

iou

t ①丢

l ②刘流留硫琉馏 ③柳 ④榴馏重新加热

ts ①揪 ③酒 ④就

tsʰ ①秋阄 ②囚泅

s ①修 ④宿星~秀绣袖锈

tɕ ①纠灸咎究 ③九韭久鸠 ④救舅臼旧柩

tɕʰ ①丘 ②求球仇姓

ȵ ①妞 ③扭

ɕ ①休羞 ③朽 ④嗅

ø ①忧优悠幽尤 ②由油游酉邮犹 ③有友 ④又右佑莠诱柚釉

an

p ①扳班斑颁般搬 ③拌扔版板 ④拌搅~瓣办伴半绊

pʰ ①潘藩攀 ②爿 ④盼襻判叛

m ②蛮瞒馒 ③满 ④慢幔

f ①拴闩翻番 ②凡帆烦繁 ④涮范泛犯饭贩嬎鸡下蛋

t ①担动耽丹单 ③胆掸诞 ④担名但旦蛋弹~药

tʰ ①贪坍滩瘫摊 ②弹~琴谈谭痰檀坛 ③毯坦 ④探炭叹

n ②男难南 ④捺

l ②蓝篮兰拦栏 ③褛懒览揽缆榄 ④滥烂

ts ①簪 ③攒 ④赞

ts^{h} ①餐参~加 ②惭残蚕 ③惨 ④灿

s ①三 ③散松~伞 ④散~布

tʂ ①沾粘动毡瞻 ③斩盏展 ④暂蘸占绽站栈战颤寒~

$tʂ^{h}$ ①搀掺 ②馋谗缠蝉禅 ③产铲 ④颤~抖

ʂ ①杉衫珊山煽搧羶苫 ③陕闪 ④删疝扇禅

ʐ ③染冉然燃

k ①甘柑泔蚶肝竿干~旱 ③赶擀敢感橄秆 ④干~活

k^{h} ①堪 ③龛坎砍刊 ④看~守看~见

x ①憨鼾酣 ②含韩函涵寒 ③喊罕 ④撼憾旱汉汗悍焊翰

∅ ①庵安鞍 ③俺 ④按暗岸案

iɛn

p ①编鞭边 ③贬扁匾 ④便方~辨辩变遍辫汴

p^{h} ①偏篇 ②便~宜 ④骗片

m ②棉绵眠 ③免勉娩渑 ④面缅

t ①掂颠 ③点典 ④店电殿奠佃垫

t^{h} ①添天 ②甜田填 ③舔腆

l ②连廉镰帘联莲 ③敛脸 ④殓练炼楝怜恋

ts ①尖煎 ③剪践 ④渐贱箭

ts^{h} ①歼迁千签 ②前钱 ③浅潜

s ①仙鲜~见,少见先 ④线羡

tɕ ①监艰兼肩间奸坚监国子~ ③减拣简柬茧俭检 ④剑舰涧锏犍件建键健腱笺荐见

$tɕ^{h}$ ①谦铅 ②钳 ③遣乾潜虔 ④嵌欠歉

ȵ ②黏~稠年粘鲇 ③拈碾辇 ④念

ɕ ①掀 ②咸衔闲涎贤弦嫌 ③险 ④陷馅限苋羡宪献现县

∅ ①烟淹阉 ②岩盐闫严俨酽颜延沿言炎 ③掩眼焉研究 ④谚验厌焰艳砚宴雁燕晏筵堰

uan

t ①端 ③短 ④断段锻缎椴

t^h　②团

n　③暖

l　②鸾峦栾 ③卵 ④乱

ts　①钻~研 ④钻~石

ts^h　①窜 ②全泉 ④篡

s　①酸 ④算蒜

tʂ　①砖专 ③转~手 ④赚转~圈传~记篆纂撰

tʂ^h　①穿川 ②传~达船椽 ③喘 ④串

ʐ　③软

k　①关观~看棺官 ③管馆 ④贯惯观道~冠~军灌罐冠鸡~

k^h　①宽 ③款

x　①欢 ②还~账环桓 ③缓 ④唤换焕幻患宦

ø　①弯湾豌 ②完丸玩顽 ③皖碗腕晚挽宛 ④万

yɛn

l　④□~糊:汤浓稠

s　①鲜新~ ②旋~风 ③癣选 ④旋~吃~做镟

tɕ　①捐绢娟 ③卷~烟 ④眷倦圈猪~

tɕ^h　①圈圆~ ②权拳 ③颧犬 ④劝券

ɕ　①轩喧宣 ②玄悬眩 ④楦

ø　①冤渊 ②圆员缘元原源阮袁辕援园 ③远 ④院愿怨

ən

p　①奔锛 ③本 ④笨

p^h　①喷~水 ②盆 ④喷~香

m　②门 ④闷焖

f　①分 ②坟 ③芬纷焚 ④粪奋愤忿份顺舜

t^h　①吞

n　③恁你 ④恁那么

tʂ　①针真榛臻贞 ③珍疹诊斟枕 ④镇阵振震

tʂ^h　①伸白深白 ②沉岑尘陈辰晨臣 ④趁衬称~心

ʂ ①伸文深文身森参人~申 ②神 ③沈审婶省河南~ ④甚甚渗慎肾

ʐ ②人任姓壬仁 ③忍 ④任~务饪纴刃认妊

k ①根跟 ④艮

kʰ ③啃肯垦恳

x ③很 ④痕恨

ø ①恩 ④摁

in

p ①彬宾槟 ④殡鬓

pʰ ①拼 ②贫频 ③品 ④聘姘

m ②民 ③闽悯敏抿

l ①拎 ②林淋临邻鳞磷 ③檩 ④吝赁

ts ①津 ④进晋近

tsʰ ①侵亲亲人浸 ②秦 ③寝 ④亲~家吣

s ①心辛新薪 ③姓寻~媳妇:娶媳妇 ④信

tɕ ①今金襟巾斤筋 ③紧锦仅谨 ④禁妗尽劲

tɕʰ ①钦 ②琴禽擒勤芹

ɕ ①馨欣

ø ①阴荫音因洇姻殷 ②银魇淫寅 ③吟饮~食引隐尹 ④饮~马印

uən

t ①敦墩蹲 ④顿囤盾遁饨

tʰ ①吞又 ②屯豚臀 ④□倒着走

l ②仑伦沦轮 ④嫩论

ts ①尊遵

tsʰ ①村皴 ②存忖 ④寸

s ①孙 ③损榫

tʂ ③准

tʂʰ ①椿春 ②纯唇莼醇 ③蠢

k ③滚 ④棍

kʰ ①昆坤 ③捆 ④困

x ①婚昏荤 ②魂混馄浑
ø ①温瘟 ②闻文蚊纹 ③稳吻刎 ④问璺

yn

ts ④俊骏
tɕ ①钧均君军 ③菌 ④郡
tɕʰ ②群裙
ɕ ①熏薰 ②殉寻又旬循巡荀 ④讯逊迅训
ø ①晕 ②匀云 ③允 ④闰润孕熨韵运

aŋ

p ①邦帮浜 ③榜绑 ④谤傍棒蚌
pʰ ①滂胖肿乓 ②旁螃庞 ④胖
m ①牤 ②忙芒芒~茫盲 ③莽蟒
f ①方霜双量词 ②房肪防 ③纺仿芳妨访爽孀 ④放双~生
t ①当~时 ③党挡 ④当~铺荡宕
tʰ ①汤倘 ②堂棠螳唐糖塘 ③淌 ④烫趟
n ②囊 ③攮
l ①狼黄鼠~ ②朗郎狼野~廊 ④浪
ts ①脏肮~赃④藏西~脏心~葬
tsʰ ①苍仓 ②藏躲藏
s ①桑 ③嗓搡 ④丧
tʂ ①张章樟障瘴 ②□放入 ③长生~涨掌 ④胀丈杖仗账帐
tʂʰ ①昌 ②长~短常肠场打麦~尝偿 ③厂 ④畅唱倡
ʂ ①伤商 ③晌裳赏 ④上尚
ʐ ②瓤□示弱穰 ③攘壤嚷酿 ④让
k ①刚钢纲缸 ③冈岗港 ④钢磨刀杠
kʰ ①康糠 ③扛慷 ④炕抗
x ①夯 ②行银~航杭
ø ①肮 ②昂

iaŋ

l ②量$_{动}$凉良粮 ③两 ④量$_{重量}$晾$_{\sim一\sim}$亮辆谅

ts ①将$_{\sim来}$ ③蒋奖 ④将$_{\sim士}$匠酱桨

tsʰ ①枪呛跄锵 ②墙 ③抢

s ①箱厢湘襄镶 ②翔祥详 ③想 ④相$_{\sim互}$相$_{\sim貌}$象像橡

tɕ ①浆疆姜江僵缰豇 ③讲耩$_{\sim地}$ ④虹降$_{\sim落}$

tɕʰ ①羌腔 ②强$_{\sim大}$ ③强$_{勉\sim}$

ȵ ①娘$_{姑姑}$ ②娘$_{母亲}$

ɕ ①香乡 ②降$_{投\sim}$ ③亨响饷 ④向

ø ①央秧殃映$_{又}$ ②羊洋杨扬阳 ③养痒仰疡 ④样

uaŋ

tʂ ①装庄 ④壮状撞

tʂʰ ①疮窗 ②床 ③闯 ④创

k ①光 ③广 ④桄逛

kʰ ①筐诓 ②狂 ④旷矿况眶匡框

x ①荒慌谎 ②黄簧皇蝗 ③晃

ø ①汪枉 ②亡芒$_{麦\sim}$王 ③网往 ④妄忘望旺

əŋ

p ①崩迸绷$_{\sim紧}$ ③绷$_{\sim嘴,闭嘴}$ ④蹦

pʰ ①烹□$_{溅水}$□$_{事败}$ ②朋蓬篷彭膨棚 ③捧 ④碰

m ①懵 ②萌盟蒙蠓 ③猛 ④孟梦

f ①疯枫丰封讽风 ②逢冯锋峰缝$_{动}$ ④缝$_{名}$奉俸凤

t ①登灯 ③等 ④邓凳镫瞪澄$_{\sim水}$

tʰ ①熥$_{小火烤}$ ②腾疼滕藤

n ②能$_{\sim够}$能$_{精明}$弄

l ③冷 ④愣楞棱

ts ①曾$_{姓}$增赠 ④憎

tsʰ ②曾$_{\sim经}$层 ④蹭

s ①僧

tʂ ①贞$_{又}$争$_{欠}$争$_{\sim夺}$征蒸筝侦睁正$_{正月}$铿 ③整 ④证症郑正$_{\sim在}$政

tʂʰ ①撑铛称$_{\sim呼}$ ②橙拯乘承丞成城诚塍程呈逞盛$_{\sim饭}$ ③惩 ④枰撑

ʂ ①生升牲笙甥声 ②绳 ③省$_{节\sim}$ ④盛$_{旺\sim}$剩胜圣

ʐ ①扔 ③仍

k ①更$_{五\sim}$耕庚粳绠哽 ③梗耿 ④更$_{\sim加}$

kʰ ①坑

x ①哼亨 ②恒恒衡 ④杏横$_{蛮\sim}$

ø ④硬

iŋ

p ①冰兵 ③禀丙秉柄饼 ④病并

pʰ ①乒 ②瓶凭平苹萍评屏坪

m ②明名铭鸣 ④命

t ①丁钉$_{\sim子}$ ③顶鼎 ④钉$_{动}$定锭订

tʰ ①听厅汀庭蜓艇廷 ②亭停挺

l ②凌陵菱灵零铃伶翎 ③岭领 ④令另

ts ①精晶 ③井 ④净睛静

tsʰ ①清青蜻 ②情晴腈$_{不劳而得}$ ③请

s ①星腥 ③省$_{反\sim}$醒

tɕ ①京荆经鲸惊竞競 ③境警 ④茎径颈竟靖敬镜

tɕʰ ①卿 ③顷 ④罄庆擎

ȵ ②拧 ④佞宁

ɕ ①兴$_{时\sim}$ ②行$_{\sim为}$行刑邢型荥 ④幸兴$_{高\sim}$性

ø ①鹰婴樱莺鹦英缨萤 ②蝇营茔赢盈颖凝 ③迎影 ④应映

uəŋ

ø ①翁瓮嗡

iuŋ

l ②龙$_{白}$ ③垄$_{又}$

tɕ　③迥炯窘 ④纵$_{又}$

tɕʰ　①倾 ②穷琼

ɕ　①胸凶兄松$_{～树}$嵩$_{白}$ ②雄熊

uŋ

t　①东冬 ③董懂 ④冻洞动

tʰ　①捅通 ②童同桐铜曈 ③桶筒统 ④痛

n　②努脓农 ④浓

l　②隆聋笼龙$_{文}$ ③拢陇垄

ts　①鬃宗综 ③总 ④纵

tsʰ　①聪葱匆囱舂 ②丛从

s　①松$_{～紧}$嵩$_{文}$ ④送宋诵颂讼

tʂ　①中$_{～间}$忠终冢钟盅 ③种$_{～子}$肿 ④中$_{打～}$种$_{～地}$众重$_{轻～}$仲

tʂʰ　①充冲$_{～锋}$ ②重$_{～复}$虫 ③宠崇 ④冲$_{说话～}$

ʐ　①泳咏冗雍涌□$_{～毛,皮肤上的细毛}$ ②荣绒戎融茸容镕蓉 ③永拥勇 ④用

k　①工公蚣功攻弓宫恭躬 ③汞拱巩 ④贡共供

kʰ　①空$_{～气}$ ③恐孔 ④空$_{～缺}$控

x　①轰烘 ②弘红宏洪鸿 ③哄$_{～骗}$ ④横$_{～竖}$哄$_{起～}$

参考文献：

崔灿：《河南省志・方言志》，河南人民出版社 1995 年版。

贺巍：《河南山东皖北苏北的官话（稿）》，《方言》1985 年第 3 期。

贺巍：《中原官话分区（稿）》，《方言》2005 年第 2 期。

张启焕、陈天福、程仪：《河南方言研究》，河南大学出版社 1993 年版。

后　　记

汴者开封，洛乃洛阳。汴洛一带地处黄河中下游的中原腹地，集华夏文明和中原文化之灵秀，历史上曾长期为中国的政治、经济、文化中心。其语音被誉为“中州音”、“中原雅音”、“汴洛音”，在汉语语音史上地位重要。北齐颜之推评论当时汉语的标准音为“独金陵与洛下耳”（《颜氏家训·音辞篇》），唐代李涪推崇洛阳语音，说“中华音切，莫过东都”（《刊误·切韵》）。南宋陆游《老学庵笔记》提到“中原，唯洛阳得天下之中，语音最正”。到了元代，标准音的转移并非一般人想象的那样快，孔齐《至正直记》说：“北方语音端正，谓之中原雅音，今汴、洛、中山等处是也。”

历史地位决定了汴洛方言在《切韵》《中原音韵》等韵书研究中的重要性。1910—1912 年高本汉先生调查了河南的开封、固始和怀庆（今焦作沁阳）方言，1942 年周祖谟先生发表《宋代汴洛语音考》。比较遗憾的是，在以后的几十年间，汴洛方言的材料鲜有报道。出于研究需要，教书之余，我奔波行走在黄河两岸汴洛地区的田间地头，积累了一些调查材料，今择取其中十三个方言点的音系内容以求教于方家。十三个点，音系特点各有千秋：或全浊声母今读一律送气，或三个调类，或保存入声，或知庄章二分，或知庄章合一，或有儿化闪音，或有四套塞擦音声母，等等。先贤启山林，吾辈须接力。

音系整理，繁琐费神，于名于利无补，故愿问津者稀少。我不揣浅陋，愿以身试之。只是付梓之际，倍感惴惴不安：如因水平不济，以致谬种流传，我罪莫大焉！但作为一名学问者，既需要执着与坚守，也需要一份勇气担当。在汴洛这片学术土壤里耕耘多年，我因乐之而不疲，至于其他，不曾顾得问西东。

段亚广

戊戌年春于开封